中国社会科学院研究生院国际能源安全研究中心
能源安全研究论丛

中国能源的困境与出路

CHINA'S
ENERGY DILEMMA AND WAY OUT

黄晓勇　主编

社会科学文献出版社
SOCIAL SCIENCES ACADEMIC PRESS (CHINA)

前　言

国家气候变化专家委员会专家在 2015 北京能源论坛上披露，北京空气中 PM2.5 的 2/3 和温室气体的 3/4 来自化石燃料。我在北京一个无风的冬日为《中国能源的困境与出路》写前言，心情多少犹如窗外的空气一样混沌而迷离。

一方面，煤炭在目前中国一次能源消费中的比例仍高达 66%；另一方面，在各类能源普遍处于紧缺状态的表象之下，中国能源的有效利用率仅为 12%，另外的 88% 在开采、加工转换和储运及终端利用过程中被损失和浪费。同时，中国东部地区单位面积煤炭和石油的消耗分别已达全球平均水平的 12 倍和 3 倍，单位面积的环境负荷也高出全球平均水平的 5 倍以上；即便是按人均来算，中国的二氧化碳人均排放量已然达 10 吨，超过了欧盟、日本等发达经济体的历史最高水平。

自"十二五"计划实施以来，山西、陕西、贵州等煤炭资源大省的煤化工、煤电项目快速增长，资料显示，2015 年 1～10 月，中国煤电企业新增发电生产能力达 4336 万千瓦。有专家测算，到 2017～2018 年，我国煤电生产能力过剩的问题将会十分严重，若在建的燃煤电厂在 2020 年前全部投产，将可能导致约 2 亿千瓦的过剩装机，同时也会导致 7000 亿元的投资损失。

这些严峻的现实让我们对习主席提出的中国"能源革命"和进行"供给侧结构性改革"有了更深刻的理解。中国能源所面临的困境，正是每个中国人正在经历的现实困境，经济发展与社会进步要求中国的能源结构进行变革。

当年英国治理雾霾，用 10 年的时间使污染物减少了 80%，用 20 年的时间使石油替代了 20% 的煤炭、用天然气替代了 30% 以上的煤炭，最终使煤炭占能源结构的比例从 90% 下降到了 30%。这组简单的数字显示的只是一种结构的变化，但它所包含的是一场由能源的生产革命、消费革命、技术革命和体制革命共同构成的深刻的变革及其成果。目前，煤炭在中国一次能源中的比例还停留在将近 100 年前世界能源结构的水平上。这种差距的确令人忧心忡忡、惶惶然，但同时这一巨大的差距也意味着机遇，意味着改革、发展与进步的可能性和空间，至少我们可以获得一种启示和信心，北京的"APEC 蓝"或"阅兵蓝"的常态化是可以通过人为努力实现，关键在于决心、措施与坚持。

中国已经是世界上最大的能源生产国和消费国，但考虑到中国石油和天然气的自给率分别为 40% 和 68%，稳定和安全的供应的课题的确重要，但同时我们也应认识到，实现中国的能源安全，更要从优化能源结构的角度统筹能源生产，正确理解"提高电煤比重"的内涵，加快发展可再生能源及天然气、核电等非可再生清洁能源，促进太阳能、生物质能、海洋能等可再生能源入网。

经济发展的目标在于让自己的国民享受更自由、更富足的幸福生活，以牺牲环境和人们的健康为代价换来的高速增长与 GDP 绝不是理想的结果。让人们有尊严地共享改革开放以来中国经济繁荣的成果，就必须消除雾霾、整治污染。因此中国必须尽快从煤炭时代进入油气时代，进入传统能源和新能源相结合的能源清洁利用时代。而能源利用技术的突破是这场能源革命的关键，这不仅能为以稳定供给、清洁生产和绿色消费为目标的能源革命提供保障，而且能为中国经济成功升级转型提供强大的动力。

从世界工业革命以来的历史可以十分清楚地看到，能源转型和能源利用技术革命是推进工业文明和社会进步的关键，引领人类社会进入每一个新的历史时代。在这个过程中人类迄今所积累的成功的经验或失败的教训，对于中国解决能源困境寻求出路而言都是极其宝贵的。他山之石可以攻玉。在当今我们致力于将中国的声音向世界传播的同时，似乎还应潜下心来继续做信息的接收者和学习者。虽然不能奢求每一个成功的案例我们都能够即用即灵，但理性地学习和睿智地借鉴或许正是帮助我们顺利过河的"摸得着的石头",并且还可能会帮助我们避免在"必须缴纳学费"的借口和掩护下付出巨大的代价。

  分析人类能源革命和社会进步之间的规律,剖析当今世界能源格局中中国所面对的严峻课题,尝试为中国能源目前的困境寻找突围的方向,我和我的团队——中国社会科学院研究生院国际能源安全研究中心各位特聘研究员,基于上述出发点展开了执着而大胆的探索,并推出此书,倘能对关注中国能源问题的各位研究界同仁、实业界朋友能够有所助益,则幸甚。

中国社会科学院研究生院

国际能源安全研究中心

2015 年 11 月 29 日

目 录

Contents

第一章　能源革命与社会发展[*]

人类历史的长河波澜壮阔，多姿多彩。在纷繁复杂的人类活动背后，有一个支撑人类所有活动的基础性要素，那就是能源。能源不仅是现代工业文明下的一个产业，是所有社会的基础支撑要素，恰是能源的革命性技术进步及其应用，推动人类社会从蒙昧走向文明，从农业文明走向工业文明，从工业文明走向智慧化的后工业社会。未来，智慧能源技术与电子技术、信息网络技术、后现代的社会组织方式更深入地融合，将为人类带来更加丰富多彩的新文明。

一　世界能源结构的变革

能源，从字面上可以定义为能量的来源，或者是能够提供能量的载体。人类摄取食物，其中一个重要的目的，就是获取支撑生命活动的能量。从这个角度来说，食物也是一种能源，但是我们对能源比较通行的定义不会把食物当成能源。物理学上，能量定义为做功的能力，严格地说，是一个系统具备的影响其他系统的潜在能力，或者是通过做功，或者通过热量。从人的活动角度来说，能量是使用这种潜在能力执行对人有用的功能，比如建筑内的取暖或制冷、为车辆和机器提供动力、照明、炊事，等等。

能源一直紧随人类历史进步的步伐，本章将通过分析能源进化史与文明演进之间的关系，阐述能源革命所具有的重要意义。

---

* 刘强，博士，中国社会科学院数量与技术经济研究所资源技术研究室主任，副研究员，中国社会科学院研究生院国际能源安全研究中心特聘研究员。

（一）从可再生能源到化石能源的转变

1. 前工业时期的能源技术进步

尽管与现今世界复杂的能源技术相比，工业革命之前的能源技术水平显得有些微不足道，实际上，越是早期的技术进步对于人类文明的演进越具有革命性的意义。

（1）火的意义

如果不把食物摄取作为能源活动的话，能源进入人类生活的起点可以从火的应用开始。在人类学会用火之前的茹毛饮血时代，因食用生冷食物引起的疾病是早期人类寿命低下、脑容量和智力增长缓慢的主要原因。自从人类学会用火，便开始食用烧、烤、烹、煮后的食物，降低了罹患各种疾病的概率，寿命大幅延长，生活质量改善，迅速完成从原始智人向现代智人的转变。

从旧石器时代开始到工业革命之前，可以说人类一直处于农业时代。在农业时代早期阶段，由于人类尽量生活在离赤道较近的地区，许多居住地冬季气候温和，减少了人类防寒和保持居住环境温暖的能量需要。因此，最初人类主要把火用于给食物加热以提高食物的热量价值和营养价值。生火取暖的能力使人类的定居点不断向气候更凉爽的地区迁移。在工业革命前，人类为应对严寒的冬天，就必须采集作物秸秆、动物粪便和木材用于取暖。在寒冷地区如欧洲北部，用于取暖的能源需求可达到每天 10 公斤木材相当于每天 3 万千卡（1 千卡 = 4186 焦耳），占一个家庭能源需求的 3/4 以上，其余的能源则用于畜禽饲料和食品。[①] 由于气候条件相近，西伯利亚南部、蒙古高原、中国华北和东北地区生活的人们，能量需求应该大体接近。

除了做饭、取暖，火光还为人类提供了更多的安全保护，而且热量的大规模应用使得工业级的材料转化成为可能。

（2）木炭与冶炼技术的出现

在旧石器时代，原始人使用的工具主要是粗糙的打制石器和木棒之类，直接取自自然界的现有物质。由于开始应用火，出现了加工自然矿物质的可

---

① Malanima, P., "Energy System in Agrarian Societies: The European Deviation," in Cavaciocchi, S. (ed.), Economia e Energia, Le Monnier, Florence, 2003, pp. 61 – 100.

能。在现今发现的各种远古人类活动遗迹中，存在着大量用火的证据。虽然起点不可考，但是由于金属矿物质在陆地上的广泛存在，一些熔点低的矿物质与用火地点相吻合时，就会出现最早的金属冶炼，尽管这一般不是有意发生的，但总会引起原始人的注意并加以利用。

最早被冶炼的金属是锡。锡的熔点为 231.89℃，木材燃料就可以很容易地达到这一温度。远古时代，人们便发现并开始使用锡。锡铜合金就是著名的青铜器。铜的熔点为 1083.4℃，木炭燃烧有可能达到这一温度。中国商代的青铜器和春秋战国时代的铁器都用木炭进行冶炼。因此，伴随着历史从旧石器时代向新石器时代、青铜时代、铁器时代迈进，其背后的能源技术进步路线则是从薪柴向木炭燃料以及木炭燃烧技术（从散放燃烧到冶炼炉燃烧）的技术进步，这两个技术路线是相辅相成的。但是，与其他领域的技术进步规律相似，初期的技术导入与进步，往往比后来的技术进步要花费更长的时间。

从薪柴应用到发明木炭所花费的时间已经不可考，但是可以推定，木炭的发明一定是与发明青铜冶炼的时间相差不远。而青铜器的发明，最早出现在 6000 年前的古巴比伦时期。在中国，木炭大概出现在 4000 年前的龙山时代，兴盛于商周时期（3000 年前）。薪柴的出现更早，北京的山顶洞人（10 万年前）遗迹中就有用火的痕迹。因此，这一能源技术的飞跃是以万年为单位的。

从青铜时代向铁器时代的飞跃要快得多。尽管铁的熔点是 1535℃，高于铜约 500℃，但是只要提升木炭的燃烧技术就可以达到炼制需求。中国在西汉中期，发明了"炒钢"技术，即将生铁加热到半液体半固体状态，进行反复搅拌，利用铁矿物或空气中的氧气进行脱碳，借以降低含碳量。钢铁技术的进步使西汉在兵器效能上大大领先于其主要敌人——匈奴，靠技术能力实现了步兵对骑兵的优势，当时匈奴的兵器制造还停留在兽骨与铜混用的阶段。由此可见，能源技术和基于此的制造技术领先才是"犯强汉者，虽远必诛"的底气所在。

早期的能源技术进步对于人类的意义远比化石能源和核能的意义重大。对火的利用技术的掌握，使人类从蒙昧走向智慧；而薪柴利用向木炭利用的技术进步，使人类实现了从原始社会向古代文明社会的演进。从后来的能源发展史可以看出，从木炭向以煤炭为代表的化石能源转变是非常自然就发生的，而自然状态的薪柴向加工后的木炭这一人为技术的进步，是需要极大智慧与想象力的。

（3）有机能源经济的局限性

在工业革命之前，除风能、水能等能量利用形式外，人类所使用的能源主要是有机能源。风力用于船舶航行，也可以和水力一样用于磨坊的生产活动等处。有机能源可以分为植物性能源和动物性能源。

植物性能源主要是薪柴、秸秆、木炭等。尽管植物性能源是典型的可再生能源，却是非常容易耗竭的，比化石能源如石油、煤炭、天然气还容易耗竭。沈括在《梦溪笔谈》中这样记载："今齐、鲁间松林尽矣，渐至太行、京西、江南，松山太半皆童矣"。苏美尔文明的衰亡、楼兰文明的衰亡都有这一因素的影响，甚至就是主要因素。如果不是后来出现了煤炭的应用技术，可以断言，世界多数地区都会因为采伐薪柴而成为荒漠地带。

动物性能源的地位也非常重要，尽管不是关系到人类的基本生存，但是一直是重要的运输能量来源和农业生产时的动力。有资料表明，在11世纪末的英国，每两人拥有一头牲畜（比如牛）。在欧洲许多地区，马取代了牛成为主要的畜力来源。中世纪时，马匹管理技术的改进使得载重马的数量大大增加，[1] 钉马掌保护了马蹄、减少马掌磨损，在9世纪这种做法逐渐推广。[2]

人类还利用其他能源提高食物产量和质量，比如利用水力灌溉和利用风力碾碎谷物。2500多年前古罗马帝国发明了水车，之后传至整个欧洲。利用水车进行推磨、缩绒、制革、冶炼、打铁、锯木等，可以大量生产市场需要的商品。[3] 12世纪风行欧洲的水车和风车，降低了面粉和面包的生产成本。[4]

2. 工业革命与能源技术进步：向化石能源转变

实际上，最早的能源技术革命出现在中国。最迟在汉代，煤炭就已经被

---

[1] Langdon, J., *Horses, Oxen and Technological Innovation: The Use of Draught Animals in EnglishFarming from 1066 to 1500*, Cambridge: Cambridge University Press, 1986.

[2] Mokyr, J., *The Levers of Riches: Technological Creativity and Economic Progress*, Oxford: Oxford University Press, 1990.

[3] Reynolds, T. S., *Stronger than a Hundred Men: A History of the Vertical Water Wheel*, Baltimore: Johns Hopkins University Press, MD, 1983.

[4] Langdon, J., *Mills in the Medieval Economy: England 1300 - 1540*, Oxford: Oxford University Press, 2005.

用来做燃料，包括用于冶铁。北宋时期煤炭开始大规模使用，成为生活能源和生产能源的主要来源。虽然中国使用煤炭代替木炭的历史源远流长，但由于北方游牧民族不断南下和内部结构的不稳定而屡次中断，因此，并没有将能源革命演变为持久的产业革命。

西欧在黑死病结束之后，人口增长和生产持续恢复，并且没有再出现毁灭性的中断。欧洲食物生产增加促进了人口的增长。然而，人类为了获取更多的农作物和林业产品，使土地承载的压力也随之增大。欧洲开始面临能源需求不断增长和能源供应增加之间的矛盾。

工业革命其实并非始自英国，而是始于荷兰。荷兰通过进口粮食、出口高价值商品，成功地解决了社会发展受到有限的土地资源限制的难题。16~17世纪，荷兰经济获得繁荣发展。16世纪初，荷兰只有1/4的劳动力从事农业，有12%的劳动力从事渔业，3%的劳动力从事泥炭挖掘，38%的劳动力从事工业活动，其中主要是纺织、金属制造和酿造领域，其余的劳动力则主要从事贸易和运输服务。[①]

荷兰要实现农业经济向工业经济的转变必须依赖可靠的燃料。低地国家（即现在的荷兰和比利时）潮湿的农村地区有大量的泥炭资源。安特卫普和布鲁日早在13世纪就已经开始利用泥炭能源。与煤炭相似，泥炭也是一种不可再生能源的资源。本地泥炭资源消耗殆尽之后，只能从附近地区获取甚至从荷兰进口。16世纪以后，荷兰的泥炭资源也被大量开发，用于当地消费或出口，资源储量迅速减少。[②] 18世纪，荷兰开始从英国进口煤炭。[③]

在英国，解决上述矛盾的出路是使用矿产能源。有一种观点认为，16世纪的薪柴危机给英国经济造成了巨大的压力，更换能源的需要日益迫切。[④] 这与中国在北宋时曾经遇到的问题基本类似。也有人认为，煤炭替代

① van Zanden, J. L., "The Ecological Constraints of an Early Modern Energy Economy: The Case of Holland 1350 – 1800," 2003, in Cavaciocchi, S. (ed.), Economia e Energia, Le Monnier, Florence, 2003, pp. 1011 – 30.

② van Zanden, J. L., "The Ecological Constraints of an Early Modern Energy Economy: The case of Holland1350 – 1800," in Cavaciocchi, S. (ed.), Economia e Energia, Le Monnier, Florence, 2003, pp. 1011 – 30.

③ van den Wouden, A., "Sources of Energy in the Dutch Golden Age," in Cavaciocchi, S. (ed.), Economia e Energia, Le Monnier, Florence, 2003, pp. 445 – 68.

④ Nef, J. U., *The Rise of the British Coal Industry*, London: Routledge, Vols 1 – II, 1926.

薪柴，主要是由于煤炭用于供热具有价格上的优势，在城市中心这一优势更为明显。① 如果没有煤炭对木炭的替代，木炭或者是森林的再生速度无论如何也赶不上人类对能源需求的增长，因此出现价格上涨和资源耗竭是早晚的事。在 17 世纪 50 年代到 18 世纪 40 年代，薪柴价格大幅上涨，促使一些用户和行业转而利用煤炭。

英国煤炭行业开始扩张，迅速加快煤矿的开采以满足日益增长的供热需求。然而，进入 17 世纪后，能源需求增长过快，造成煤炭供应不足，燃料价格相应上涨。这种情况下，一系列的变化使煤炭行业开始了转型改革，进而成为英国经济的支柱产业之一。首先，18 世纪新发明的蒸汽机成功地推动了水泵的运用，将矿区疏干水从井下抽离，加深了煤矿开采深度。当时蒸汽机效率很低，需要燃烧大量煤炭，而煤炭坑口价格很低，因此人们不太关注蒸汽机的低效率问题。但是煤矿泵水需要消耗大量煤炭，迫使蒸汽机制造商们不得不设法提高设备效率，以降低煤矿的经营成本和资本成本。② 也可以说，煤炭革命推动了蒸汽机的技术升级与大规模应用。

然而，产业革命或者说能源技术革命，并非能在一夜之间发生的，化石能源并没有立即解决能源危机并驱动英国工业革命，这场能源转变实际上是一个持续了 200 余年的渐进过程。比如铸铁工业，亚伯拉罕·丹拜（Abraham Darby）在 1709 年发明了以焦炭形式利用煤炭的技术，但在之后 50 多年的时间里都没有得到实际运用，因为这项技术需要大幅度改进焦炭炼铁的效率才能使炼铁成本低于传统的木炭炼铁。③ 到 1800 年，有 3/4 的能源需求来自家庭、建筑和工业的供热服务。19 世纪初，供热服务实现了从有机燃料到化石燃料的转化。到 1800 年前后，风力和水力虽然规模不小，但只能提供总动力的 1/10。动力和运输行业（除去海上运输）的能源主要来源于粮食和饲料，19 世纪初还停留在有机能源体系。④

---

① Fouquet, R., *Heat, Power and Light: Revolutions in Energy Services*, Edward Elgar, Cheltenham, UK and Northampton, MA, USA, 2008.

② Kanefsky, J. W., "The Diffusion of Power Technology in British Industry, 1760 – 1870," PhD thesis, University of Exeter, 1979.

③ Hyde, C. K., "The Adoption of Coke-smelting by the British Iron Industry, 1709 – 1790," *Explorations inEconomic History*, No. 10, 1973, pp. 400 – 407.

④ Fouquet, R., *Heat, Power and Light: Revolutions in Energy Services*, Edward Elgar, Cheltenham, UKand Northampton, MA, USA, 2008.

动力和运输行业改而使用化石燃料，这种改变在新兴国家中已经出现并被迅速推广。早在 18 世纪，蒸汽机和煤炭就被用于抽取矿区疏干水。19 世纪，棉花加工行业开始使用蒸汽机，开始了动力服务领域使用煤炭能源的转型，铁路和汽轮的推广推动了运输服务行业使用煤炭的转型。[①] 到 1900 年，蒸汽机满足 2/3 的动力需求。当时火车承担着 90% 以上的商品运输，汽轮则承担着约 80% 以上的海上货运服务。[②]

19 世纪，很多国家发现了巨大的煤炭储量，开始纷纷效仿英国向使用煤炭资源转型。在美国和德国等其他欧洲国家的工业化进程中，煤是这些经济体从有机能源向化石能源转变的第一步。例如，1850 年煤炭满足了美国约 10% 的能源需求，到 1910 年左右化石燃料则担负了 90% 的能源需求。[③] 美国从使用有机能源转向使用煤炭大约用了 60 年，而英国则从 1600 年到 1800 年历经 200 多年，这表明随着更多"新"能源利用技术的出现，能源转变的速度也随之加快。不过，由于淘汰旧技术和建设新能源利用基础设施需要一个过程，能源转变的速度也始终会受到一定程度的限制。

3. 现代能源简史

现代能源系统实际上是以石油、天然气、煤炭为主要一次能源，电力和燃油为主要二次能源形式的能源结构。

进入 20 世纪下半叶后，煤炭已能满足许多经济体的能源需求。同时，作为一种主要能源煤炭供给的不均匀性和分散性使其具有一定的局限性。

19 世纪，另一种新能源的引进标志着人类进入了能源史的下一阶段。与煤炭伴生的煤气、石油以及电力开始成为照明市场的新兴能源。新兴能源在照明市场取得的成功和能源价格的大幅下降，使得新兴能源在其他能源服务市场也得到推广，并且越来越多地代替了煤。

19 世纪 60 年代，在美国东北部的宾夕法尼亚州油田，人类开始第一次大规模开采石油。到 19 世纪 80 年代，标准石油公司（Standard Oil）成为世

---

① Harley, C. K., "Ocean Freight Rates and Productivity, 1740 – 1913: The Primacy of Mechanical Invention Reaffirmed," *Journal of Economic History*, Vol. 48, No. 4, 1988, pp. 851 – 76.

② Fouquet, R., *Heat, Power and Light: Revolutions in Energy Services*, Edward Elgar, Cheltenham, UKand Northampton, MA, USA, 2008.

③ Schurr, S., Netschert, B., *Energy in the American Economy, 1850 – 1975*, Baltimore, Johns Hopkins University Press, MD, 1960.

界主要的炼油企业和石油产品供应商。差不多同时期，俄罗斯开始在里海沿岸的巴库地区开采石油。现代石油工业开始建立。但是，由于缺乏下游市场，石油工业在开始阶段并未迅速发展，主要应用于照明（煤油）。后来，爱迪生的发明降低了电灯的生产和使用成本，又大大压缩了石油的消费市场。

20世纪初，内燃机的引进和推广意味着石油产品将在运输服务市场获得更大的发展空间。两次世界大战期间汽车价格下降，导致汽油需求的巨大增长。20世纪30年代至70年代初石油产品价格逐渐回落，特别是二战之后，由于私人交通需求猛增，同时石油也开始用于供热和发电等其他服务，因此全球石油生产和消费开始快速增长。

与煤炭市场不同，石油市场几乎从一开始就是国际性的市场。在20世纪70年代初之前，美国是世界上最大的石油生产国和消费国。但是，在20世纪70年代，美国的石油消费首次超出了国内石油供应，石油定价权开始转向中东，以沙特阿拉伯为首的中东国家成为世界石油生产的主体。尽管如此，国际石油贸易的价格仍然以美元作为计价货币结算。

1960年，伊朗、伊拉克、科威特、沙特阿拉伯和委内瑞拉宣告石油输出国组织（OPEC）成立。目前，OPEC组织共有12个成员国（阿尔及利亚、伊朗、伊拉克、科威特、利比亚、尼日利亚、卡塔尔、沙特阿拉伯、阿拉伯联合酋长国、委内瑞拉、安哥拉和厄瓜多尔）。在最初的默默无闻之后，1973年，为了回应北美和欧洲的中东政策，石油输出国组织中的阿拉伯国家采取行动限制供应、抬高价格，引发了第一次石油危机。随后，1979年的伊朗革命和两伊战争的爆发再次引发了人们对中东石油供应的担忧，造成石油价格进一步上升，这是第二次石油危机。

20世纪80年代中期至90年代，在两次石油危机的影响下，发达国家开始采取措施扩大能源生产和提高能源利用效率。一些石油生产国如挪威、英国增加了石油产量，短时间内导致石油供应过剩，使油价快速下跌。与此同时，发展中经济体尤其是亚洲经济体迅速扩大，使石油消费大幅上升。21世纪初，由于全球石油需求不断增长，加上中东地缘政治不稳定，油价再次上涨。2008年，国际油价高达147美元/桶（WTI），之后由于金融危机的影响迅速回落，一度跌至35美元/桶（WTI），后来又逐渐恢复到90~100美元/桶的水平。2014年7月之后，由于美国页岩气革命累积产生的供给扩大效应，以及世界经济增长乏力的影响，造成油价再次下跌，目前WTI处于 50 多美元/桶的水平，布伦特（Brent）油价处于 60 多美元/桶的水平上。

可燃气最初是从煤矿中提取出来并用于照明。19 世纪中叶，处于工业化进程中的国家用燃气照亮了街道。19 世纪末的电力竞争促使灯泡制造商致力于提高灯具的照明效率，迫使供应商不得不开发燃气的其他用途。最终，开发燃气其他用途的努力使其成为一种无烟供热燃料。①

"天然"气（即不是从煤转换的燃气）往往在石油开采的过程中产生。通常"天然"气在源头已被燃烧，因为其市场价值不高。石油供应安全不时受到威胁，促使消费者逐步使用天然气供热，而生产商利用管道将天然气输送到有需求的地区。20 世纪 70 年代石油危机后，天然气市场迅速扩大，到 2012 年，据国际能源署（IEA）的统计数据天然气市场已占据全球能源市场的 21.3%。

19 世纪末，电力主要用于照明。在城市交通服务行业使用电力和工业行业的动力需求促使电价下降，毕竟夜间发电的电厂在白天生产的电力是过剩的，因此白天用电能够摊薄发电的资本成本。

全球经济的电气化从根本上改变了人类生产生活的许多方面。电力可以像蒸汽机一样拓展人力、代替人力，还能在更简便、更灵活、更安全的环境中提供服务。之前的机器由中央蒸汽机通过轴和传送带驱动，发动机停止后所有工作就不得不停止，工人停止工作会浪费动力，传送带断裂则会导致工人受伤甚至威胁其生命安全。而电力的使用使得工人能够自己控制设备从而避免伤亡情况出现。电力提供动力和照明的简单灵活的特性推动了世界经济的电气化过程。

20 世纪 60 年代之前发电主要靠燃煤，20 世纪 70 年代石油危机之前，石油发电所占份额有所增加，许多有条件的经济体试图利用水电。第二次世界大战后，对廉价电力的渴望促使许多国家政府支持民用核能技术的开发和应用。在少数几个国家，核电占据发电市场的重要份额。但是核能利用较高的成本及潜在的安全问题，阻碍了核电的发展。到 2012 年前后，水电和核电已经占全球一次能源消费的 7.2%（IEA 统计）。

---

① Thorsheim, P., "The Paradox of Smokeless Fuels: Gas, Coke and the Environment in Britain, 1813 –1949," *Environment and History*, No. 8, 2002, pp. 381–401.

（二）能源与社会

按照美国社会学家丹尼尔·贝尔1973年正式出版的《后工业社会的来临》一书的观点，人类社会的发展分为前工业社会、工业社会和后工业社会三个阶段。后工业社会的观点实际上并不是否定工业经济存在的必要性，产品的需求总是存在的，而是指出了信息与知识在现代社会中的重要性，以及智能技术的重要性。

前工业社会是工业革命前的社会经济状态。工业社会的起点可以从工业革命算起，但是从全球的角度看，显然还不是讨论其终点的时候。目前，部分发达国家已经初步实现了从工业社会向后工业社会的转变，但是这只是将部分工业生产转移到发展中国家，而把更多的社会资源投入到自身的知识生产与信息服务上而已。

1. 前工业社会

前工业社会是迄今为止时间最长的人类社会发展阶段。从有人类起到工业革命之前都处于这样一个阶段。虽然以现今的眼光看，前工业社会的技术状态比较简单，但是如前所述，这一时期奠定了人类技术进步的基础，甚至在有些领域已经出现了现代工业体系的滥觞，比如采矿业、冶铁业、纺织业。然而，这一时期的商品生产可以算作工场，却不能定义为工厂，因为它是零星分布的，远没有形成复杂的产业链体系，其制成品也没有形成大规模的市场分销体系。很多工场生产兵器，或为宫廷贵族生产奢侈消费品。

文学作品中描述的前工业社会，往往给人留下田园牧歌式的美丽图景。实际上，前工业社会人类面临的最大的问题就是资源的约束，尤其是能源资源的约束和耕地资源的约束。前已述及，前工业时代以植物资源为基础的薪炭燃料是非常容易耗竭的，一旦人口超过一定规模，对薪炭的需求将很快导致森林的耗竭，并引发各种生态灾难。正是因为对能够替代薪炭的廉价能源的需求，才引导了泥炭和煤炭的大规模开采与应用，并催生了工业革命。耕地资源的有限性与此类似。前工业社会，对有限资源的争夺所引发的大规模冲突与战争所引起的人口减耗丝毫不亚于工业社会的战争，比如蒙古帝国的扩张就造成了上亿人口的损失。甚至可以说，战争、瘟疫等非正常的人口损耗，是维持前工业社会人口与资源平衡的内在机制。这在马尔萨斯的著作中有清晰的说明。

从这个意义上说，工业革命，包括化石能源大规模应用带来的能源革命，是打破人口与自然资源尤其是可再生生物资源之间恶性循环的重要革命性事件。它利用埋藏于地下的化石能源资源，解救了残存的森林资源，也使得人口的持续增长有了物质和能源基础。当然，化石能源的大规模应用和现代化工体系带来环境污染的新问题，不过环境污染可以通过有效的环境管理和新技术的应用来解决。

2. 工业社会

工业社会的发端可以追溯到 18 世纪的英国，以蒸汽机的应用为代表的技术革命开创了以机器代替手工工具的时代。从生产技术方面来说，工业革命使工厂制代替了手工工场，用机器代替了手工劳动；从社会结构来说，工业革命使依附于落后生产方式的自耕农阶级消失了，工业资产阶级和工业无产阶级形成并壮大起来。

工业社会的重要特点是：大规模低成本的生产体系、复杂的供应链体系与市场销售体系，以及与此相关的大规模能源供应体系。其中，现代能源体系是支撑工业社会的基础。在这样的体系中，人作为个体的意义下降到最低，成为一个个现代工业体系的工作单元。

形成大规模低成本生产体系的基础是生产过程的机器化。机器化工业生产的特点是连续化、动力化、程序化，这是工业社会的产品生产与前工业社会的工场模式的重要区别。工场也大量使用工具，但更多的是手工工具，靠人力或者畜力实现生产。而工业社会的机器则是依靠连续供给的现代能源系统，如依靠电力或者燃油、燃气、燃煤来驱动，并且通过程序化改变了手工工具的不连贯性和较大误差，可以实现不间断生产和标准化生产。这是生产力的巨大进步。并且由于不再依靠以森林为主体的生物能源资源，而主要依赖煤矿、石油等化石能源和铁矿石等天然矿物，减轻了对自然界的可再生生物资源的压力，为人类摆脱原始状态进入现代文明创造了条件。

现代能源体系是工业社会的基础，也可以说是最重要的组成部分。现代社会，任何人都习惯了现代能源体系，已经到了须臾不可离开的程度。人们出行要开车或者乘坐公共交通，回到家里要使用各种电器，做饭使用管道天然气，取暖使用集中供暖或者分散采暖……即使在野外探险，也要带上步话机、手机、卫星通信等通信设备，甚至有远程的卫星监控。这一切都是以现代能源系统作为基础保障的。

现代能源系统与现代工业社会的其他特点，把人变成工业体系的一个组成部分。在这一体系下，人只能按照大工业生产的节奏生活和工作，每一时刻的动作都要经过严格的规定，就像卓别林主演的《摩登时代》中的场景一样。

工业社会带来巨大的社会生产力与物质财富的同时，也产生了各种的经济、社会与环境问题。在经济层面，工业社会表现出一种"自发的扩展秩序"①，即以市场交易为导向的工业化生产。这一市场秩序一旦形成，就具有一种向外无限扩张的内在动力，如同一个越来越大的旋涡，倾向于把所有的社会资源、人口自发地纳入到这一体系之中，形成日益扩大的生产能力与市场，并且通过技术创新的内在动力，不断衍生出新的商品，同时也创造新的商品需求。因此，工业社会，或者说市场经济框架下的工业社会，具有自我向前发展的内生动力。这种内生动力会导致对资源尤其是能源资源的无限需求。

（三）现代能源系统的主要特点

现代能源系统与传统能源系统的区别在于，它具有低成本生产、普遍服务、依赖大规模基础设施等三大特点。这三大特点相互关联，相互支持，使现代能源系统成为有史以来最为复杂的人造系统。

1. 低成本生产

低成本生产是现代能源体系的基本要求。作为工业社会的基础支持部门，没有低成本生产，就不可能实现大规模供应，那些依赖廉价能源的制造业就难以发展起来，也不可能实现普遍服务的目标。

低成本生产与大规模供应是紧密相连的，也就是经济学意义上的规模经济。另外，这一特点也是由化石能源的特点决定的。化石能源由于地质和地壳内物理化学的作用，集中分布在特定地域，为大规模低成本开采提供了便利条件。随着工业技术的进步和现代交通运输体系的建立，勘探、开采、生产与运输的成本都被有效降低，使得现代能源系统的综合成本伴随着生产和市场规模的扩大持续下降，为工业体系和居民消费等提供了廉价的和不间断的能源供应。此外，借助于现代化的信息控制技术，现代电力输送网络和石

---

① 参见哈耶克的《致命的自负》《自由秩序原理》等著作的论述。

油天然气输配送网络把能源生产与消费的各个环节有效连接起来，构成了一个复杂的能源体系。

在传统生物能源向现代能源体系转换的过程中，技术进步发挥了重要作用。技术进步有两种形式：第一种是阶越性的技术变革，即在很大程度上弃用原有的技术路径，采用全新的技术路径，比如放弃木炭而采用煤炭作为主要能量来源；第二种是渐进性的技术进步，即在原有技术路径基本不变的前提下，通过学习效应、技术革新、精细管理等实现的、边际性的技术效率提高，比如燃煤发电的度电煤耗逐年下降。

自现代能源体系诞生以来的大部分时间里，除了极少数年份之外，能源成本基本上维持在较低的水平。即使那些能源成本较高的极少数年份，也是战争或市场垄断等非技术原因造成的，并非是生产原因造成的。这从图1-1所示的石油价格趋势上就可以看出来，尽管价格起伏不定，但是一直存在一个价格底部，这个底部实际上代表了综合生产成本加上合理利润的趋势。而且在150多年的时间里，这一底部没有太大的变化。自2014年7月开始的新一轮石油价格下跌，再次证实了这一底部的存在。

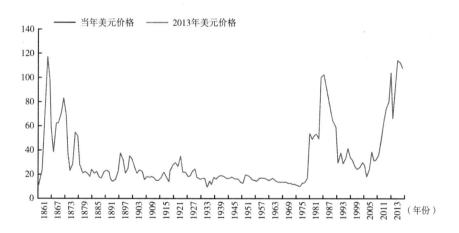

图1-1　石油价格历史趋势（1861~2013）

注：1861~1944年为美国石油平均价格，1945~1983年为在拉斯塔努拉公布的阿拉伯轻质油价格，1984~2013年为布伦特油价。

资料来源：BP-Statistical_ Review_ of_ world_ energy_ 2014_ workbook。

现代能源系统的结构以美国能源体系为例，如图1-2所示。在图1-2的左侧，是各种一次能源，或者说能源资源的供给，中间的发电模块是能源转化的一个重要环节，右侧则是各类消费部门，最右边的数据则是产生实际能源服务的能量部分与没有利用的能量部分。

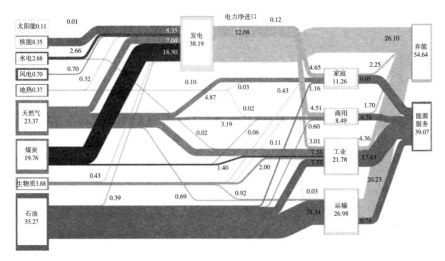

图 1－2　2009 年美国现代能源系统结构

注：图中单位为 quads，相当于 2009 年美国能源消费为 22.06 亿吨标准油。

资料来源：Laurence Livermore National Laboratory。

从现代能源体系的结构来分析，能源成本的控制即等于资源与一次能源生产、能源转化效率和消费部门的能源效率。现代能源体系能够一直维持低成本其根源也主要来自两个方面：资源特性与技术进步。尽管以石油峰值理论为代表的悲观论者对化石能源的耗竭十分担心，但是他们显然低估了化石能源资源的储量与勘探开发技术的进步和节能技术进步的潜力。

现代能源系统与传统上以木炭为主体的生物能源体系的区别在于：由于资源的集中，现代能源并未随需求量的增加而使成本急剧上升。实际上这是因为森林资源的耗竭速度远快于煤炭、石油、天然气等化石能源资源的耗竭速度。

化石能源与核能、水电甚至地热发电等都有一个共同特性：煤炭、石油、天然气都发现了超大规模储量的矿藏，它们可以在一个地点进行大规模生产。沙特的大型油田可以实现每年亿吨左右的开采能力，中国的大庆油田在高峰时期也维持着 4000 多万吨的年生产能力。中国的山西、陕西、东北、新疆地区也都有煤田分布。在江河上拦坝建设的大规模水电项目和大规模燃煤发电项目，都为能源供给的规模效应奠定了基础。

技术进步的力量同样不可低估。在现代石油工业创立的初期，油田的采出率经常只有 10% ~ 20%，导致当时资源枯竭论十分流行。随着技术进步，采出率很快提高到 40% 以上。煤炭一开始只是露天开采，后来发展为井下开采，井下采出率很快从最开始的 10% 左右提高到 60%。天然气一开始作为废气直接排放掉，现在已经成为全球最为重要的能源之一。页岩气、页岩油的工业化开采，使非常规油气成为能源界的新宠，并大大延长了化石能源的预期开采寿命。燃煤电厂的度电煤耗，从开始超过 500 克标准煤下降到现在的 300 克左右。

正是化石能源的资源集中分布属性与技术进步的无限潜力，使能源大规模供应与普遍服务成为可能。未来的能源转换和新能源与可再生能源的发展，仍然需要遵循这一原则。

2. 普遍服务

普遍服务不是现代能源系统的技术要求，然而这却是现代能源体系一个典型的正外部性。这是因为，现代能源系统的初建成本高，或者说其不变成本非常高，而其可变成本却非常低。因此，市场规模越大，越能分散其不变成本。比如油田和天然气田一旦建成，那么在资源属性许可的范围内，增加产量的成本非常低，因此其产量会迅速提高甚至高到无法限制，此时只有发现足够的市场需求，才能消化其产量，否则就只能废弃。发电系统的属性是相似的，在已建成的发电能力之内，如果市场小于其发电能力，成本就无法有效分摊。因此，现代能源体系与前工业社会的以木炭为主体的能源体系有本质的区别：木炭完全可以以销售定产量，而现代能源体系在短期内相当于以产量定销售。从这一特性看，现代能源体系是典型的扩展性秩序，其技术特性要求它不断地通过降低成本来扩大市场。

在实际生活中，我们可以看到普遍服务的各种例子。现代社会几乎家家户户都有不间断的电力供应、燃气供应，车辆行驶在大部分地区都可以在燃油耗尽之前找到加油站。正是在普遍服务的基础上，大量的家用电器和办公电器产业才能得以发展，并且在全球基本实现了互联互通。

但是，如果没有来自外部的规制，普遍服务的要求有时不能得到彻底贯彻。由于能源基础设施建设和网络建设需要协调各个方面，而且投资巨大，很可能一开始难以启动，甚至长时间无法建设，造成有些地区无法享受到能源服务。而在那些条件不好的地区，比如边境地区、沙漠腹地、海岛等边缘地区，从经济性角度来看不能实现能源公司的赢利原则，也会导致能源服务的缺失。这就是著名的"能源贫困"。此时，就需要外部的规制来强制实现能源普遍服务。

3. 依赖大规模基础设施

能源基础设施更多地表现为能源供应网络，包括油气输送管道、油气储备设施、电力输送网络及其配套设施。电力网络连接发电厂、主干网络和工矿企业、千家万户，燃气网络连接油气田、化工厂、城市管网和居民家庭，油品网络则通过管道、火车、卡车等把成品油输送到加油站，城市的冬季供热体系也是一个复杂的网络系统。

现代油气管道的建设开始于19世纪中叶，1865年美国宾夕法尼亚建成了世界上第一条输油管道，管道直径50毫米，长约10公里。之后输油管道虽在世界范围内有所发展但也较为缓慢，直到第二次世界大战，当时的美国因战争需要开始大规模建设长距离输油管道。二战结束后，世界范围内兴建了多条大型跨国陆上输油管道，同时一批海洋输油管道也得以建成，海底管道深达海底100多米。目前美国已经拥有约3万公里的输油管道系统，俄罗斯和中东国家也拥有复杂的输油管道系统。中国的输油管道建设起步于20世纪50年代，目前中国已经建成的国际油气输送管道包括中亚－中国油气管道、中俄东线油气管道和中缅油气管道等。①

在能源网络的硬件——如管网和电力网络——之外，其软件的信息控制系统更为重要。能源系统是一个生产与消费同时进行的复杂的人为系统，尤其是电力系统。电源点与负荷中心多数处于不同地区，而电力无法大量储存，因此其生产、输送、分配和消费都需要在同一时间完成，并要在同一地域内有机地组成一个整体，生产必须时刻与消费保持平衡。电力系统要发挥其功能，就需在各个环节和不同层次设置相应的信息与控制系统，以便对电能的生产和运输过程进行测量、调节、控制、保护、通信和调度，确保用户获得安全、经济、优质的电能。

---

① 维基网络，http: // zh. wikipedia. org/wiki/% E8% BE% 93% E6% B2% B9% E7% AE% A1% E9% 81% 93。

二　现代能源体系及问题

现代能源体系可以说是人类有史以来最为重要的创新，是现代工业文明的基础。尽管如此，现代能源体系却并非是完美的，相反，它还产生了一些严重的问题，其中最严重的就是环境问题。在未采用环保技术的情况下，现代能源体系，包括煤炭开采、石油开采与冶炼、燃煤发电、燃油消费等过程都可能造成严重的环境污染。其次，能源体系的自然垄断属性，往往形成强有力的利益集团，对社会财富分配和经济运行产生深刻的影响。在经济因素的影响下，现代能源体系也会造成严重的社会问题，比如财富两极分化、社会格局固化等问题。

（一）环境问题

近年来，由能源体系带来的环境问题非常多见。煤炭一直是个老大难问题，油气资源开发造成的环境问题也日益突出，还有核电站、水电站对环境产生的影响等都造成重大的环境问题。

1. 全球气候变化与温室气体排放

使用化石燃料和传统能源，会增加二氧化碳排放量、减少森林面积、降低水质、酸化或碱化水体、向生态圈中排放有害物质，进而威胁到全球生态多样性和生态系统。这些危害同时又遏制了地球对气候变化的自然调节能力。

联合国政府间气候变化专门委员会指出，气候系统变暖已是明确无疑的事实。因为人们已经观察到全球气温和海洋平均温度升高，冰雪大范围融化，全球平均海平面在上升。气候学家已经确定，温度上升应以 2℃ 为限，以避免对地球造成不可逆转的破坏。为了实现这一目标，全球温室气体排放量到 2015 年需要达到高峰，其后逐渐下降，到 2050 年减少 50%。

气候变化影响人类生存的各个方面，包括生态系统、淡水资源、农林产业、工业、居住环境、社会生活及人类健康等。气候变化对各区域产生的影响因地理状况差异而各不相同。

到目前为止，大多数发达国家宣布了 2020 年实现中期减排目标，但这些目标大多远远低于气候专委会关于到 2020 年应比 1990 年减少 25% ~40%

的范围，若要将升温限制在 2℃ 之下，就必须实现这一减排目标。

国际社会在应对全球气候变化的问题上一直争论不断，主要焦点就在于发达国家与新兴经济体之间的矛盾。以中国、印度、巴西、南非等为代表的新兴经济体认为，全球气候变化主要是由于发达国家在历史上的排放引起的，因此发达国家应该承担更多义务，应以历史上总体排放量作为减排的基础；而发达国家则希望各国都应进行总量减排，新兴经济体应限制过快的排放增长。

2. 环境污染

（1）大气污染

能源在燃烧利用的过程中产生多种大气污染物，如果没有严格的环保措施就会造成严重的大气污染。石油、煤炭、天然气这三种化石能源，虽然本质上都是以碳、氢元素为主，但是都包含有其他成分，如氮、硫、磷等，尤其煤炭的成分更为复杂，甚至可包含汞、铅、镉等重金属及铀等放射性元素。如果没有环保措施这些有害元素经过燃烧后就会扩散到整个大气之中。

（2）水污染与生态风险

能源生产与利用过程中，对水资源的消耗和水环境的污染也十分巨大。石油开采、煤炭开采、水电项目建设都可能引起破坏水资源和污染水环境的问题，并危及各种生物的生存环境和生物多样性。

随着石油的大规模勘探、开采，石油化工业的发展及其产品的广泛应用，石油及石油化工产品对地下水的污染已成为不可忽视的问题。石油和石油化工产品，经常以非水相液体（NAPL）的形式污染土壤、含水层和地下水。NAPL 可被孔隙介质长期束缚，其可溶性成分还会逐渐扩散至地下水中，从而成为一种持久性的污染源。

石油开采产生大量的采油污水。而且，石油从地下抽出后，还需注入大量清水来保持地层压力。

煤炭工业对水环境的污染也十分严重，主要表现在以下几个方面：首先是煤炭开采过程中引起的地下水资源流失和地表水污染；其次是煤炭加工转化过程（电力生产）中的水资源消耗和水环境污染。

煤炭开采对水资源的破坏和造成的水环境污染问题，在全国大部分煤炭矿区广泛存在。尤其在山西、宁夏、陕西等干旱、半干旱地区，水资源的破坏给当地的生产、生活造成了严重影响。

目前，页岩气开发也正面临环境方面的争议，对页岩气开发可能引起地下水污染的问题展开了广泛的讨论。针对页岩气开采引发的一系列争论及对潜在环境问题的担忧，美国环保局正在通过修正部分法律来实施更加严格的管制，并要求页岩气开采商加强环保投资，提供解决方案。

（3）地质影响

能源体系对地质环境的影响主要来自两方面：一是水电项目的影响；二是煤炭开采对地质环境的影响。

首先，水电项目对地质环境的影响。

中国的水电环境保护管理始于 20 世纪 80 年代初，到 80 年代后期，大中型水电建设项目基本纳入环境管理轨道，建立了比较健全的管理程序和环境影响评价技术规范。1988 年颁布《水利水电项目环境影响评价技术规范》，1992 年颁布《江河流域规划环境影响评价规范》，2002 年又修订颁布《环境影响评价技术导则（水利水电工程）》。此外，还颁布了适用于水利水电工程的其他环境影响因子（地面水环境、地下水环境和生态环境等）的评价规范。

随着对水电开发建设项目环境影响评价研究和管理的深入，逐步建立了水生生态、陆地生态、水环境以及水库淹没和移民安置环境影响评价体系和方法。2002 年颁布的《环境影响评价法》，进一步提高环境影响评价的法律地位，扩大环境影响评价的范围，将规划纳入环境影响评价管理的范畴。配套出台的《规划环境影响评价范围》将水电开发规划纳入编制环境影响报告书的范围。

随着水电项目建设力度加大，其环境问题日益凸显，社会关注程度加大。尤其是流域梯级水电建设影响范围广、因素复杂、周期长，有些影响具有累积和滞后效应，甚至还有一些不可逆的影响，主要有：水电拦河筑坝建库带来的上下游水文泥沙情势变化，引起库区和下游水质、水温等水环境不同程度地改变，由此产生闸、坝的阻隔和水生生境变化对鱼类等水生生物有很大影响；水库淹没对陆生动植物造成一定影响；移民后靠生产生活安置等过程中的环境问题及移而不稳也是水电项目建设带来的重要问题。

水库蓄水使库区原有农田减少，特别是对于土地资源较为匮乏的山区，移民安置与解决耕地问题的矛盾十分尖锐。一些地区后靠安置毁林开荒、陡坡开荒，造成库区的水土流失情况十分严重，泥石流、滑坡和崩塌，使本来很严重的自然生态问题更为恶化，有时甚至导致二次搬迁，这也是有些移民长期生活贫困、移而不稳的重要原因。移民安置解决得不好，随之也会使当地的环境质量退化。

其次，煤炭开采对地质环境的影响。

中国以煤为主的能源生产结构使得采煤引发的地质灾害成为能源环境影响中的重点。

大规模开采煤炭，造成矿区土地塌陷、地表扰动等严重的地质灾害。多年来，煤炭开采沉陷造成我国东部平原矿区土地面积大部分积水、受淹或盐渍化，西部矿区水土流失和土地荒漠化也在加剧。

煤炭井工开采塌陷土地，破坏植被，影响土地耕作和植被生长，降低土地利用率，改变地貌引发土地沙漠化。塌陷还会引起山地、丘陵发生泥石流，山体塌陷滑移等自然灾害，严重破坏矿区的植物资源、土地资源和生态环境。资料表明，对于井工开采，每采1万吨煤炭就有0.01~0.29公顷的土地塌陷。

煤炭露天开采对植被和土地的破坏程度更大，这种采掘场挖损多是毁灭性的。露天开采直接挖损土地，破坏地表植被。据资料统计，对于露天开采，每采1万吨煤炭就有0.06~0.13公顷的土地挖损，平均为0.08公顷。

煤矿开采产生的固体废弃物压占土地，植被也遭到严重破坏。

（4）核污染风险

1986年的切尔诺贝利核电站事故是第一次重大的核电事故，它对欧洲造成的环境损害至今还没有完全搞清楚。2012年3月11日，日本福岛核事故再次造成重大的环境影响。日本核事故发生后，美国核管理委员会已开始重新审核美国12家企业提交的20多座核电站的执照申请。法国是仅次于美国的第二大核电生产国，核电占总发电比例的80%，目前有58座核反应堆在运行，法国已表示不会放弃建设新一代核电站的计划。

3. 能源的外部性环境成本

燃烧化石燃料和传统燃料形成的污染将造成很高的间接成本。化石燃料的不完全燃烧产生的可吸入颗粒物（PM10）和细颗粒物（PM2.5）污染，以及其他形式的空气污染（硫化物、氮化物、光化学烟雾、重金属等）对人类健康有致命危害。在美国，由于燃烧化石燃料，每年耗费在人类健康方面的花费达到1200亿美元，大部分花费在成千上万死于空气污染的未成年

人身上。国际能源署的研究表明：2005 年，控制空气污染的成本达到 1550
亿欧元，而至 2030 年，该成本将会增长至原来的 3 倍。

一项由哈佛医学院发表的研究报告表明，美国由煤燃烧所引起的环境外
部成本为 0.27 美元/度，而电的平均成本为 0.09 美元/度。通过对比，美国
环境法研究所发表的化石燃料行业政府能源补贴研究表明，同年美国的煤炭
补贴为 0.27 美元/度（见图 1-3）。

欧洲环保署发表的一项关于产电引发的环境外部成本研究检测了 CO_2
和其他空气污染物（NO_x、SO_2、NMVOCs、PM10、NH_3）排放所引发的具
体环境品质损失成本：2008 年使用传统化石燃料发电所引起的环境外部成
本达到 25.9 欧分/度。

尽管利用化石能源而产生的环境负面外部效应，给当代人及后代带来健
康方面的损害，但是各国政府出于经济方面的考虑，并不愿意将这种负外部
性货币化，因为这会导致可再生能源成本高、投资回报周期长、难以替代化
石燃料。

可再生能源技术并非不会给社会及环境带来负面影响，因此慎重规划对
规避可能产生的环境和社会影响非常重要。比如，生物燃料的生产过程会造
成对生物多样性和生态系统的负面影响；大规模水力发电对环境和社会的影
响更是不可估量；可再生能源特别是光伏组件需要稀土元素，因此可能造成
重金属污染问题。

（二）经济问题

1. 能源部门对整体经济的影响

能源部门是现代经济的基础部门，是几乎所有其他部门的上游，其供给
稳定性和与此相关的价格变化，对下游经济和宏观经济都有重要的影响。从
经济学角度看，它对整体经济的影响主要有以下几个方面。

（1）高价能源产生沉重的经济负担

能源部门是所有部门的上游，所以它的价格是国民经济分配的重要组成，
即能源价格决定了总产出中有多少需要支付给能源资源部门。如果能源价格
过高，就相当于挤压了下游部门的利润空间，因此，它是一个社会分配问题。

21 世纪以来，国际能源价格总体上处于上升趋势。2007 年甚至达到了
147 美元/桶的高峰，之后虽然有所回落，但是仍然处于高位。

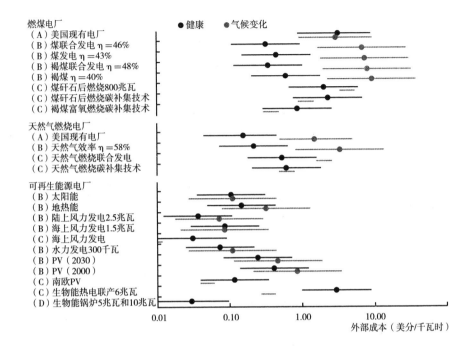

图 1 - 3 与全球人类健康及环境变化相关的能源外部性成本（指数坐标）

资料来源：IPCC，"Special Report on Renewable Energy Sources and Climate Change Mitigation，" Working Group Ⅲ - Mitigation of Climate Change，editedby O. Edenhofer，R. Pichs-Madruga，and Y. Sokoma，published for the Intergovernmental Panel on Climate Chonge，2011。

在化石燃料价格逐渐上涨的大背景下，为了保护消费者利益，一些国家增加燃料补贴，限制其他政府预算，并支持能源进口来缓解对化石燃料的需求。对非洲石油进口国来说，石油占到总进口额的 10% ~ 15%，平均消耗了 30% 出口收入。

一些非洲国家，包括肯尼亚和塞内加尔，将其出口收益的一半以上都投入到能源进口方面，而在印度，该项比例则达到 45%。很多实例表明，对有条件使用可再生能源的区域进行相关投资可以提高整个国家的能源安全性。

寻找可持续的替代能源，减少对化石能源的过度依赖，已经成为各国能源政策的一个重点。但是目前除水电外的多数可再生能源项目，都需要较高的价格或者政府补贴来维持其运转。因此，对如何发展可再生能源存在着激烈的争论。同时，人们忽略了另一个事实，由于化石能源利用过程中的环境负外部性并没有完全由其生产企业负担，实际上各国政府也对化石能源进行了补贴。这种对环境污染行为的实际补贴，导致了严重的健康代价。

（2）能源价格与经济竞争力有密切关系

能源部门具有天然垄断特性，由于其供给依赖网络，实力强的能源企业更有扩张的能力，导致强者愈强、弱者最后被排挤出局，如不加控制，就会形成完全垄断或寡头垄断。一旦形成垄断或者寡头垄断局面，对这样一个竞争不充分的部门如何管理，就成为一个社会难题。因此，能源部门经常是规制经济学的一个重要议题。

对能源进口国来说，如果能源价格超过了正常的水平，就会造成下游工业的利润空间大幅度减少，因而扭曲经济资源的配置格局，甚至扼杀制造业的创新与发展能力，给消费者带来较高的生活成本。而对于能源出口国来说，较高的能源价格会带来大量的货币流入，并带动本币的升值和利息率的提高以及较高的劳动成本和物价水平，同样也会使其他工业的发展失去动力，因为任何其他工业都无法提供像能源工业那样高的利润率。这就是经济学上的"荷兰病"。

图 1-4 显示出中国经济中石油与天然气开采业在经济中的地位。这一行业的利润率是所有部门中最高的，达到 46.5%，只有烟草行业才能勉强与之相比。这就反映出了能源工业对其他部门利润的争夺。

（3）能源价格对宏观经济周期有重要的影响

由能源市场波动带来的经济性风险往往被能源安全话题的掩盖。实际上，真正意义上的能源供给中断从来没有在和平时期发生过，而能源市场波动带来的经济性风险却时时存在。由于能源价格构成了国民经济运行的基础，能源价格的剧烈波动往往成为经济周期变化的一个肇因。

Hamilton（2011）总结了石油价格波动与美国经济周期之间的关系。结论是很显然的，石油价格的剧烈波动与美国经济周期之间存在着很强的联系。尽管这一关系是不对称的，即石油价格快速上涨会引起经济的衰退，但是石油价格的快速下跌却不会引起经济的繁荣（见表 1-1）。

由于石油价格在事实上与美元挂钩，而美元又是全球货币体系的基础，因此石油价格的剧烈波动往往引发全球的市场动荡，并可能引发全球性的经济危机。2008 年爆发的世界金融危机，其前兆就是 2007 年高企的石油价格（达到 147 美元/桶的历史高位）。

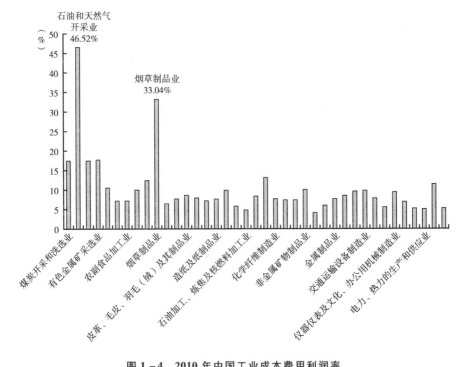

图 1-4 2010 年中国工业成本费用利润率

资料来源：van den Wouden, A., "Sources of Energy in the Dutch Golden Age," in Cavaciocchi, S. (ed.), Ecomomia e Energia, Le Monnier, Florene, 2003, pp. 445-68。

（4）能源价格影响到能源资源收益的全球分配及其在全球经济中的地位

经济价格是能源安全的另一个重要方面。从战略安全角度来看，在核武力威慑之下，目前很难说有哪个国家会希望通过战争手段来控制能源资源，或者干涉能源运输通道的畅通。即使是伊朗也清楚地知道封锁霍尔木兹海峡是一个同归于尽的选项，绝非一个理智国家所可能采取的措施。在这种背景下，由于战争和地缘政治冲突而引发能源供应中断的可能性是非常小的，而时时刻刻发生的却是由国际能源价格尤其是石油价格对经济安全产生的影响。

任何国家，不论控制多少资源，都是为了使资源收益最大化，只要没有陷入疯狂状态，都不会关闭这个会带来重大利益的市场。即使在冷战时期，苏联也需要出口石油来换取外汇；1973 年的石油禁运既没有实现零贸易，也没能坚持多久。

表 1 - 1　石油价格与美国经济周期关系的研究总结

汽油短缺	价格涨幅	价格控制	关键因素	商业周期峰顶
1947 年 11 月 ～ 1947 年 12 月	1947 年 11 月 ～ 1948 年 1 月（37%）	无（威胁进行控制）	强劲需求，供给约束	1948 年 11 月
1952 年 5 月	1953 年 6 月（10%）	有	冲击，市场控制	1953 年 7 月
1956 年 11 月 ～ 1956 年 12 月（欧洲）	1957 年 1～2 月（9%）	有（欧洲）	苏伊士运河危机	1957 年 8 月
没有	没有	没有	—	1960 年 4 月
1973 年 6 月 1973 年 12 月 ～ 1974 年 3 月	1973 年 4 月 ～ 1973 年 9 月（16%） 1973 年 11 月 ～ 1974 年 2 月（51%）	有	需求强劲，供给约束 OAPEC 禁运	1973 年 11 月
1979 年 5～7 月	1979 年 5 月 ～ 1980 年 1 月（57%）	有	伊朗革命	1980 年 1 月
无	1980 年 11 月 ～ 1981 年 2 月（45%）	有	两伊战争，市场控制	1981 年 7 月
无	1990 月 8～10 月（93%）	无	第一次海湾战争	1990 年 7 月
无	1999 年 12 月 ～ 2000 年 11 月（38%）	无	需求强劲	2001 年 3 月
无	2002 年 11 月 ～ 2003 年 3 月（28%）	无	委内瑞拉骚乱，第二次海湾战争	无
无	2007 年 2 月 ～ 2008 年 6 月（145%）	无	需求强劲，供给停滞	2007 年 12 月

资料来源：D. Hamilton James，*Oil Prices，Exhaustible Resources，and Economic Growth：Prepared for Handbook of Energy and Climate Change*，http：//econweb. ucsd. edu/～jhamilton/handbook_ climate. pdf。

　　目前对能源安全的关注主要集中在如何保障能源供给尤其是石油进口上，而对其他问题尤其是如何应对能源安全的经济风险关注较少。实际上，能源供给中断只是一个理论上的可能性，并不是一个随时都会发生的现实威胁。但是，能源作为经济的基础，来自能源的经济风险是一个常态化又时时被忽略的问题。

　　按照 2001 年小布什政府提出的美国《国家能源政策》的提法，能源安全有三个要素：供给稳定可靠、成本可负担、环境友好。在现实中，第一个目标即"供给稳定可靠"受到的关注最高，也基本做到了。环境友好也受到了极大的关注，每年全球应对气候的谈判都会掀起一个热潮，但是从经济的角度看，石油禁运之后的40年总体上是能源价格不断上涨的40年，只有20世纪80年代初期和90年代末亚洲金融危机期间的能源价格相对较低。能源成本几乎已经成为影响全球经济的最重要的因素。

为应对能源安全挑战所做的一切努力，最终都会转化为经济体系的成本，影响着经济的总体竞争力，并最终由全体消费者埋单。如果单纯考虑供给保障，而忽视由此带来的经济成本，将会在经济上付出更大的代价，以致影响长远发展。

能源不是一个简单的商品，作为世界最大宗的贸易商品，能源尤其是石油贸易体系在全球经济利益分配中扮演着重要角色。以美元的石油定价权作为基础的货币体系，使世界经济构成了一个物质流与资金流相互配合的统一体。需要进口石油的国家必需出口制造业商品来换取美元，出口石油的国家获得美元然后用来购买其他商品。因此，石油价格就成了在全球进行利益分配的基础工具。

石油价格的基础是全球货币的流动性尤其是美元的流动性。因此，控制全球货币流动性的快速增长，是有效抑制国际石油价格剧烈波动，实现全球经济平稳运行的关键。这是能源消费大国尤其是中国、美国、日本、欧盟等经济体的重要责任。

三 第四次能源革命

人类社会的能源结构从火的应用开始，历史上经历了多次能源变革，即通常所说的能源革命。第一次能源革命是用火技术的掌握；第二次能源革命是以蒸汽机的发明为代表的工业能源技术革命，它不仅仅是技术的革命，更涉及经济的方方面面。以技术革命为发端，引发了生产革命、消费革命与市场机制的革命。应该说，这一次能源革命开创了人类历史的工业文明时代，支持了几百年来经济的快速增长与社会进步。有人把核电站的发明作为第三次能源革命，现在看似并不足以与前两次工业革命相提并论，但是它提供了化石能源和传统可再生能源之外的另一个重要选择。

然而随着时代的发展与工业技术尤其是信息化、互联网、智能化技术的进步及其应用模式的变化，肇端于工业革命的第一代能源工业技术出现了诸多问题，具体见上面两节的论述。为应对这些问题，推动新一次或者说第四次能源革命发展已经成为时代的要求，同时技术进步与其应用模式的进步也为第四次能源技术革命的实现提供了可能性。这次能源革命的主要技术特点应该是智能化，它对应的是后工业社会的来临和人类更自由的生活方式。

（一）　主要方面与特点

这次能源革命的目标是在继续保持传统的能源廉价、广泛覆盖、普遍服务的特点的同时，解决能源在经济、社会、资源环境以及全球气候变化等方面引起的诸多问题，实现智能化、清洁化、个性化、柔性化与资源节约，继续提升能源利用的效率。这次能源革命有以下特点。

1. 以清洁化应对环境污染问题

环境是人类赖以生存的基础。如前所述，能源生产与利用过程中可能带来严重的破坏环境与危害人类健康的代价，而且这种代价可能一时还不能完全认识清楚。现代工业技术体系已经可以为各种环保目标提供选择方案，而不是一定要付出环境与健康代价才能实现经济发展。

在很多时候，环境保护实际上不是技术问题、经济问题，而是社会分配问题。如果一部分居民为能源项目付出了不应付出的代价，实际上就相当于有别的群体获得了不应有的收益，这将导致社会公平问题。

2010 年以来中国出现的大范围雾霾现象再次提醒人们，经济利益的分配不仅仅是在不同人群之间进行的，也是在当代人与后代之间进行的，甚至是在每个人身上进行的。也就是说，每一个人在享受经济利益的时候都付出了健康代价。

因此，在实施能源的所有经济活动时，包括规划、设计、开发、生产、消费、输送等过程，都应树立环境优先这一原则。这一原则不仅要控制污染物的排放，更要注意对生态环境、土地利用方式等方面的影响。

传统能源的清洁化与发展新型清洁能源是提高能源环境效应的两个重要方面。能源本身并无脏洁之分，污染都是发生于能源利用的过程。如果实现能源清洁化利用，那么能源的使用并不一定会形成污染。

传统能源仍然是能源供给与消费的主体，目前还看不到传统化石能源被其他能源大规模取代的前景。2012 年，中国能源消费结构中煤炭占据

68.5%，印度为52.9%。可再生能源难以大规模替代传统化石能源的另一个重要原因，是因为目前除水电外的可再生能源不可能满足现代工业所需的大规模、稳定的能源需求。无论是风电、光伏发电，还是风光互补发电，用于满足城市和乡村居民的照明和一般家用能源需求时尚且可行，但是难以想象它们能为大规模的工厂提供持续的能源供应。

因此，实现传统化石能源生产与利用过程中的清洁化，才是减少污染物排放和改善环境的关键因素。

2. 以低碳化应对全球气候变化

全球气候变化是人类共同面对的重大挑战，发展低碳能源是能源革命的重要方面。低碳能源既包括传统能源的节约与低碳化，也包括核能、水电、风电、太阳能、地热能等可再生能源。在安全、高效、清洁的前提下，发展低碳能源是应对全球气候变化与化石能源资源匮乏挑战的重要方面。

3. 以智能化增强可再生能源的经济性

可再生能源对未来能源革命有重要的意义，发展智能电网是实现可再生能源大规模发展的前提。目前电网调控技术已经比较成熟，但尚有进一步提高的空间。智能电网对电网企业提出了较高的要求，为了中国的环境改善和能源结构的优化，电网企业应该承担起这一责任。

4. 形成燃料之间的竞争，推动能源体制改革，提高市场效率

竞争性原则是市场经济的基本原则。垄断制约创新、抬高价格、降低服务水平，对少数供应商和供应商品的依赖是造成能源不安全的重要原因。供给竞争意味着更多的选择空间，从而可以促进企业加大对创新的投入，降低个别厂商、个别行业提高价格的可能性，有利于降低能源组合的整体成本。

在能源领域，不仅应在每一个细分市场如石油、天然气、煤炭、热力、电力内实现市场竞争，打破少数企业的垄断，还应通过消费端的技术手段，实现不同能源品种之间的竞争。比如对汽车领域，除传统的燃油汽车之外，还可以有天然气汽车、纯电动汽车、混合动力汽车，以后还可以有基于太阳能的汽车可供选择。更进一步，如果通过发动机技术的改造，单辆汽车即可在较大范围空间内实现燃油、醇醚燃料、电力之间的自由选择，那么石油对车用燃料的垄断地位就可以被有效打破。

5. 以分布式供应提高能源服务自由度

分布式能源系统，是相对于传统的集中性能源系统而言的，是指分布在用户端的能源综合利用系统。它具有能源利用率高、节能环保等优点，有助于实现能源体系的多元清洁发展。一般来讲，一次能源投入主要以天然气等气体燃料为主，可再生能源为辅；二次能源投入以冷热电联供为主，其他中央能源供应系统为辅。分布式能源的主要特点就是通过能源梯级利用，提高能源利用效率，满足用户冷、热和电的需求。同时，中央能源供应系统还可以对分布式能源系统提供支持和补充。分布式能源系统可为那些不适合建设集中电站的地区、输电网末端用户与输配电系统提供电力服务，而且由于分布式能源靠近用户端，因此较中央能源集中供应而言，热、电、冷等输送损失会大大降低。

6. 以节能为能源消费革命的最重要目标

化石能源是可耗竭资源，可再生能源在工业技术层次上也不是无限供应的，它只是可再生而已。即使能源限制可以突破，人类生存环境的约束也是不可逾越的。因此，节约使用是能源安全的最大目标。

（二）主要突破方向

1. 非常规化石能源的发展

尽管可再生能源经常成为关注的焦点和政策的新宠，但是非常规的化石能源，如页岩油、页岩气、致密气、煤层气、油砂等的开发潜力可能更大，其生产和供应上的经济性会优于分布密度非常小的可再生能源，如风能、太阳能、生物质能。这些可再生能源资源的分布大多是分散的，不像化石能源通常非常集中地分布在某一个狭小地域。

以美国页岩气、页岩油为代表的非常规油气的成功开发，表明非常规油气化石能源资源具有很大的开发潜力。2013 年 7 月，美国超过俄罗斯和沙特成为全球最大的油气生产国，美国的石油及其他能源的自给率大幅上升。2014 年，美国非常规油气供应占到了总油气供应的约 50%，为增加世界能源供应做出了巨大贡献。此前曾经普遍估计美国页岩气产业的油价盈亏平衡点在 60 ~ 80 美元/桶当量之间，但是目前来看，美国有很多页岩气生产井的盈亏平衡点在 60 美元/桶之下，甚至有低至 30 美元/桶的生产井，已经具备了与常规油气资源竞争的条件。

除美国外，加拿大的油砂和委内瑞拉的重油资源储量也非常巨大，北极地区和全球深海地区的油气资源蕴藏量也非常可观，中国、东欧地区、阿根廷等国也都有丰富的非常规化石能源资源。在生产技术日益成熟、成本逐步下降的背景下，未来非常规化石能源资源很可能承担全球能源供应的重要任务。

2. 传统能源的清洁化

实现传统化石能源的清洁化有很多途径。近年来，由煤炭转向天然气是能源转换的一个重要内容，这也导致全球尤其是中国对天然气这种比较清洁能源的需求迅速增长。

由于中国以煤炭为主的生产与消费结构短期内无法改变，因此洁净煤技术是就地实现环境改善的重要技术手段。煤洁净燃烧技术是指煤炭可以通过燃前净化来达到减少污染排放的目标，也可以通过对燃烧过程的控制来减少污染物的排放量，包括改变燃料性质、改进燃烧方式、调整燃烧条件、适当加入添加剂等方法来控制污染物的形成，从而实现减排。具体的技术路线有很多种，对于这些技术路线也有较多的争论，有的水资源消耗比较高，有的仍然存在一定的污染物排放。只要坚持环境优先的原则进行技术路线筛选，就能够推动煤炭的清洁利用。

提高燃油环境标准是清洁能源的另一项重要内容。在这方面，中国还有很大的提升空间。以车用汽油二氧化硫含量标准为例，美国的标准为10ppm，而当前中国国三和国四汽油中的硫含量分别是不大于150ppm和50ppm。美国的柴油硫含量的标准是10ppm，中国的国家标准是2000ppm，是美国的200倍。《大气污染防治行动计划》（简称"国十条"）也仅仅是要求到2017年达到137ppm，仍然是美国的10倍多。实际上，目前这个标准也没有完全得以实行。因此，即使中国与美国汽车保有量相近，且每辆车平均行驶里程相似，中国的车辆二氧化硫排放也将是美国的5倍，二氧化硫与雾霾形成有直接的关系。

中国大气污染物排放控制标准低。除电厂、钢铁厂等大型能源用户外，对大多数用煤的小用户的排放标准更低，而且未得到严格管理。中国好的燃煤电厂烟尘的排放可达到30微克/立方米，二氧化硫排放可以控制到30ppm或者以下，但是国家控制标准仍是国际先进水平的3～4倍。

3. 以柔性消纳为主要特点的智能电网

尽管智能电网目前还处于概念层面和试验阶段，但是电网的智能化无疑是其发展方向。提高电网消纳能力成为大规模风电基地良性运转的必要条件，也是解决存在多年的弃风弃光问题的主要抓手。提高消纳能力的核心在于电网的智能化。

根据美国能源部发布的《智能电网 2030》（Grid 2030）所描述的内容，一个完全自动化的电力传输网络，能够监视和控制每个用户和电网节点，保证从电厂到终端用户整个输配电过程中所有节点之间的信息和电能的双向流动。电力能源消费是总能源消费中最重要的组成部分。利用智能电网技术最大限度地实现可再生能源电力上网，是有效降低可再生能源成本、实现能源转换的关键。同时，通过智能电网的超强预测能力、计算能力，能够实现最大限度的节能。

由于电网的垄断属性，建设智能电网的任务只能落在电力公司身上。发展智能电网涉及监管问题，现行监管结构和监管权限只能松散地协调关系，电力公司和政府建设智能电网的意愿都是不确定的。发展智能电网迫切需要研究出一个能调动起投资意愿的体制机制，因此，也就要求加快电力监管体制与电力投资体制的改革。

接入可再生能源电力的智能电网的关键是发电预测系统，要对不稳定发电出力的未来发展做到准确把握才能及时采取有效的调峰调频措施，保障电网的安全稳定运行。要做到准确预测虽然有一定难度，但是在现代气象预测能力的条件下还是能够实现的。

由于可再生能源发电出力的波动性，调峰调频电站就显得非常重要。由于燃煤电厂并不适合作为调峰调频电源，发展天然气发电或者抽水蓄能电站对于建设智能电网具有重要作用。中国北方的几大风电基地，蒙西和河西走廊两个基地可以与黄河上的水电站形成调峰调频组合。其他几个基地虽然没有这一条件，但是可以利用附近煤矿的煤层气资源作为天然气调峰电厂。目前，蒙东煤炭基地、晋陕蒙煤炭基地的煤层气资源都没有被好好利用，未来可以用于这一用途。

互联网技术与应用模式的发展为智能电网的实现提供了重要的技术保障，基于海量气象数据、能源消费者数据等全过程、全周期的大数据支持系统，将使智能化电力网络加速成为现实。在这一背景下，可再生能源的经济性与发展前景会有较大改善，并可能拥有与传统能源的相当的竞争力。

4. 发展灵活燃料能源单元

能源单元是指每一个进行能源最终消费的单元，如锅炉、汽车、电脑、家用电器等。随着工业技术的进步，设计能够适应多种燃料的设备已经不是问题。比如汽车发动机经过改造，可以在一定范围内实现汽油与甲醇、乙醇燃料比例的任意混合，有的卡车发动机可以适应柴油和甲醇在一定比例内的混合；有的工业锅炉可以在天然气、煤制气之间转换，发电机组可以接受煤炭与煤矸石、生物质燃料在一定比例内的混合。此外，在新能源发电领域，风电、光伏发电与天然气发电相结合，可以建立高效的分布式供电系统。

灵活燃料是未来能源利用技术的一个重要发展方向。这种技术不但能够有效降低对少数能源的依赖，而且能够催生出新的经济增长点。建议各国政府出台支持灵活燃料技术发展的政策。

5. 以"互联网"为支撑的能源产品与能源系统网络化

能源互联网作为第四次工业革命的核心内容，对未来电力工业体系形成有重要作用。能源互联网可以保证分布式可再生电源和电动汽车的大规模接入，实现各类型分布式可再生电源、储能设备以及可控负荷之间的协调优化控制，从而平抑分布式可再生能源的间歇特性对局部电网产生冲击。

能源互联网可以提高需求侧管理精细化和用户用电个性化的水平。基于高度信息化的基础设施，以及大数据分析技术，售电企业能够针对不同电力消费群体的用电习惯进行分析，制定针对不同消费群体的个性化用电服务模式；同时用电客户也将有更多的用电模式选择，通过移动智能终端调整自身的用电行为。

能源互联网可以推动广域内电力资源的协调互补和优化配置。未来能源互联网的电力网络结构应该是大电网与微电网相结合的形式，各个区域各种形式可再生能源都能够通过能源互联网柔性接入，从而进一步推动广域内电力资源的协调互补和优化配置。

6. 分布式与集中供应相互融合的自由能源

工业时代的能源供应虽然以大规模集中网络式供应为主，但是随着能源生产技术的发展和效率的提高，在局部地区利用本地能源资源发展分布式能源越来越具有优势。分布式能源供应与大规模供应并不冲突，而是互相协调、互为补充，可以有效地提高能源效率，降低输送损耗。同时，分布式能源可以与资源循环利用和环境保护相结合，比如污水发电、森林与农业废弃物的能源化利用、离网小风电、离网太阳能发电等。

毫无疑问，为社会供电的主体仍然是大型电网。但是如果所有地区的电力都由主干电网来供电，则会形成成本，而且随着电网覆盖地区的扩大，其复杂程度也迅速提高，风险迅速加大。对那些偏离主干电网的地区和相对独立的地区，发展分布式电力和微电网供电，则是既经济又安全的办法，而且能够有效利用各种可再生能源、与主电网实现互联。

后工业社会，社会成员将更注重享受自由，个体活动随意性增大。未来分布式能源将向更加微型化的方向发展，随时随地提供人类活动所需的能源服务，比如车载能源设备、野外能源设备等。

7. 节能是最有潜力的领域

（1）工业节能

2013 年 1 月，"世界经济论坛"与埃森哲咨询管理公司（Accenture）共同推出了《2013 - 全球能源工业效率研究》报告。该研究报告从经济、生态和能源安全角度对世界不同国家的能源强项和弱项进行了评估。该评估中，中国仅列第 74 位。从此结果也许可以认识到，中国在工业节能方面的潜力依然巨大。

2011 年中国工业能耗占总能源消费的 68.5%，减少工业能耗是节能工作的重点领域。在结构节能空间日趋缩小的情况下，技术节能更具实效性。《工业节能"十二五"规划》圈定的三项节能工程——工业锅炉窑炉节能改造、电机系统节能改造、余热余压回收利用，成为工业节能的重点领域。中国工业锅炉和窑炉年煤炭消耗量分别约占 25% 和 14%，但是锅炉平均运行效率较国外先进水平低 15% ~ 20%。中国电动机耗能占终端设备耗能的比例达 60% 以上，但是电机系统效率较低，其运行效率比国外先进水平低 10% ~ 20%。余热余压回收利用工程可回收利用的余热资源约占余热总资源的 60%。

"十一五"期间，全国供电煤耗平均累计下降 37 克标准煤/千瓦时。2010 年全国 6000 千瓦及以上火电机组平均供电煤耗下降到 333 克标准煤/千瓦时，超过"十一五"规划的目标值 22 克，达到世界先进水平。自 2011 年、2012 年以来，中国火电效率继续提高，目前已经接近 300 克标准煤/千瓦时的水平。

中国工业部门的升级换代工作还远未结束，大量产能技术落后的产品仍然充斥市场。未来，伴随中国产业升级的步伐，工业节能潜力还可以继续发掘。即便是国际上的先进国家，提升能源效率也仍大有可为。以德国为例，火电站平均燃料电力转化效率只有 34%，也就是约 2/3 的能量作为废热损失了。因此，通过热电联产等模式加大对废热的回收利用程度，德国就可以节约大量的能源资源。

（2）家庭能源设备节能

家庭产品和各种能源设备的能源效率提升也有很大的空间。从能量流分析来看，以家庭烧开水为例，以天然气为燃料，从开始使用资源到最后把水烧开，能源的利用效率为31%，而如果使用煤炭为燃料的话，能源利用效率仅为19%。因此，实现燃煤向燃气的转变，这一部分的能源利用效率就可以提高12%。

（3）广义节能才是最大的节能

2013年以来，伴随着反腐倡廉八项规定的实施，人们突然发现，原来酒类、肉类、蔬菜都是可以降价的，这背后实际上就是铺张消费的减少。减少铺张浪费体现的就是广义的节能。以酿酒为例，每吨白酒的综合能源约为1.3吨标准煤，同时每生产1吨白酒，大约会产生等量的二氧化碳。而2010年各种酒类消费中的纯酒精量约为400万吨，同期的生物乙醇燃料产量约为200万吨。因此，可以看出，新八项规定能够给中国能源节约提供很大的提升空间。

用于奢华性建筑上的材料生产能耗与建设运行能耗都很高。从某市投资2亿元的景观铁环，到各地市、县、乡镇的豪华办公楼，无一不需要消耗大量的能源才能建成。以2011年统计数据为例，当年房屋建设面积中，住房建设只占55.5%，竣工建筑中住房面积只占60%，表明大量的建筑不是必要性的住房建设，而是各种办公建设。另外，我们大拆大建的发展模式，无疑也加剧了资源和能源的过度消费。有资料显示，中国建筑的平均寿命只有30年，而在国外，则普遍达到100年。可以想象，这会造成多大的能源与资源浪费。

此外，城市建设过程中的过度设计与过度建设也应是广义节能的重点领域。其中，城市建设过程中的地面过度硬化是一个重要领域。与西方国家相比，我国城市地面的硬化率过高，简单地说，就是大面积使用水泥、沥青进行地面硬化，有些城市地面硬化率高达90%以上。这种过度硬化，不仅大量使用能源投入强度很高的水泥等建筑材料，而且也是造成城市排水不畅的主要原因。

广义节能最重要的是能源消费的自律行为，既包括个人减少能源消费的努力，也包括其他能源消费终端减少能源消费的能力，比如智能楼宇系统，可以在无人时减少空调的使用、降低耗电量。

第二章　中国的能源状况及发展*

一　中国与世界的能源革命

能源利用不同是西方近 200 多年社会发展遥遥领先的重要原因，这是斯坦福大学历史学教授伊恩·莫里斯的"社会发展指数"给出的结论。莫里斯认为，人类社会懂得大规模利用煤之后才突破了农业帝国将近 2000 年的约束，在 18 世纪后半段进入工业社会。其中特别关键的是非食物能量的获取有了极大的增长，人类由此才摆脱了"马尔萨斯陷阱"，并迎来了持续的经济增长。按照"社会发展指数"衡量，自冰河时期以来的 16000 年中，大约在 90% 的时间内西方领先于东方，东方领先的时间是公元 540 ~ 1770 年，此后 200 多年里西方又开始领先于东方。构成"社会发展指数"的四大因素即能量获取、社会组织、战争能力和信息技术，能量获取占据最重要的分量（其占比从远古时代的 90% 以上到 20 世纪的 75% 以上），也是导致西方社会长期领先于世界的最重要因素。①

莫里斯眼中近 200 年来的人类进步，实际上主要是基于西方的历史和贡献，特别是西方在新一轮能源革命中占据着绝对主导地位。按照莫里斯的计算，1800 年时西方每个人每天获取的能量为 38000 千卡，1900 年为 92000

---

* 本章作者钟飞腾，中国社会科学院亚太与全球战略研究院大国关系研究室主任，副研究员，中国社会科学院研究生院国际能源安全研究中心特聘研究员。

① 〔美〕伊恩·莫里斯：《文明的度量：社会发展如何决定国家命运》，李阳译，中信出版社，2014，第 250 页。

千卡，2000 年为 230000 千卡，其中 1800 年和 1900 年来自化石燃料的能量
占比分别为 18.4% 和 44.6%。东方社会（以日本为代表）2000 年的能量消
耗只有 104000 千卡，只有以美国为代表的西方的 45%。1900 年东方社会
（以日本为代表）人均每天消耗 49000 千卡，1800 年东方社会（以中国北方
及沿海地带和日本为代表）的人均消耗量是 36000 千卡，1800 年东西方的
差距并不大。莫里斯强调："东方核心地带的能量获取水平进入现代时期的
时间仅比西方稍晚一点……19 世纪东方能量获取水平的确上升了，但增幅
比西方小得多。在 19 世纪全球力量重新分配中，西方占了先机，是由西方
的腾飞，而不是东方的衰落决定的。同样，20 世纪东方的全球地位提高，
也不是因为西方的衰落，而是因为东方人学会了利用西方率先利用的化石能
量资源。"① 按照莫里斯的统计，20 世纪东西方社会的人均能源利用差距要
大于 19 世纪，1900 年西方人均能源获取是东方社会的 1.9 倍，而到 2000 年
则发展为 2.2 倍。（见表 2 - 1）

表 2 - 1　东西方社会的能量获取

单位：1000 千卡

年代	东方	西方	年代	东方	西方
1 年	26	30	1500 年	30	27
200 年	26	28	1600 年	31	29
600 年	27	26	1700 年	33	32
800 年	28	25	1800 年	36	38
1000 年	29.5	26	1900 年	49	92
1200 年	30.5	26	2000 年	104	230
1400 年	29	26			

资料来源：〔美〕伊恩·莫里斯：《西方将主宰多久》，钱峰译，中信出版社，2014，第 419 页。

　　某种程度上，这种差距的进一步扩大与石油逐步替代煤炭成为 20 世纪
的主要能源类型相关。如图 2 - 1 所示，1800 年以来全球社会经历了三次能
源转型，分别是 1850 年左右的煤炭替代木材，1920 年前后的石油替代煤
炭，以及 20 世纪 70 年代的天然气替代石油，且每一次能源转型都带来更大

① 〔美〕伊恩·莫里斯：《文明的度量：社会发展如何决定国家命运》，李阳译，中信出版社，
　2014，第 113 页。

的能源消耗，各类型能源的绝对消耗量都在增长。1800 年，全球能源消费量约为 2 亿吨油当量，1920 年基本超过 10 亿吨油当量，世界进入天然气转型阶段后的能源消费已经接近 70 亿吨油当量，2000 年时则几乎是 120 亿吨油当量。20 世纪后半期石油消费量远大于其他能源类型，石油开采所需要的现代工业技术更为复杂，资本投入更密集，这对很多发展中国家而言都较难跨越。

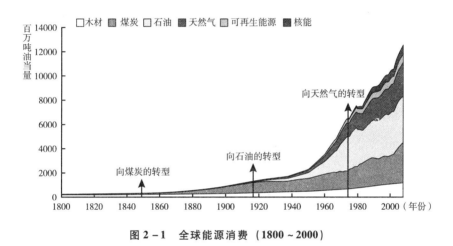

图 2 - 1　全球能源消费（1800 ~ 2000）

资料来源：Roger Fouquet and Peter J. G. Pearson, "Past and Prospective Energy Transitions - Insights from History," *Energy Policy*, Vol. 50, 2012, p. 2。

在中国能源界，罗伯特·赫夫纳的世界能源转型图颇负盛名。[①] 他认为，人类使用能源的大时代基本就是三个：固体能源时代、液体能源时代与气体能源时代。赫夫纳认为能源的主要存在形态是固体、液体和气体，固体能源以木材和煤炭为代表，液体能源则主要是石油，气体能源是天然气。人类社会在文明发展史上曾长期以木材为主要能量来源，直到工业革命开始煤炭的占比才迅速上升，并于 20 世纪前半期达到顶峰。随后石油大踏步登上历史舞台，其消费量于 1973 年达到历史高峰（见图 2 - 2）。赫夫纳认为，液体燃料时代的时间较短，主要是 19 世纪和 20 世纪这 200 年，而固体燃料时代（以木材为主）则长达数千年，但今后 100 多年里将开始以天然气、

---

① 〔美〕罗伯特·赫夫纳三世：《能源大转型：气体能源的崛起与下一波经济大发展》，马圆春、李博抒译，中信出版社，2013。

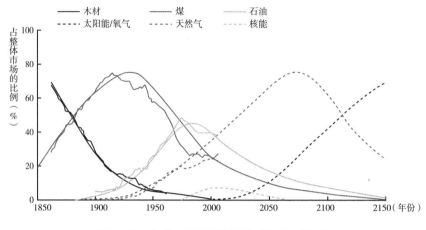

图 2 - 2　全球主要能源的更替（1850 ~ 2150）

注：波浪线代表实际耗用量，其他线代表预测耗用量。

资料来源：〔美〕罗伯特·赫夫纳三世：《能源的气体时代——发挥全球表率作用的机会》，GHK 公司，2007，第 11 页。

风能、太阳能和氢能为核心构成的气体燃料时代。

赫夫纳的世界能源转型图还有其他重要结论。

第一，煤炭和石油的消费占比高峰阶段已经过去。煤炭的高峰阶段大概是 1912 年，在煤炭进口总量的占比达到 78%；石油的占比高峰是 1973 年，但其占比显著低于煤炭。依据能源消费比例划分能源大时代，赫夫纳的思想与图 2 - 1 中展示的罗格·傅奎特（Roger Fouquet）等人的思想没有太大区别，都概括了当前能源界对能源转型和能源革命的阶段性特点。

第二，各类型能源的碳消耗依次下降，未来将是天然气主导的时代。从化学元素的构成来看，固体燃料以碳为主，而气体燃料的核心是氢。木材、煤炭、石油、天然气中每个分子所包含的碳原子和氢原子的比例依次降低，更具体一点说，木炭的比例是 10:1，煤炭为 10:5，石油为 10:20，天然气为 10:40。[①] 正是在此意义上，赫夫纳认为人类使用能源的总体趋势，是从高污染的碳燃料进化到清洁、可持续的氢燃料。但我们也注意到，从碳、氢比例看，这三次能源转型或者说能源构成的革命性变化也是依次递减的。木

---

① 〔美〕罗伯特·赫夫纳三世：《能源大转型：气体能源的崛起与下一波经济大发展》，马圆春、李博抒译，中信出版社，2013，第 23 页。

炭到煤的变化最为剧烈，其次是从煤炭到石油，然后是最近 40 年来天然气的崛起。

从能源视角观察中国与世界的关系，则能看到巨大而又漫长的时代角色转换，以中国为代表的东方曾一度领先于世界，但其落后时间持续之长也依然令人惊讶。中国当然身处上述剧烈的能源转换进程中，但并不是每次都引领其发展，而一旦落后于能源转换新时代，则带来极严重的负面效果。近 200 多年来，世界能源革命经历从木材到煤炭再到石油主导的两次巨大转变，而中国实际上都落后于人。特别需要引起重视的是，世界主导国家一般也是引领能源革命的国家，当主导国推动能源转型并利用这种能源转型快速提升国力时，落后于此的其他国家面临的国际挑战是极为严峻的。从木材到煤炭的转变主要是英国推动的，而从煤炭到石油的转变则主要是美国推动的。在这两次重大转型中，中国都吃亏过。

（一）煤炭、工业革命与鸦片战争

鸦片战争是中国近代历史的开端，工业革命是世界近代历史的开端。英国发动工业革命后，中国的鸦片战争不过是英国在工业革命鼎盛阶段推动自由贸易的行动之一，这场小型战争对中国影响深远，一个古老帝国开始溃败，但在西方兴衰的霸权战争中不值一提，令人叹息的是，中国人对英国为何获胜的认识很长时间内一直停滞不前。按照新加坡历史学家王赓武的分析："清朝方面在鸦片战争爆发之前是如何认识中英军事实力强弱的问题，直到晚清都无人出来作全面研究……清政府和中华民国的政治领导人都没意识到，整个 19 世纪对海军力量性质的认识有一个根本性的空白，这才是真正的缺失。这种缺失竟然延续逾一个世纪。"[①]

中国战败首先是军事原因，特别是没有海军。但从英国崛起，乃至英国取得霸权地位的历史来看，深层次动因实际上并不是拓展了军事的制海权，而是在于提升生产力水平的工业革命。长期以来关于在英国发生了工业革命的原因缺乏统一认识，表现之一是英国人在 200 年后还在研究这一课题，试图将对工业革命的解释权掌握在英国人手中，而不是由其他欧洲人或者美国

---

① 王赓武：《1800 年以来的中英碰撞：战争、贸易、科学及治理》，金明、王之光译，浙江人民出版社，2015，第 14~15 页。

人掌握。随着数据收集不断完善，国际社会对 18 世纪英国爆发工业革命的动因也有了更为深入的认识，并且越来越认识到能源的替代，即煤炭替代木材对促使英国必然发生工业革命的重要影响。这方面的代表性学者主要是剑桥大学教授 E. A. 里格利（E. A. Wrigley），近期的集大成之作是《能源与英国工业革命》。而另一位同样强调能源重要性的学者是牛津大学教授罗伯特·艾伦，他在《近代英国工业革命揭秘》一书中指出，低价能源和高工资两者共同决定了英国必然爆发工业革命。[①]

早在 1962 年，里格利就已经发觉能源与工业革命之间的重大关联，因而其关于能源促动工业革命的有关论述对西方人来说并不陌生。里格利的论述从质疑古典经济学家的分析开始，他认为像亚当·斯密等人的学说建立在土地、劳动力和资金等三大要素基础上，由于土地始终有限，几乎所有的古典经济学家都对经济增长的长期前景感到悲观。对此，里格利认为："古典经济学家详细讨论了工业生产率的提升来源于专业化分工，同时也与需求的扩张和更宽泛的市场准入密切相关，他们也指出了改良机械装备和提高生产技术的重要性。但是他们却很少关注每个工人所使用的能源数量及新能源的开发。对于工业革命现象而言，其关键的根本问题是新的热能源和机械能源的使用。"[②] 通常认为，煤的热量基本上是相同分量的木材产生热量的 2 倍左右。[③] 在土地有限的情况下，热量是固定的。但如果广泛使用煤炭，则能大规模地产出热量，社会生产力的进步不再依赖于土地的生产能力，新能源的使用被认为是推动现代经济增长模式形成的最重要因素。

从古典经济学家思想中的有机经济增长模式向矿物能源经济增长模式转变，这大概是英国工业革命最深层次的内涵。在有机经济增长模式时代，土地几乎决定一切，按照古典经济学家大卫·李嘉图的论证，土地报酬是递减的，而在矿物能源经济增长时代，原材料的供应不再依赖于土地的生产能力。由此带来的结果是振奋人心的，土地产出量超过了

---

① 相关比较可以参考最近的一篇书评，S. D. Smith, "Determining the Industrial Revolution," *The Historical Journal*, Vol. 54, No. 3, 2011, pp. 907 – 924。

② 〔英〕E. A. 里格利：《延续、偶然与变迁：英国工业革命的特质》，候琳琳译，浙江大学出版社，2013，第 27 ~ 28 页。

③ 〔英〕E. A. 里格利：《延续、偶然与变迁：英国工业革命的特质》，候琳琳译，浙江大学出版社，2013，第 58 页；〔美〕伊恩·莫里斯：《文明的度量：社会发展如何决定国家命运》，李阳译，中信出版社，2014，第 69 页。

人口数量，人类首次开始摆脱"马尔萨斯陷阱"，用里格利的话说，"人类历史上的第一次，贫穷将不再是大多数人口生存条件的必要特征，而成了社会选择问题"，正是在这之后，生产力问题成了社会、经济和政治问题。①

矿物能源经济增长模式直接推动人均产出的持续增长和产业升级。以英国为例，1800 年 40% 的成年男性劳动力从事农业生产，到 1850 年则下降到 25% 以下。与此同时，从事制造业的人数占比开始上升，1831 年时约为 10%。1831~1841 年，尽管制造业就业人数只有从事零售业和手工业人数的 1/3，但是前者的就业增长率几乎是后者的 2 倍。② 在英国人均产出增长的背后，能够明显看到煤炭资源消费的增长。按照剑桥大学环境史教授保罗·沃德（Paul Warde）对英国历史上能源消费的计算，在伊丽莎白一世（1533~1603 年）末期，传统能源消费占到 81%，化石燃料也占一定的比例，大约在 1620 年煤炭的地位变得比木材更重要一些，1700 年时煤炭已经占据能源消费的主要位置，到 18 世纪末期则明显处于主导地位，这一支配性地位一直持续到 20 世纪 50 年代。③ 按照沃德的估计，1800 年前后英格兰的人均化石能量消费量大约是世界平均水平的 150 倍，到 1900 年也仍然高于世界平均水平 10 倍，到 1950 年大约下降到 5 倍，目前则是 3 倍左右。这一高倍率的能源消费水平是英国发生工业革命的根本原因，欧洲大陆社会在同一时期的能源消费结构和消费量均显著落后于英国（见表 2-2）。

因无法获得连贯的近代中国能源消费数据，此处以人均收入水平来表示能源消耗量，中国在鸦片战争前的一段时期能源消费水平是相当低的。按照经济史学家安格斯·麦迪森的数据，英国 1700 年的人均 GDP 为 1250 元（1990 年国际元），1820 年为 1706 元，1830 年为 1749 元，中英鸦片战争期间英国人均 GDP 已经突破 2000 元，而中国的人均 GDP 长期停留在 600 元

---

① 〔英〕E. A. 里格利：《延续、偶然与变迁：英国工业革命的特质》，候琳琳译，浙江大学出版社，2013，第 33 页。

② 〔英〕E. A. 里格利：《延续、偶然与变迁：英国工业革命的特质》，候琳琳译，浙江大学出版社，2013，第 86~90 页。

③ Paul Warde, *Energy Consumption in England & Wales：1560–2000*, Rome, Italy：Consiglio Nazionale delle Ricerche, 2007, p. 67.

表 2 - 2　欧洲大陆与英格兰的能源消费比较

年份	欧洲人均每天（卡）	英格兰人均每天（卡）	欧洲传统能源（%）	英格兰传统能源（%）	欧洲能源消费（1830 = 100）	英格兰能源消费（1830 = 100）
1800	14750	37740	87	20	79	61
1830	15150	41000	80	14	100	100
1900	37590	100100	25	5	404	570
1950	47430	90540	15	3	678	697

资料来源：Paul Warde, *Energy Consumption in England & Wales：1560 - 2000*, Rome, Italy：Consiglio Nazionale delle Ricerche, 2007, p. 73。

（至少 1500～1850 年如此）。① 即便按照修正值，中国的人均 GDP 也与欧洲差距甚大。刘逖认为："中国人均 GDP 在 1600 年时大约为英国的 40%，与美国（北美殖民地）几乎相等；1700 年不到英国的五分之一，略超过美国（北美殖民地）的 70%；1820 年不到英国的五分之一，略超过美国的四分之一；1840 年为英国的 16%，美国的五分之一。"②

　　导致中国人均收入增长停滞的主要原因是无法大规模利用煤炭。加州学派的彭慕兰（Kenneth Pomeranz）教授将能源看作中西工业转型分野的重要原因。他以 18 世纪的英国和长江三角洲地区做比较，得出的基本结论是英国恰好拥有煤炭才推动了工业革命，尽管长江三角洲地区在其他方面的发展条件并不差，但也无法发展出现代经济。彭慕兰对英格兰和长江三角洲地区的分析表明，距离富裕地区较近的动力源对于推进工业化至关重要。当时，中国最富裕的南方省份煤炭蕴藏量不到 2%，而西北省份却有 61% 的蕴藏量，但两地距离超长。由此导致的问题是需求和产出长期无法衔接，改进生产技术和运输条件缺乏投资。而英国当时拥有欧洲最大的煤矿，并且兼有优良水运、欧洲最具商业活力的经济、区域内有众多技术娴熟的手工业者等促使商业化的条件。到 1600 年时，英国已经面临木材的巨大短缺，国家政策开始调整。③

---

① 〔英〕安格斯·麦迪森：《世界经济千年统计》，伍晓鹰、施发启译，北京大学出版社，2009，第 54 页、第 178 页。

② 刘逖：《前近代中国总量经济研究（1600～1840）》，上海人民出版社，2010，第 150 页。

③ 〔美〕彭慕兰：《大分流：欧洲、中国及现代世界经济的发展》，史建云译，江苏人民出版社，2003，第 57～60 页。

由此也可以看出，中国在鸦片战争中失败的深层次因素，根本上在于中国还不是一个现代工业经济国家。依赖于大规模利用煤炭等新能源，才能推动人均产量的增长，而这是从传统向现代转型的核心所在。在 18 世纪后期的这场能源革命中，中国的地理特性决定了难以创造出大规模使用煤炭的市场体系。

（二）石油革命、英美霸权更替与中国文明的低潮

比照中国的发展阶段，需要参考的不仅是当代的美国，也需要冷静分析历史霸权国转换中的能源因素。经济学家樊纲在前世界银行首席经济学家斯蒂格利茨的《全球化及其不满》一书的中文版序言中写道："从某种意义上讲，作为发展中国家政策参照的历史或许不是当前的而是 19 世纪甚至 18 世纪的发达国家。"[①]

这种落后性和发展阶段的错位尤其体现在对国家兴衰至关重要的石油问题上。从 19 世纪后半叶起，石油问题成为世界性的问题，主要源于美国人把石油变成了和国家政治经济结构相联系的问题，洛克菲勒等开创的石油帝国把美国从农业社会迅速转变为工业社会，正是因为石油帮助美国替换了新的动力，有了汽车和新的生产模式，美国成为自罗马帝国以后人类历史上最为强大的霸权国家。按照麦迪森计算的 GDP 总量数据，美国正式超过英国是 1872 年，但这个时候英美的经济总量与中国差距很大，1870 年美英经济总量合计相当于中国，三个国家总计占全球的 35%。但最晚至 1890 年时，美国已成为全球最大的经济体。从人均 GDP 意义上看，美国第一次超过英国是 1903 年，但双方真正大踏步拉开距离则是在第二次世界大战以后，1941 年美国人均 GDP 是英国的 1.1 倍，1945 年增长到 1.7 倍，此后基本稳定在 1.4 倍左右（见图 2－3）。

在英美霸权转移的过程中，中国的国力跌至历史最低，与西方的差距也逐渐拉大。以 GDP 占世界比重计算，中国的 GDP 占世界的比重从 1870 年的 17.1%，下降至 1900 年的 11.1%，到 1913 年只有 8.8%，经历抗日战争和内战之后，到 1950 年占比只有 4.6%，这是中国历史上的最低点。如果以人均 GDP 计算，那么中国与这两个霸权国家的差距更为显著。前述刘逊

---

① 〔美〕斯蒂格利茨：《全球化及其不满》，夏业良译，机械工业出版社，2004，序言。

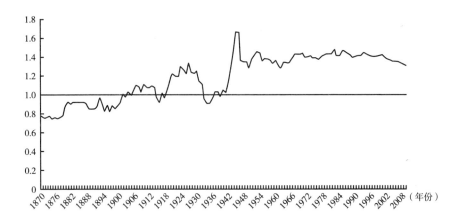

图 2-3　英国与美国的人均 GDP 差距

资料来源：〔英〕安格斯·麦迪森：《世界经济千年统计》，伍晓鹰、施发启译，北京大学出版社，2009。

的新计算表明，1840 年鸦片战争时期，中国的人均 GDP 只有英国的 16%，小于麦迪森的计算（按麦迪森的计算，1820 年为 35%）。再度引用略有夸大的麦迪森数据审视此后一个世纪的发展，中国的情况持续恶化。1850 年中国的人均 GDP 为英国的 25.7%，1870 年为 16.6%，1890 年为 13.5%，1900 年为 12.1%，1913 年为 11.2%，1950 年跌落到 6.5%。在这 100 年中，中国人均 GDP 水平不到英国 1500 年的水平。按照麦迪森数据，英国 1500 年的人均 GDP 为 714 元，而中国 1969 年度人均 GDP 是 713 元。当然如果仅按照彭慕兰的思路计算长江三角洲地区，那么收入差距可能不大，1750 年长江三角洲地区的人均收入比全国平均水平高出 50%。[①] 但这样一个长时间的落后意味着，在西方霸权更迭，从而由主导国推动的能源革命相继而起的时候，中国不仅没能缩小差距，反而扩大了差距。

从美国人均 GDP 超过英国到美国霸权被全世界认可历经近半个世纪，而这样一种巨变实际上也是霸权国的能源消费结构从煤炭主导转向石油主导的过程。从英国方面来说，煤炭的消费占比从 1619 年首次超过木材（木材和煤炭占比分别为 24.4% 和 24.7%），到 1971 年煤炭的消费占比被石油的超过（煤炭和石油占比分别为 42.8% 和 47.4%），其突出地位保持

---

① Kenneth Pomeranz, "Chinese Development in Long-Run Perspective," *Proceedings of the American Philosophical Society*, Vol. 152, No. 1, 2008, p. 86.

了 352 年（见图 2-4）。如果以煤炭消费占比 50% 以上计算，其时间是 259 年（1710~1969 年），以占比 60% 以上计算则长达 212 年（1753~1965 年），以占比 70% 以上计算则有 182 年（1778~1960 年），以占比 80% 以上计算有 149 年（1807~1956 年），占比 90% 以上的年份仍然高达 96 年（1846~1942 年）。由此可见，英国霸权的能源基础是煤炭。但与此同时，煤炭衰落的速度也快得惊人，从 1941 年占比跌破 90% 以后到 1970 年再度跌破 50%，只有近 30 年时间。这样一种快速的能源消费结构变化，带给经济结构转型的成本是巨大的，劳动力就业的维护以及更新机器设备都要新的投入，政府势必要开征新的税源，另外也不得不应对利益集团的挑战。某种程度上，这是英国社会僵化不前的动因。[①]

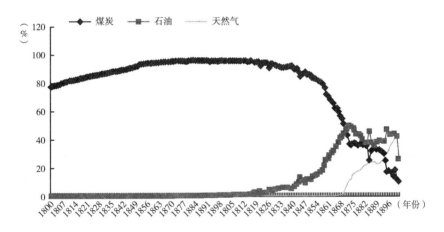

图 2-4　英国的能源消费结构（1800~2000）

资料来源：Paul Warde, *Energy Consumption in England & Wales: 1560 - 2000*, Rome, Italy: Consiglio Nazionale delle Ricerche, 2007, Appendix I。

在英国能源消费史上，石油的主导地位远比煤炭短暂，从 1971 年其占比超过煤炭到 2001 年被天然气超过（石油和天然气占比分别为 26% 和 38%），前后只有 30 年。从某种程度上可以说，20 世纪前半期英国失去霸权地位与其能源消费结构丧失转化动力相关，煤炭经济没能带动英国工业的创新和升级。1873 年，即美国经济总量超过英国的第二年，石油消费才占

---

① 〔美〕曼库尔·奥尔森：《国家兴衰探源》，吕有中译，商务印书馆，1999。

英国能源消费的 0.1%，当 1903 年英国人均 GDP 被美国超过时，石油的占比也只有 0.6%，但此后 40 年英国的石油工业和消费发展依然不够迅速，1947 年美国启动马歇尔计划援助欧洲建设的那一年，石油消费在英国能源消费中的占比刚刚达到 7%。

英国霸权的衰落与其生产组织形式跟不上技术变革的步伐有关，托尼·珀特（Tony Porter）曾分析英美两个霸权国各自的领先工业：英国的棉纺织业与美国的汽车工业。这些领先工业意义重大，不仅因为它们对霸权国经济在规模上的价值增值做出贡献，也在于它们创建了霸权国得以立基的新型工业和社会组织形式，工业革命更多的是与棉纺织业联系在一起的，而以汽车生产为特色的福特主义则是美国的产物。两种工业体系各自支撑了英美霸权。① 不言而喻，对应这两种工业生产机制的能源形式分别是煤炭和石油。石油产业在美国历史上的地位可以用一位石油界领袖人物的感受来审视："对最高法院在 1911 年解散标准石油公司托拉斯的行为，美国公众欢呼雀跃。但是，我们必须牢记的一点是，祖父对石油业的整合，其最终结果是更便宜、更好、更可靠的石油供应，从而帮助了美国从一个分散型农业国转向高度集权的工业化的民主化国家。"②

在美国对石油产业进行革新之际，英国人也认识到石油对国家力量的重要性。1912 年 7 月，英国政府成立皇家委员会，专门研究石油与战争的问题。委员会和当时的石油界领导人就此问题专门讨论形成了诸多秘密报告，其中一份"强调保持长期石油供应合同，从多方面获取石油资源的重要性"。当时的英国海军是世界最强大的，也是英帝国力量的象征。丘吉尔决定将其战舰的推进机器从烧煤改为烧油。这种从烧煤到烧油的转变，使英国军舰在速度和续航能力上比对手使用的烧煤战舰有更明显的优势。尽管当时英国有丰富的煤，但国内几乎没有石油生产。英国内阁决定——在严格的国家安全基础上——授予政府以石油供给的直接责任。1914 年 6 月 17 日，议会表决批准，收购英国伯斯石油公司的大部分股份。随着这一次表决，在波斯的采油租借区保护该公司就成为英国的政策，也是英国第一次将海外石油

---

① Tony Porter, "Hegemony and the Private governance of International Industries," in A. Claire Cutler, Virginia Haufler, and Tony Porter（ed.）, *Private Authority and International Affairs*, State University of New York Press, 1999, p. 257.

② 〔美〕洛克菲勒：《洛克菲勒回忆录》，曹彦博译，中信出版社，2004，第 5 页。

供给的安全变成了一项重大的国家责任。[①]

丘吉尔决心用油来代替传统的燃料煤作为动力，这一技术性的改变对20世纪的历史影响深远。一战期间的一些重大军事创新，比如潜艇、飞机、坦克以及摩托化的交通运输工具，其动力都来自石油。此外，炸药的重要成分也来自石油。英国为了确保石油供应，曾在中东地区发动了军事征服战争。不过，英国的问题在于其国力已经无法确保海外石油市场的稳定供应，霸权地位已经转移到美国，这一点在二战期间尤为凸显。1943年美国内政部长哈罗纳·埃斯基发表了一个声明："当石油成为轴心国主要短缺物资，同时当美国几乎是单枪匹马地为同盟国的战争机器提供燃料的时候，越来越多的人开始关心这一行业。"[②]

（三）美国霸权与中国能源的独立自主

美国权力的扩张之路也立足于工业化，是建立在石油基础上的新型工业化。据称，1920年，美国的石油生产占世界的2/3。1925年，石油占美国能源消费的20%，到二战结束时接近1/3。相比之下，西欧和日本这一阶段石油消费占比都不足10%。由于油价低廉，美国得以重塑其社会和经济，这一点和英国工业革命推进过程中利用煤炭如出一辙。汽车工业蓬勃发展，从1916年到20世纪20年代末，美国的汽车注册数从340万辆增加到2310万辆。到20世纪30年代，美国城市间交通也开始机动化。[③]

按照赫夫纳的世界能源转型图，20世纪30年代在全球层面上是石油消费占比超过木材的时代。需要注意的是，这种量上的转变主要源于工业化世界的石油消费占比上升，而占人类人口绝对多数的亚非拉地区，仍然生活在木材时代。在亚非拉地区，木材、煤炭这样的生物燃料占到本国能源消费的1/3，其中中国和印度则超过90%。1932年，全球人均化石燃料是每年35吉焦（10^9焦耳，相当于燃烧2吨干木材或1.5吨优质煤）。而经济发展水

---

① 〔美〕克莱尔：《资源战争：全球冲突的新场景》，童新耕、之也译，上海译文出版社，2002，第30页。

② 〔美〕埃克诺米迪斯：《石油的色彩：世界最大产业的历史、金钱和政治》，石油工业出版社，2002，第56页。

③ David S. Painter, "Oil and the American Century," *The Journal of American History*, Vol. 99, No. 1, 2012, p. 25.

平较高的国家相应地也消耗更多的能源，日本当时约为 20 吉焦，美国则达到 150 吉焦。80 年后，世界消耗 500 艾焦（10^{18} 焦耳）一次能源，而传统的木材等供应方式占比不足 10%。从人均能源消费量看，美国大约是 300 吉焦（相当于 7 吨原油），德国和日本约为 170 吉焦，中国在 20 世纪 80 年代后人均能源消费量有所上升，但到 2012 年也只有 80 吉焦。[①] 在从使用煤炭向使用石油转变的长时间内，中国的能源消费水平要比发达国家低得多。

美国经济学家罗斯托在分析人类社会经济发展时提出过著名的五阶段论（传统社会、起飞前提条件、起飞、走向成熟与大众高消费时代）。罗斯托认为，到 20 世纪 20 年代，美国比西欧提前进入耐用消费品阶段，其重要标志是汽车的生产量。1929 年，4 个欧洲国家（英国、法国、德国、意大利）生产了大约 70 万辆私人汽车和商用汽车，而美国生产了 540 万辆。[②] 不过，大萧条与二战降低了美国社会消费品扩张的速度。在二战结束后的 10 年中，西欧和日本也开始追赶这种消费模式，但差距甚大，1957 年日本每百万人使用的私人汽车数达到 2000 辆，而美国 1908 年的相应数字是 2190 辆。[③]据中国国家统计局 2015 年 2 月末公布的《2014 年国民经济和社会发展统计公报》，截至 2014 年末，中国私人汽车保有量 12584 万辆，总人口 136782 万人。[④] 2014 年，中国每百万人使用的私人汽车数为 92000 辆，对照罗斯托统计的各国私人汽车数据，相当于 1922 年的美国（973000 辆），1958 年的英国（90300 辆）。从能源消费角度看，1958 年的英国还是以煤炭为主（76%），而石油占比不过是 21%，这似乎与今天的中国相似。

与英国相对清晰且不可逆的能源消费结构变化不同，二战以来美国能源结构上的变迁出现了反复，1950 年石油替代煤炭的转折点很明显，领先英国 21 年。1958 年天然气占比超过煤炭也很明显，差不多领先英国 40

---

① Vaclav Smill, "The Last Eighty Years: Continuities and Change," *Population and Development Review*, Vol. 38, 2012, pp. 268 – 269.

② 〔美〕W. W. 罗斯托：《经济增长的阶段：非共产党宣言》，郭熙保、王松茂译，中国社会科学出版社，2001，第 86～87 页。

③ 〔美〕W. W. 罗斯托：《经济增长的阶段：非共产党宣言》，郭熙保、王松茂译，中国社会科学出版社，2001，第 183～184 页。

④ 中国国家统计局：《2014 年国民经济和社会发展统计公报》，2015 年 2 月 26 日，国家统计局网站，http://www.stats.gov.cn/tjsj/zxfb/201502/t20150226_685799.html。

年。但进入 70 年代后天然气占比开始下滑，甚至一度被煤炭反超，直至
2007 年才出现不可扭转的落差（见图 2－5）。此时英国进入了天然气占
主导的阶段，而美国仍然是石油占主导。在赫夫纳看来，20 世纪 70 年代
煤炭和天然气消费的反差，主要是受到 70 年代石油危机的冲击以及美国
政府的政策干预，"将煤炭和石油原本正常的循环向后推迟了几十年"。
对美国而言，在经历了 120 多年的能源大转型之后，从 20 世纪 70 年代其
发展进入减速阶段。[①] 因此，就二战后能源转型而言，70 年代是个分水
岭。美国以其霸权地位，强行干预能源发展，导致世界能源转型滞后多
年，给美国带来相当深远的影响。某种程度上，美国停留在石油时代对中
国的发展并非没有好处，这一点类似于在美国霸权崛起时英国长时期停留
在煤炭时代。

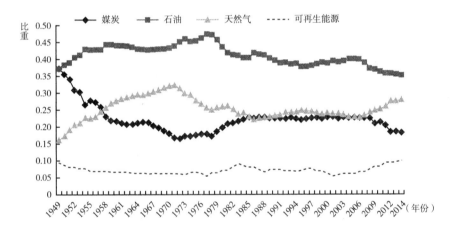

图 2－5　美国的能源消费结构（1949～2014）

资料来源：U. S. Energy Information Administration，*Monthly Energy Review*，July 2015。

　　在能源转型分水岭发生之前，中国就走上了能源自主发展道路，特别是
相继发现大型油田。1955 年发现克拉玛依大油田，1959 年发现大庆油田并于
1961 年投产，1962 年发现胜利油田并于 1964 年投产，以及 1964 年发现大港
油田，此后中国的原油产量迅速上升。但是，在中国的能源结构中，当时占

---

① 〔美〕罗伯特·赫夫纳三世：《能源大转型：气体能源的崛起与下一波经济大发展》，马圆
　　春、李博抒译，中信出版社，2013，第 25 页。

绝对主导地位的还是煤炭。1950 年，煤炭生产 3243 万吨，而原油的产量只相当于 12 万吨煤；1960 年煤炭生产 2.8 亿吨，此时石油生产为 520 万吨；1964 年，煤炭生产占中国总能源生产量的 91%。观察 20 世纪 60 年代的中国能源生产，煤炭的开采有过倒退，但油田开发则一直稳步上升（见表 2 - 3）。随着中国外交关系改善，特别是中日关系的改善，日本谋求从中国进口原油。1973 年 4 月，中国首次向日本出口 20 万吨低硫油。[①] 此举意味着中国能源的自给自足问题已经彻底解决。

表 2 - 3　中国的能源生产结构（1950 ~ 1974）

	1950 年	1955 年	1960 年	1965 年	1970 年	1974 年
煤炭(百万吨煤)	32.4	98.3	280	220	300	390
石油(百万吨煤)	0.2	1.0	5.2	10.6	26.4	63.6
天然气(10 亿立方米)	0	0.1	2.0	11.3	16.0	35.0

资料来源：Vaclav Smil, "Energy in China: Achievements and Prospects," *The China Quarterly*, No. 65, 1976, p. 62。

　　从发展模式角度看，这一时期中国基本上学习和模仿苏联的做法，实行赶超的重工业化发展战略，而不是改革开放后的遵循比较优势的发展战略。学术界的普遍看法是，中国在新中国成立后 30 年内实施重工业化战略违背了基于资源禀赋的比较优势原理。[②]但从能源角度看，中国的能源结构与美国的差距要远大于其与苏联的差距，在冷战时代中国若借鉴美国的发展经验，是缺乏能源基础的。苏联当时仍然是以煤炭主导的，1950 年其煤炭的消费量是石油的 4 倍，石油的消费量甚至不如木材，而美国此时的原油消费量已经超过煤炭。1960 年，苏联消费的煤炭是石油的 2 倍，直至 1974 年石油消费量才超过煤炭（见表 2 - 4）。苏联能源消费结构的另一个特点是，天然气消费的增长很快，但仍然低于同时期的美国天然气消费量。

---

① Vaclav Smil, "Energy in China: Achievements and Prospects," *The China Quarterly*, No. 65, 1976, pp. 69 - 70.
② 林毅夫、蔡昉、李周：《中国的奇迹：发展战略与经济改革》（增订版），上海人民出版社，2014。

表 2 - 4 苏联的能源消费结构（1950～1974）

单位：百万吨煤

	1950 年	1955 年	1960 年	1965 年	1970 年	1974 年
煤 炭	227.8	333.9	384.2	411.1	429.8	474.1
石 油	57.6	98.7	169.9	254.3	366.9	492.3
天然气	7.4	11.6	54.7	150.3	233.8	308.8
木 材	62.9	67.4	63.7	73.5	66.6	64
合 计	357.2	514.5	678.8	900	1112.9	1360.5

资料来源：Herbert Block，"Energy Syndrome, Soviet Version," *Annual Review of Energy*，1977，pp. 462 - 462，Table 1。

另外，值得注意的是，如果用赫夫纳等人划分的能源大时代来看中国当时所处的位置，那么中国与美苏的差距还是非常显著的。在能源消费的整体结构中，1950 年，以固体能源占比看，美国是 39.2%，苏联是 76.5%，而中国高达 98.5%；美国此时的液体能源占比为 38.6%，与固体能源占比基本接近，处于上文所说的从煤炭向石油的转折点上，苏联的液体能源占比 20.2%，而中国仅为 1.2%。1960 年，中国的液体能源占比上升至 5.2%；苏联进展更快，达到 25.8%；美国更是高达 40.8%，比固体能源占比多出了 16.1%。1960 年，中国与苏联在液体能源消费占比上均低于世界平均水平。1970 年，苏联的能源消费结构发生较大转变，液体能源占比已经超出固体能源 5.9%，但略小于世界平均水平的 42.9%。[1] 1974 年苏联的石油消费最终超过煤炭消费，但比美国晚了将近 25 年。在这一时段内，中国是所有大国中唯一在固体能源消费占比上超过 75% 的国家，这一点与英国漫长的煤炭消费时代接近，但两国的社会经济发展内涵却很不同。

（四）中国复兴与世界能源转型

20 世纪后半期人类历史上最为重大的事件是中国的再度复兴。工业革命以来大国的发展道路历史表明，能源转型是大国崛起必不可少的内在组成部分。20 世纪后半期到 21 世纪前 20 年中国经济的高速增长给世界能源转型注入了新的活力。早在 2010 年 7 月，国际能源署就认为中国已经超过美国成为

---

[1] Vaclav Smill, "Energy in China: Achievements and Prospects," *The China Quarterly*, No. 65, 1976, p. 57.

世界最大的能源消费国，这被认为是能源史上新时代的开始。[①] 2015 年 4 月，中国超越美国成为全球最大的原油进口国，再度刷新 2012 年 10 月超越美国的纪录。然而，怎么看待中国的这种消费增长和地位，舆论却莫衷一是。[②]

从英美两国能源转型的历史经验看，推动能源转型的主导国家首先应该是能源消费大国。从图 2－6 可以看出，按照世界银行的购买力平价计算，中国经济总量在 2014 年已经超过美国。而根据英国石油公司（BP）2015 年的世界能源统计数据，中国的一次能源消费早在 2009 年就超过美国，2014 年已接近美国的 1.3 倍，成为当今世界最大的能源消费国。另外，图 2－6 还能观察出两个基本事实，对进一步理解中国能源的全球地位也相当重要。

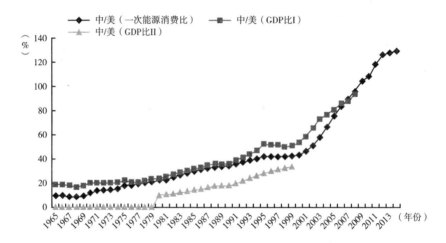

图 2－6　中美一次能源消费占比与 GDP 占比（1965～2014）

注：GDP 比 I 的数据来自麦迪森；GDP 比 II 来自国际货币基金组织。
资料来源：BP 公司、麦迪森以及国际货币基金组织。

第一，重大开放决策将加速中国的能源消费。回顾历史，有两个节点使中国的一次能源消费加速，一个是 1978 年的改革开放，另一个是 2001 年加入

① 《美媒称中国超越美国成世界最大能源消费国》，中国新闻网，2010 年 7 月 20 日，http：//www. chinanews. com/gj/2010/07－20/2412265. shtml。

② 《中国今年或首次成为年度最大石油进口国》，《南方日报》2015 年 5 月 14 日，http：//energy. people. com. cn/n/2015/0514/c71661－26997315. html；刘洪：《中国成最大石油进口国之忧》，《经济参考报》2015 年 5 月 14 日，http：//news. xinhuanet. com/energy/2015－05/14/c_ 1115279339. htm。

WTO。1965 年中国一次能源消费占美国一次能源消费的比例为 10.2%，此后几年这个占比短暂下滑，从 1970 年开始占比稳步上升，1978 年首次突破 20%，到 1985 年突破 30% 只花了 7 年时间，这意味着中国能源消费追赶美国的速度，改革开放后要快于改革开放前（从 10% 增加至 20% 花了将近 13 年）。此后，中国能源消费追赶美国的速度放缓，占比从 30% 上升至 40% 花了 9 年，但很快这种速度又开始慢慢恢复，2002 年首度突破 50%。加入 WTO 之后，中国一次能源消费追赶美国的速度堪称惊人，从 50% 到 60% 只花了不到两年，此后几乎是一年上一个台阶，2004 年这个比例达到 67%，2005 年为 76.2%，2006 年为 84%，2008 年达到 95.3%。正在显现的第三个转折点从 2009 年开始，一次能源的消费明显下滑。

第二，与美国相比，中国的一次能源消费所产生的 GDP 增值效应取决于选取计算 GDP 的方法。如果按照国际货币基金组织（IMF）提供的 GDP 数据，自 1980 年以来，中国 GDP 占美国 GDP 的比重始终小于中国能源消费占美国能源消费的比重，两者的差距基本维持在 30%。换句话说，中国需要耗费更多的能源才能保持在为在经济总量上缩小与美国的差距所需的速度。但是，如果按照安格斯·麦迪森的数据，那么情况基本相反，在绝大部分时间内，中国 GDP 占美国 GDP 的比重始终超过两国能源消费占比，唯一的例外是 2008 年和 2009 年这两年。这一观察角度与通常的能源强度概念有所差别，后者强调单位 GDP 的能耗。但多数研究将中国与其他发达国家置于同一历史维度上进行比较，而在本书看来，处于工业化进程中的中国与工业化后的发达国家并不在同一历史发展阶段，历史上当英美两国崛起为能源消费的主导国家时，其能源消耗占比也高于两国 GDP 的世界占比。而目前中美两国各自的能源消耗量与 GDP 的追赶速度基本上是同步的，中国产业结构不合理导致中国能耗多的观点稍微欠缺了历史认识。此外，需要中国人极为谨慎地看待的是，无论是麦迪森还是 IMF，都夸大了中国的经济总量。按照美国能源信息署《国际能源展望 2013》的预测，2040 年美国 GDP 为 272770 亿美元，而中国只有 20279 亿美元，中国只相当于美国的 74.3%。该预测的基础是以 2005 年为基数的市场汇率，以及 2010～2040 年中美两国的年均经济增速，美国为 2.5%，而中国也只是 5.7%。[1]

---

[1]　U. S. Energy Information Administration, *International Energy Outlook 2013*, 2013, p. 183.

按照多数机构的预测，2010 年中国的能源需求已经超过美国，在未来很长时间内将是全球最大的能源消费国。在中国能源总需求占全球能源总需求的比重上，美国能源信息署《国际能源统计报告 2013》、俄罗斯科学院《全球和俄罗斯能源 2040 年展望》报告和英国石油公司《世界能源统计年鉴 2013》都显示，未来 30 年这个比重仍将增长 7% ~ 8%，达到 27% 左右（见图 2 - 7）。尽管这个数字看上去很惊人，但与美国 20 世纪 60 ~ 70 年代能源消费占全世界的 1/3 相比差距仍很大。此外，这三家机构的预测显示，中国能源需求占比的高峰将在 2035 年左右到来，但数值有差异，数值最高的是美国能源信息署的 27.5%，其次是俄罗斯科学院的 26.4%，再次是英国石油公司（BP 公司）的 26.1%。图 2 - 6 显示国际能源署的预测数据有别于其他三家机构的预测，它强调政策干预可以改变能源消费量，包括美国在发电领域的绿色节能计划、欧盟的 2030 气候和能源政策框架以及中国正在进行的节能计划等。[①] 国际能源署的这一预测数字，要比其他机构的预测数低 4%，这意味着政策调整可以发挥的潜力相当大。当然，这并非政策效力所能达到的最佳效果。美国埃克森美孚公司在 2015 年发布的《能源展望2040》中认为，2040 年中国能源需求占世界的比重可能降低到 21.5%，2040 年世界能源消费则在 2010 年的基础上增加 35%。[②]

在中国能源消费主导地位确立的情况下，世界能源消费的构成将发生何种变化呢？根据美国能源信息署 2013 年 7 月公布的《国际能源统计报告2013》的数据，2040 年全球能源消费总量将从 2010 年的 523.9 千兆英热单位上升至 819.6 千兆英热单位，能源消费的年均增速为 1.5%。2010 ~ 2040 年，石油、天然气、煤炭、核能以及其他能源年均增速分别为 0.9%、1.7%、1.3%、2.5% 和 2.5%。在这一时段世界经济增速预测为年均 3.6%，其中2015 ~ 2020 年为 4%，剩余时段为 3.5%。从各能源增长量看，2010 ~ 2040 年增长量最多的将是天然气（73.5 千兆英热单位），其次是煤炭（72.1 千兆英热单位），再次是其他能源（62.9 千兆英热单位），石油只能排到第四位（56.5 千兆英热单位）。从各能源在能源消费整体结构中的占比看，2010 年石油、煤炭、天然气的占比分别为 33.61%、28.14%、22.29%，而 2040 年预测

---

① International Energy Agency, *World Energy Outlook 2014*, 2014, pp. 36 - 38.

② ExxonMobil, *The Outlook for Energy：A View to 2040*, Exxon Mobil Corporation, 2015, p. 67.

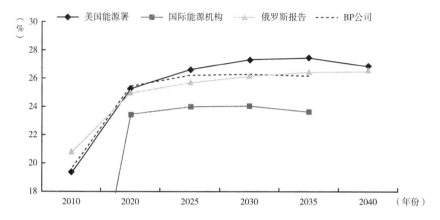

图 2 - 7　各机构对中国能源需求占世界总量比重的预测

资料来源：U. S. Energy Information Administration, *International Energy Outlook 2013*；International Energy Agency, *World Energy Outlook 2014*；The Energy Research Institute of the Russian Academy of Sciences（ERI RAS）and the Analytical Center for the Government of the Russian Federation（ACRF）, *Global and Russian Energy Outlook to 2040*；BP, *BP Statistical Review of World Energy June 2015*。

值则是 28. 38% 、26. 78% 和 23. 34% （见图 2 - 8）。2040 年石油和煤炭的占比相对于 2010 年大幅度下跌，上升速度最快的是其他能源，其次是核能。但需

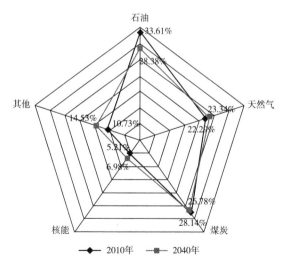

图 2 - 8　世界能源消费结构变化（2010 ~ 2040）

资料来源：U. S. Energy Information Administration, *International Energy Outlook 2013*。

要注意的是，届时石油的消费量仍占第一，其次是煤炭，再次是天然气。也就是说，尽管中国的确延迟了世界能源转型，但中国以煤炭占主导地位的能源消费格局并没有改变世界能源消费始终以石油为主体的格局。这一点类似于英美世界霸权地位转移时代，英国能源消费以煤炭为主导，而世界早就是石油的时代。起码到 2040 年，中国复兴的外部大环境仍然是石油时代，或者更准确一点说，是石油、煤炭和天然气三足鼎立的国际能源消费格局。

二　中国能源消费的变化

中国能源消费的总量已居世界第一，但人均量还远远落后于发达国家，也落后于世界平均水平。大体来讲，未来 30 年中国还将处于煤炭占主导地位的能源大时代，这与国际社会处于石油时代很不同。随着中国经济的长期高速增长，特别是工业化仍然是发展基调时，未来能源消费量还将继续上升，特别是工业部门在国民经济中占主要地位。从人均消费量来看，中国仍处于工业社会初期，相当于 20 世纪 70 年代的日本，但在人均碳排放量上，目前也只是美国的 38%。但由于消费总量大，中国已经成为全球最大的二氧化碳排放国，各方面的政策调整正加速进行中。

（一）中国将长期处于能源的煤炭时代

在能源消费上，中国始终保持快速扩张态势，但能源消费的构成还没有发生根本性变革。相较于 20 世纪 90 年代初，煤炭占比已经下降了 10%，但其主导地位没有动摇；石油消费占比先下降后逐步上升，但迄今没有超过改革开放之初的占比；天然气，水电、核电等占比基本稳步增长（见图 2 - 9）。例如，1991 年，中国能源消费总量首次突破 10 亿吨标准煤，其中煤炭占 76.1%，石油占 17.1%，天然气占 2.0%，而水电、核电、风电等占 4.8%。2002 年以来，中国能源消费增速进入了一个新的阶段。2004 年能源消费总量首次突破 20 亿吨标准煤，其中煤炭占 69.5%；2009 年消费总量突破 30 亿吨，煤炭占比为 70.4%。2013 年能源消费总量达到 37.5 亿吨标准煤，煤炭占 66.0%，与 1991 年相比下降了 10 个百分点；石油占比 18.4%，与 1991 年相比增长 1.3%；上升幅度较大的是天然气与水电、核电和风电，从 1991 年的 2.0% 和 4.8%，增长至 5.8% 和 9.8%。据国家统计局公布的

《2014 年国民经济和社会发展统计公报》，2014 年中国能源消费总量达 42.6 亿吨标准煤，比上年增长 2.2%。煤炭消费量下降 2.9%，原油消费量增长 5.9%，天然气消费量增长 8.6%，电力消费量增长 3.8%。煤炭消费量占能源消费总量的 66.0%，水电、风电、核电、天然气等清洁能源消费量占能源消费总量的 16.9%。[1]

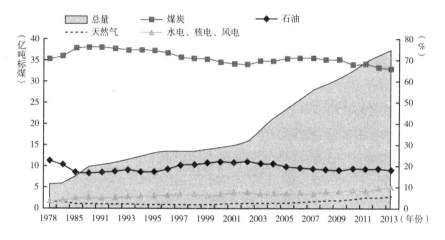

图 2 - 9 中国能源消费总量及构成

资料来源：中国国家统计局：《2014 年中国统计年鉴》。

如果按照能源消费类型中占主导地位的能源来判断，那么中国无疑还处于煤炭时代。有学者认为："无论从油气还是天然气所占比例看，目前中国的能源构成数据与全球 20 世纪 40 年代后期的平均数据类似。从这点上看，中国仍处在能源的煤炭时代。"[2] 如果中国能够坚持目前的绿色发展理念，严格执行相关的能源政策，那么到 2040 年有可能大幅度降低煤炭在能源消费总量中的占比。不过，根据目前各类机构对 2040 年中国能源需求格局的预测，届时中国仍然不能摆脱以煤炭为主导能源的格局。如图 2 - 10 所示，2014 年国际能源署预测，在能源政策调整基础上，到 2040 年煤炭占中国能源消费的比例将下降至 50.7%，而石油的比例基本维持稳定（17.3%），第三大能源天然气所占比例上升至 11%，核能占 6.9%，水电占 3%，生物质能源占 6.5%。

① 国家统计局：《2014 年国民经济和社会发展统计公报》，国家统计局网站，2015 年 2 月 26 日，http://www.stats.gov.cn/tjsj/zxfb/201502/t20150226_685799.html。
② 张抗：《关于中国所处能源时代及对策的思考》，《国际石油经济》2014 年第 1~2 期。

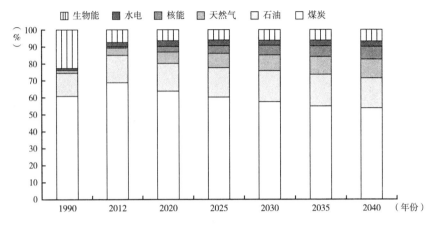

图 2 - 10　2040 年中国的能源需求结构

资料来源：International Energy Agency, *World Energy Outlook 2014*。

　　同样，BP 公司在《世界能源展望 2035》中也强调中国与欧美发达国家所处的能源大时代是不同的。如图 2 - 11 所示，美国在 20 世纪 40 年代末期进入石油时代，石油消费占比在 70 年代末期上升到高峰，此后快速下跌。欧洲四国（法国、德国、意大利和英国）晚于美国，大约在 20 世纪 60 年代初期进入石油时代，但要比美国更早遇到石油消费高峰。20 世纪 80 年代后，欧洲和美国的石油消费占比迅速趋同。中国的能源消费结构大约在欧美石油消费高峰时段有了第一个较大的转折，煤炭消费占比从 90% 以上跌落至 75% 左右，这也是前文提到的改革开放初期的一个特点。但此后 30 年，中国煤炭消费占比经历了上升，后再次下降的阶段，比改革开放初期约下降 10 个百分点。按照 BP 公司的预测，2035 年中国的煤炭消费占比还将占据首要地位。换句话说，就煤炭消费占比而言，2035 年的中国，相当于 20 世纪 40 年代的美国和 20 世纪 50 年代后期的欧洲。但对这一发展趋势，BP 公司的预测基本和国际能源署一样，认为中国煤炭消费占比最终将被石油消费占比超过。不过，2040 年以后，美国将进入以天然气消费为主导的阶段，欧洲则会更加快速地进入到非化石能源占主导地位的阶段。从这个意义上说，中国还难以在能源消费结构上完全追赶上西方。

　　2012 年，中国一次能源消费中，煤炭占 68%，石油占 16.1%，排在第三位的是生物质能源，占 7.4%。以煤炭、石油、天然气在世界一次能源中

图 2 – 11　中国与发达国家的主导能源演变历史

资料来源：BP, *Energy Outlook 2035*, p. 84。

的占比来看，中国在能源时代上落后于世界水平，世界早就跨过了煤炭时代处在石油时代中；从发展趋势来看煤炭占比还将继续下降，天然气占比将进一步上升。2012 年，全球一次能源消费结构中，石油占比为 31.3%，煤炭为 29.0%，天然气为 21.3%。上述三项指标，经合组织（OECD）国家的平均水平为 36.2%、19.4% 和 25.6%，其中美国为 36.1%、19.9% 和 27.9%，日本为 46.5%、24.8% 和 23.2%。就天然气的发展而言，美国在 OECD 国家当中处于领先地位，从而也意味着其在全球能源转型中处于前沿位置。在天然气消费领域，唯一强于美国的是俄罗斯（占比 52.2%），而发展中亚洲的平均水平为 7.8%，两个能源消费大国中国和印度分别为 4.2% 和 6.2%。由此可见，在天然气消费上中国不仅大大落后于美国、日本等 OECD 国家，也落后于印度这样的新兴经济体（见图 2 – 12）。

图 2 –12 表明，中国大量消耗煤炭与中国工业发展的阶段以及经济发展方式相关。与发展水平接近的印度相比，中国更依赖于制造业出口，而印度则依赖于服务业。此外，中国重工业化进程的程度比印度更深，工业部门消耗了大量煤炭，这一点从消耗煤炭的行业分类中也可以观察到。据国家统计局数据显示，2012 年，中国工业煤炭消费总量为 33.6 亿吨，占全国煤炭消费总量的 95.2%，比 2011 年上升 0.1 个百分点。而在能源消费总量中，工业部门的消费占比为 69.8%。因此，在其他类型的能源消费上，工业部门的占比没有这么突出，唯一的例外是原油消费，工业部门几乎占到 100%。

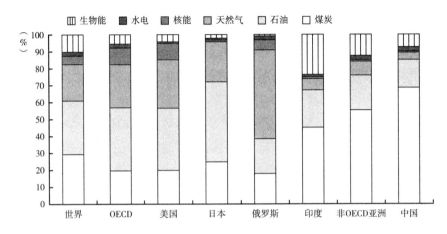

图 2 – 12   2012 年世界主要国家的一次能源消费结构

资料来源：International Energy Agency, *World Energy Outlook 2014*。

具体而言，工业部门中电力、煤气及水的生产和供应的煤炭消费总量为17.5 亿吨（52.3%），制造业煤炭消费总量为 13.3 亿吨（39.5%），采掘业煤炭消费总量为 2.6 亿吨（8%），而生活中煤炭消费总量为 0.9 亿吨。2006年，工业煤炭消费占全国比重为 93.5%，工业领域内上述前三大产业的比重依次为 48%、38.8%、6.7%。与 6 年前相比，制造业煤炭消耗占比基本稳定。

就煤炭消费占比而言，中国也不同于英美这两个历史上的霸权国家。英国煤炭消费占比 50% 的历史持续近 260 年，即便是占比 60% 以上的年份也多达 212 年，在一个能源转型更为快速的世界中，中国不会像英国那样长时期停留在煤炭时代。与美国相比，中国依赖于煤炭的能源消费格局接近于美国 20 世纪前半期的发展水平，中美两国在能源消费构成方面差距更大。美国从 19 世纪 80 年代起，在工业化进程中其能源消费构成也是煤炭主导，直到 1950 年被石油超过。据 2012 年 3 月中国国家能源局发布的《煤炭工业发展"十二五"规划》，在未来相当长时间内，煤炭作为主体能源的地位不会改变。① 据 BP 公司《世界能源统计年鉴 2015》的数据，2014 年中国煤炭消费总量为 19.6 亿吨油当量，占全球的 50.6%，比 2013 年下降近 0.2 个百分

---

① 国家能源局：《煤炭工业发展"十二五"规划》，2012 年 3 月 18 日，http：//zfxxgk. nea. gov. cn/auto85/201203/t20120322_ 1456. htm。

点。回顾历史，这不是中国历史上第一次煤炭消费占比下降，但从未来发展趋势看，这很可能是一个重要的转折点。

（二）工业主导地位与能源消费的行业部门分布

中国学者的研究认为，能源消费总量与产业结构有一定的关系，能源消费量大的产业占比突出的话，那么能源总体消费量也会跟进。[①] 这意味着即便是同样水平的人均 GDP 也将因为产业结构不同而影响能源消费。上文提到中国与印度在能源消费结构上不同，中国以煤炭为主，而印度基本上是石油占优势，这种差异既有资源禀赋因素影响，也与两国的产业结构不同有关。例如，中国与印度同样属于中等收入行列国家，但 2006 年、2011 年印度的制造业占 GDP 增加值份额分别为 14.8% 和 14.9%，而中国则分别达到 32.6% 和 34.2%。[②] 由于工业部门在整个经济增长中的作用非常突出，工业部门的能源消耗突出的话，总体能源消耗也随之增加。国家统计局数据也表明，中国工业部门消耗的煤炭占到煤炭消耗量的 95%，而石油的消费基本是由工业部门完成的。

中国国家统计局提供的数据表明，2012 年中国能源消费总量达到 36.2 亿吨标准煤。能源消费量按行业部门排序，依次是：①工业消费 25.2 亿吨标准煤（占比 69.8%）；②生活消费 39666 万吨标准煤（占比 11%）；③交通运输、仓储和邮政业消费 31524 万吨标准煤（占比 8.7%）；④其他行业消费 16581 万吨标准煤（占比 4.6%）；⑤批发、零售业和住宿、餐饮业消费 8546 万吨标准煤（占比 2.4%）；⑥农、林、牧、渔、水利业消费 6784 万吨标准煤（占比 1.9%）；⑦建筑业消费 6167 万吨标准煤（占比 1.7%）。因此，前三大行业消费占比达到 89.5%，如果加上商业消费的占比 2.4%，四个国际上通行的统计类型行业部门消费量占比接近 92%。

在上述四个行业部门内，与国际平均水平以及美国相比，中国的突出特征是工业部门的能源消费占绝对多数，且在 2040 年仍将保持这种情况，当然其所占比重相较于 2010 年下降 11 个百分点，稳定在 63% 左右。与中国工业部门能源消费占比下降不同，美国未来的工业部门能源消费占比还将上

---

① 史丹、张金隆：《产业结构变动对能源消费的影响》，《经济理论与经济管理》2003 年第 8 期。

② UNIDO, *Industrial Development Report 2013*: *Sustaining Employment Growth*: *The Role of Manufacturing and Structural Change*, UNIDO, 2013, pp. 196 – 197.

升，从 2010 年的 33.2% 增长至 2040 年的 37.8%。但是，中国在居民、商业及交通领域，能源消费占比不仅落后于美国，也落后于世界平均水平。展望 2040 年，唯一可以追齐世界平均水平且与美国差距不大的是居民的能源消费。2040 年，世界平均居民能源消费、中国与美国的居民能源消费，在各自能源消费体系内所占的比重将分别为 13.8%、14.2% 和 15.0%。而在商业和交通领域的能源消费，尽管中国的追赶速度也很快，2040 年该领域的能源消费占比分别可以达到 5.2% 和 18.3%，但按照美国能源信息署的预测，难以在 2040 年赶上世界平均水平和美国的水平。此外，还需要注意的是，商业领域的能源消费，无论是中国、美国，还是全世界，其占比都在上升。在交通领域，世界平均水平和美国的消费占比都在下降，唯独中国仍然上升（见图 2 - 13）。

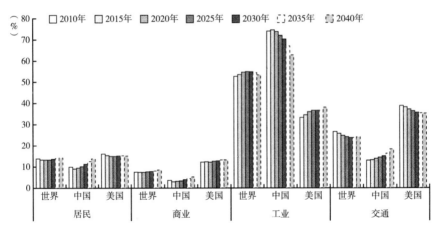

图 2 - 13　中国、美国与世界四大行业部门消费能源占比（2010～2040）

资料来源：U. S. Energy Information Administration, *International Energy Outlook 2013*。

在中国目前这个发展阶段上，工业部门这么突出的能源消费占比，在历史上并非没有先例。1970 年的日本工业部门消费能源占比为 67%，到 1995年下降到 50%。[①] 如图 2 - 14 所示，算上损耗的电力，二战结束以来的 60 多年里，美国工业部门能源消费占比先从 1949 年的 46% 上升至 1955 年的48.5%，此后开始下降，尽管其间也有微弱反弹，但到 2009 年已下降至历史

①　Vaclav Smill, "Energy in the Twentieth Century: Resources, Conversions, Costs, Uses, and Consequences," *Annual Review of Energy Environment*, Vol. 25, 2000, p. 34.

低点 30.2%，此后美国的工业部门能源消费占比又再次反弹，2014 年恢复到 31.8%，并将于 2040 年上升至 35.5%。与 20 世纪 50 年代相比，21 世纪初美国工业部门能源消费占比下降了 18 个百分点。2008 年全球金融危机后，美国实施"再工业化"战略，这对新一轮工业部门能源消费扩张有一定推动作用。

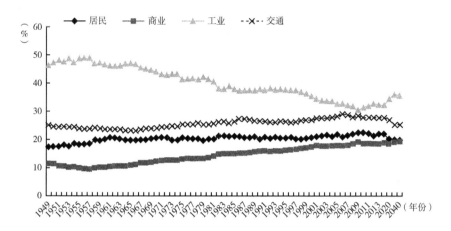

图 2 - 14　美国按行业划分的能源消费（1949 ~ 2040）

注：本图能源消费数据包括了每个行业部门的电力损耗，而图 2 - 13 中美国、中国等的消费数据只是计算了交付能源（delivered energy）。

资料来源：U. S. Energy Information Administration, *Annual Energy Outlook 2015 with Projections to 2040*, April 2015。

图 2 - 14 还表明，二战后 60 多年来，美国居民的能源消费占比保持了相当长时间的稳定，即占总能源消费量的比例维持在 1/5，这一特性是否具有能源定律的性质还有待进一步探讨。[①] 按照罗斯托有关经济增长阶段的划分，美国在 1900 年已经进入技术上成熟的阶段，成熟社会的一个突出特征是农业人口大幅度减少。技术成熟后的下一个阶段是大众消费时代，其主要特征是，居住条件、耐用消费品的供给和服务得到根本改善，并且生产这些商品、提供这些服务的部门成为经济发展的主导部门。罗斯托认为，美国在 20 世纪 20 年代开始进入大众消费阶段，并于 50 年代后期进入大众消费阶段的末尾，但还有继续发展的潜力。按照罗斯托提供的数据，1956 年，73% 的美国

---

① 有学者认为能源领域存在着三大定律：①能源成本相对于人均收入的比率是稳定的；②能源质量不断提高；③能源生产不断增长。Igor Bashmakov, "Three Laws of Energy Transitions," *Energy Policy*, Vol. 35, 2007, pp. 3583 - 3594.

家庭拥有自己的汽车，96% 的家庭拥有电冰箱，86% 的家庭有电视机。[1] 到
1960 年，79% 的美国家庭有电话，1975 年则上升至 95% 的家庭有电话，
1974 年 97% 的家庭有电视机。1960～1974 年，汽车拥有率上升至 81%。[2]
美国的居民耗能历史表明，一个社会在进入大众消费阶段后期以后，无论是
城市居民还是农村居民，整体上用电差异并不明显，居民能源消费与总体能
源消费的增长保持同等增速。但中国目前的社会经济发展还没有达到这一步，
东部地区的能源消费量普遍高于中部地区，而中部地区的能源消费量高于西
部地区。目前只有在一些经济比较发达的沿海地区，才进入能源消费的商品
化时期，而传统生物质能占据了绝大多数农村家庭能源消费的主要部分。[3]

但商业用能源则不受此规律限制，在社会经济发展进入比较稳定的大众消
费后期，城市化水平还在继续提高，美国商业部门耗费的能源占比也突破 10%，
并朝着 20% 稳步发展。依据联合国经济和社会事务部的城市化数据，1950～1955
年，美国的城市化率已经达到 64.2%，中国只有 11.8%。2010～2015 年，美国
和中国的城市化率分别为 80.8% 和 49.2%。从 2015 年起，中国的城市化发
展水平将超过世界平均水平。2045～2050 年，中国的城市化率将达到
74.3%，这一水平相当于美国 1985～1990 年的水平。[4] 但是需要注意的是，
美国总人口还不到中国人口的 1/4，如果从城市人口能源消费角度考虑，更重要
的是要估算城市人口的数量。1950 年，美国城市人口达到 10124 万，中国为 6418
万。1977 年，中国城市人口达到 16535 万，首次超过美国。2014 年，中国城市
人口为 7.6 亿，美国为 2.6 亿。对照图 2－13 和图 2－14，显然，中国商业领域
的能源消耗占比还比较低，随着城市化继续扩张，未来发展潜力很大。

（三）中国能源消费强度仍处在倒 U 型关系中

随着中国经济的进一步发展，中国也将追随发达国家的脚步，在能源强

---

[1] 〔美〕W. W. 罗斯托：《经济增长的阶段：非共产党宣言》，郭熙保、王松茂译，中国社会
科学出版社，2001，第 82 页。

[2] Laura Nader and Stephen Beckerman, "Energy as Its Relates to the Quality and Style of Life,"
Annual Review of Energy, 1978, p. 15.

[3] 王效华、赫先荣、金玲：《基于典型县入户调查的中国农村家庭能源消费研究》，《农业工
程学报》2014 年第 14 期。

[4] United Nations, "Department of Economic and Social Affairs, Population Division," *World
Urbanization Prospects：The 2014 Revision*, CD－ROM Edition, 2014.

度上逐步下降。有研究预测，2030 年左右，中国单位 GDP 消耗的能源总体上接近于发达国家（见图 2 - 15）。这表明，届时尽管中国在能源消费结构上与欧美国家差异还很大，但是中国的经济结构将有较大的改善，各类能源消费的配置会有更合理的安排。图 2 - 15 还表明，能源消费强度与人均 GDP 存在着较为明显的倒 U 型关系，在人均 GDP 达到一定阶段后，能源消费强度将下降。此外，尤其需要注意的是，即便在上升阶段达到高峰时，各国的人均 GDP 也有差异，往往并不发生在同一个历史阶段。如图 2 - 15 所示，美国在 20 世纪 20 年代前就已经达到能源消费高峰值（增长 1 个人均 GDP 意义上的能源增长），中国则出现过两次，且都在改革开放前。而按照人均 GDP 比例算，那个时候中国人均 GDP 还达不到 20 世纪初的美国的水平。同样，印度的能源消费强度也在 20 世纪 90 年代初拉奥改革后达到一个高峰值，但这个时候印度的人均 GDP 同样达不到美国消费高峰时的水平。因此，尽管各国都将经历这种趋势，但很难说有一个世界范围内的标准人均 GDP 值，可以算作是倒 U 型线的顶点，并且适用于各国。

　　从这个含义看，在同一发展水平上，发展中国家和发达国家在能源消费上也有很大不同，要考虑历史时差。对此，国际货币基金组织（IMF）在 2011 年 4 月的《世界经济展望》中也表示，能源消费强度和人均 GDP 之间是非线性关系。高收入国家，以较少的能耗即可以维持经济增长，有些国家

图 2 - 15　美国、中国、印度及世界平均的能源强度

资料来源：Christof Ruhl, et al., "Economic Development and the Demand for Energy: A Historical Perspective on the Next 20 Years," *Energy Policy*, 2012, p. 144。

甚至无须在能耗上继续增强也能维持经济增长。但对于一些低收入甚至中等收入经济体而言，增加 1 个百分点的 GDP 往往也需要增长 1 个百分点的能源消耗。韩国是这种 1:1 的对应关系，中国也处于这种路径中（见图 2-16）。① 按照这一模式预测，IMF 认为 2017 年中国能源消费将比 2008 年翻一番，2025 年将比 2017 年翻一番。不过，IMF 也强调，与韩国不同，中国具有影响世界能源价格的能力，一旦价格上升，中国能否维持现有的经济增速就值得怀疑，因此中国的人均能源消费强度与人均 GDP 的关系之间本身就隐含着互动性。尽管如发达国家那样，中国单位 GDP 的能耗已经从最高峰下降了，但相比发达国家与世界平均水平能耗还是很高。鉴于中国消费总量巨大，如果能提高技术和效率，则能耗减少的空间依旧巨大。在这方面，韩国的能源发展历史可提供一定的参考，特别是节能技术。

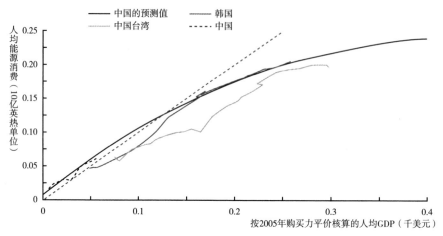

图 2-16　中韩能源消费与人均 GDP 之间的 1:1 关系

资料来源：IMF，*World Economy Outlook*，April 2011。

（四）人均能源消费表明中国还处于工业社会初期

人类社会直到近代才明确，各个社会发展阶段的能量消费差异以及能量对经济增长的影响（见图 2-17）。在 19 世纪以前的人类社会，人们通

---

① International Monetary Fund，*World Economy Outlook：Tensions from the Two - Speed Recovery Unemployment，Commodities，and Capital Flows*，Washington，DC：International Monetary Fund，April 2011，p. 93.

常无法获得食物以外的足够热量。这一归纳主要归功于美国得克萨斯州农工大学地质学家厄尔·库克教授（Earl F. Cook）1971 年发表的《工业社会的能量流动》一文，该文一发表旋即成为测定人类社会各个阶段每人每天所需要的能量的基础。[1] 库克将人类社会经济发展确定为 6 个大的阶段，即原始社会、狩猎社会、早期农业社会、先进农业社会、工业社会和技术社会，人们在每个社会发展阶段所能获得的食物能量逐次递增，而且在家庭、工业以及交通运输领域随着社会经济形态的升级能量消费也逐步提高。按照诺贝尔经济学奖获得者罗伯特·福格尔的估计，18 世纪英法两国的人均热量供应只有美国的 1/3，在整个 18 世纪以及 19 世纪的大部分时间里，成年人的体格都比现代人小得多。福格尔断言："在过去两个世纪里，英国经济增长的动力似乎有一半来自技术和生理上的进步。这种进步主要得益于人类热效率的提高。1970 年以来，人类热量转化为劳动成果的效率提高了大约50%。"[2]

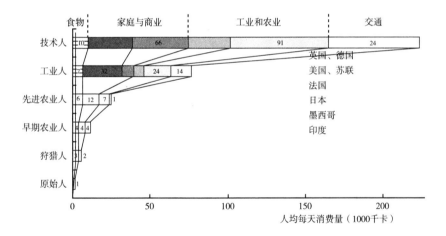

图 2－17　不同社会经济发展阶段每人每天的能量消费

资料来源：Earl Cook, "The Study of Energy Futures," http://www.edra.org/sites/default/files/publications/EDRA05 - v1 - Cook - 51 - 85.pdf#search = 'Earl + Cook + + energy'.

[1]　Earl Cook, "The Flow of Energy in an Industrial Society," *Scientific American*, Vol. 225, No. 3, 1971, pp. 134 - 144.

[2]　〔美〕罗伯特·福格尔：《第四次大觉醒及平等主义的未来》，王中华、刘洪译，首都经济贸易大学出版社，2003，第 105 页。

如图 2-17 所示，在原始社会中，人们消耗的能量主要都来自于食物，总热量大约为 1000 千卡。现代科学认为，一个青年男性维持正常的生活至少需要约 1800 千卡热量，这意味着原始社会的人很难获得维持正常生理机能的能量。此后，能量的范围逐步扩展，到早期农业社会阶段，人均能耗已经可以达到 12000 千卡，库克认为 20 世纪 70 年代的印度基本上属于这一范围内。第四个阶段是先进农业社会，人均能耗可以达到 26000 千卡，20 世纪 70 年代的墨西哥处于这个发展阶段。从人均能耗的领域来看，在家庭与商业用能源上，第四个阶段是第三个阶段的 2 倍。当一个先进农业社会的家庭和商业用能源增长接近 3 倍，且工业和农业能源增长到 3 倍以上，特别是交通运输用能量大幅度增加后，就进入第五个阶段，即工业社会，人均能耗达到 77000 卡，法国正好处于这一阶段中。而 20 世纪 70 年代的日本则处于从先进农业社会往工业社会发展的中间地带。第六个阶段是技术社会，当时只有美国处于这一阶段之中，人均能耗在 230000 千卡，而英国、德国、苏联都处在第五个和第六个社会经济发展阶段之间。与第五个阶段相比，第六个阶段的家庭和商业用电增长了 2 倍，工业和农业用电增长了将近 4 倍，交通运输增加了 4 倍以上。

库克绘制该图时的一个重要背景，是当时美国人均能源消费的全球占比非常大。库克认为，当时美国人口仅占世界的 6%，但消耗的能源占到世界的 35%。根据 BP 公司的能源统计数据，1965 年美国一次能源消费占全球总额的 34.5%，此后一直维持在 30% 以上，直至 1975 年首次跌破 30%。1965~1975 年，人口居全球第一位的中国，年均能源消费只占全球的 3.9%，1975 年才首次突破 5%，1994 年才突破 10%，2009 年突破 20%，并超过美国成为全球最大的能源消费国家。2014 年，中国能源消费总量占全球消费总量的比重为 23%，美国为 17.8%，美国约是中国的 77%。但是如果计算人口数字，那么这一情况将大不一样。有学者认为，1900~2000 年，美国人均能源供应翻了三番，增长至 340 吉焦，日本则增长至 170 吉焦。1900 年时的中国几乎没有化石能源消耗，大体上从 1950 年的 2 吉焦增长至 2000 年的 30 吉焦。①

---

① Vaclav Smill, "Energy in the Twentieth Century: Resources, Conversions, Costs, Uses, and Consequences," *Annual Review of Energy Environment*, Vol. 25, 2000, p. 23.

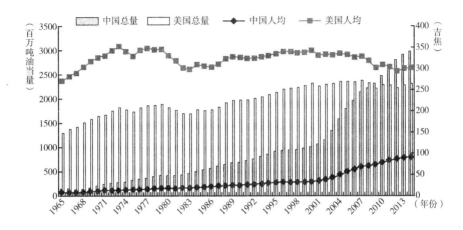

图 2 - 18 中美人均和总量能源消费（1965～2014）

资料来源：BP，*BP Statistical Review of World Energy June 2015*；UN Department of Economic and Social Affairs, Population Division, *World Urbanization Prospects: The 2014 Revision*, CD - ROM Edition, 2014。

如图 2 - 18 所示，中美能源消费的总量在 2009 年易位，2009 年中国超过美国成为全球最大的能源消费国家。但是，如果从人均能源消费量来看，2014 年中国人均消费 90.8 吉焦，而美国为 301.1 吉焦，中国的水平仍只有美国的 30.2%，这是迄今为止中国的能源消费在人均意义上与美国最接近的时刻。从图 2 - 18 能观察到，在人均消费 300 吉焦左右这个位置上，美国人保持了将近 50 年，这就是美国人生活水平现代化的能源基础所在。美国近年来的人均消费量有所下降，1973 年达到迄今为止的高峰值 352.4 吉焦，2000 年时也达到 342.2 吉焦。1965 年，当美国人均消费 270 吉焦时，中国的人均消费量只有 7.8 吉焦，不到美国的 3%。也就是说，经过 50 年的发展，中国与美国人均能源消费的差距从美国的 3% 缩小到美国的 30%。按照库克社会发展阶段的人均能源消耗轨迹，2014 年的中国社会经济相当于 20 世纪 70 年代的日本和法国，已逐步摆脱先进农业社会进入工业社会，但距离当时的英国、德国、美国等技术社会还有很大距离。

图 2 - 18 还表明，人均能耗缩小的进程主要发生在 21 世纪，1995 年中国人均能源消费首次突破 30 吉焦，但直到 2001 年才增长到美国的 10%，从占美国的 3% 到占美国的 10% 中国人走了 36 年。在 2002～2014 年的 13 年里，中国人均消费量与美国的差距继续缩小，追赶速度加快。从未来发展

态势看，这一快速追赶的趋势仍在进行中。国务院发展研究中心课题组认为，2012 年中国能源需求增长进入中速增长阶段。[①] 另有研究认为，2035年以后，中国能源消费才进入增速小于 2% 的低速增长期，2050 年中国的人均耗能有可能达到美国的 76%。[②] 但问题在于，2040 年前后中国还处于煤炭时代，而美国等西方国家正进入天然气时代，甚至是可再生能源时代，可再生能源对环境产生的负外部性较低。如果中国的人均能耗再经历一个类似 21 世纪第一个十年的大飞跃，那么总能耗将成倍增长，从而给环境、可持续发展带来巨大压力。

（五）绿色发展对能源消费的约束持续加强

早在 20 世纪 90 年代初，联合国环境与发展大会（UNCED）在巴西里约召开时，中国政府已经很重视能源问题，提出了促进中国环境和发展的"十大对策"，并于 1994 年公布了《中国 21 世纪议程》。从人均能耗看，当时中国不过是美国的 8% 左右。在这样一种较低水平的能耗上谈可持续发展，只能说还较难调动社会力量。而现在则不同，随着中国人均收入跨入中上等水平，环境保护、绿色发展等理念已经从政府的公文转变为人们日常生活关注的焦点。

随着对能源消耗和可持续发展问题的重视，政府已逐步提高了相关指标的约束力。1996 年 3 月通过的"九五"计划及 2010 年远景目标纲要，首次提出推进经济增长方式从粗放型向集约型的根本转变，需要节约资源、降低消耗。2001 年 3 月通过的"十五"计划纲要，认为经济结构已经到了不调整就不发展的地步，资源和环境已难以承受。"十五"计划纲要第一次提出要"高度重视资源战略问题"，并且认为"能源特别是石油问题，是资源战略的一个重要问题"。"十五"计划纲要还认为，中国的国内石油开发和生产不能适应经济和社会发展需要，供需矛盾十分突出。按照2006 年 3 月通过的"十一五"规划纲要，"十五"期间主要污染物排放量并未实现预计的目标，而且还出现一些突出问题，其中包括"能源资源消耗过大，环境污染加剧"。为此，"十一五"规划纲要列出各指标的目标

---

① 刘世锦主编《中国经济增长十年展望（2015～2024）》，中信出版社，2015，第 289 页。

② 沈镭、刘立涛等：《2050 年中国能源消费的情景预测》，《自然资源学报》2015 年第 3 期。

值，其中单位国内生产总值能源消耗降低 20% 左右，这是中国能源政策的一次巨大调整。

2011 年 3 月通过的"十二五"规划则进一步要求，非化石能源占一次能源消费的比重达到 11.4%，单位国内生产总值能源消耗降低 16%。按照国务院 2013 年 12 月公布的"十二五"中期评估，2011 ~ 2012 年，单位国内生产总值能源消耗累计降低 5.54%，2012 年非化石能源占一次能源消费比重只增加到 9.4%，没有达到预期目标。① 按照清华大学国情研究院最近完成的一份评估报告，非化石能源占一次能源消费比重指标实际年均增长只有 1.8%，而规划目标为 3.1%，难以实现"十二五"的预期目标。但在单位 GDP 能源消耗降低目标达到 13.4%，仅小于规划年均增长目标 2.4 个百分点，属于进展良好的一项指标。② 2014 年，中国能源消费总量达 42.6 亿吨标准煤，超过了国务院《能源发展"十二五"规划》中到 2015 年消费 40 亿吨标准煤的目标值。

显然，中国能源利用效率还不够高，环境等问题越来越突出，能源结构调整必须加快，能源作为战略性问题，需要一场深入而持久的能源革命。按照 2013 年 1 月公布的《能源发展"十二五"规划》，当时中国人均能源消费已达到世界平均水平，但人均 GDP 仅为世界平均水平的一半，单位 GDP 能耗不仅远高于发达国家，也高于巴西、墨西哥等发展中国家。③ 2014 年 6 月 13 日，在中央财经领导小组第六次会议上，中国领导人明确提出推动能源生产和消费革命，为此而制订的《能源发展战略行动计划（2014 ~ 2020 年）》指出，中国应坚持"节约、清洁、安全"的战略方针，加快构建清洁、高效、安全、可持续的现代能源体系，并重点实施节约优先、立足国内、绿色低碳和创新驱动四大战略。在目标控制上，到 2020 年，一次能源消费总量控制在 48 亿吨标准煤左右，煤炭消费总量控制在 42 亿吨左右，非化石能源占一次能源消费的比重达到 15%，天然气占一次能源消费的比重

---

① 《国务院关于〈中华人民共和国国民经济和社会发展第十二个五年规划纲要〉实施中期评估报告》，中国人大网，2013 年 12 月 26 日，http：//www.npc.gov.cn/npc/xinwen/2013 - 12/26/content_ 1820964.htm。

② 胡鞍钢、鄢一龙、周绍杰等著《"十三五"大战略》，浙江人民出版社，2015，第 250 页。

③ 国务院办公厅：《国务院关于印发能源发展"十二五"规划的通知》，中国政府网，2013 年 1 月 23 日，http：//www.gov.cn/zwgk/2013 - 01/23/content_ 2318554.htm。

达到 10% 以上，煤炭占一次能源消费的比重控制在 62% 以内。[①] 9 月公布的《国家应对气候变化规划（2014～2020 年）》和《煤电节能减排升级与改造行动计划》，也都采纳了上述约束性指标要求，后者还规定到 2020 年，电煤占煤炭消费比重提高到 60% 以上。[②] 2014 年 11 月，中美在北京召开亚太经合组织（APEC）领导人非正式会议期间达成气候变化联合声明，中国计划在 2030 年左右二氧化碳排放达到峰值且将努力早日达峰，并且使非化石能源占一次能源消费比重提高到 20% 左右。[③]

BP 公司和 IEA 的预测认为，2020 年中国的能源总消费将分别为 3723 百万吨油当量和 3658 百万吨油当量，即便按照政策调整型计算，IEA 得出的消费量仍然有 3512 百万吨油当量。[④] 换算成标准煤，区间范围在 50 亿～53 亿吨。由此可见，到 2020 年将总能源消费限制在 48 亿吨是一项很大的挑战。从"八五"计划以来，没有一个五年计划在能源总消费量上是在计划目标内的。

尽管如此，如果以美国为参照，那么至少从 1965 年以来，在人均能源消费意义上，中国还没有超过美国的 40%。按照 BP 公司 2015 年能源统计数据，中国的碳排放量自 2006 年开始超过美国，当时中国占世界总排放量的 22.2%。2014 年中国的碳排放量占全球的 27.5%，美国为 16.9%。若以人均碳排放量算，中国为人均 7.1 吨，美国为人均 18.8 吨，中国人均是美国的 38%，高出人均能源消费占比 8%（见图 2-19）。从图 2-19 还能看出，美国的人均碳排放高峰出现在 1973 年，当时达到了 24.1 吨。而 20 世纪 70 年代也是美国开始进行能源转型的阶段，立法禁止清洁低碳的天然气在发电和新型工业两个能源领域使用，导致碳排放总量急剧增加。[⑤] 但从结果看，美国碳排放总量在 20 世纪 80 年代初有所下降，人均碳排放量也在

---

① 国务院办公厅：《国务院办公厅关于印发能源发展战略行动计划（2014～2020 年）的通知》，中国政府网，2014 年 11 月 19 日，http://news.xinhuanet.com/energy/2014-11/20/c_127231835.htm。

② 国家发展和改革委员会：《国家应对气候变化规划（2014～2020 年）》，2014 年 9 月 19 日，http://www.sdpc.gov.cn/zcfb/zcfbtz/201411/W020141104584717807138.pdf。

③ 《中美气候变化联合声明》，《人民日报》2014 年 11 月 13 日，第 2 版。

④ BP, *Energy Outlook 2035*, February 2015; International Energy Agency, *World Energy Outlook 2014*。

⑤ 〔美〕罗伯特·赫夫纳三世：《能源大转型：气体能源的崛起与下一波经济大发展》，马圆春、李博抒译，中信出版社，2013，第 25 页。

1983 年恢复到 1965 年的水平，此后有所上升。也就是说，能源转型的滞后并没有带给美国重大挑战，美国还有重大的技术发明以及价格调整碳排放。另外，如图 2 - 20 所示，近 50 年来，中国人均碳排放与美国的差距，基本上和人均能源消费与美国的差距是同步的，并没有发生突然的变化。从这个意义上说，中国在这个问题上需要改变参考系。

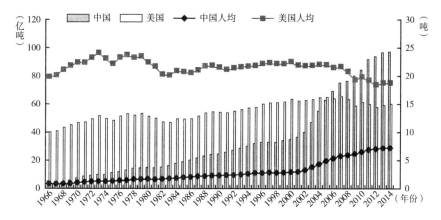

图 2 - 19 中美人均和总量碳排放量 （1965 ~ 2014）

资料来源：BP，*BP Statistical Review of World Energy June 2015*；UN Department of Economic and Social Affairs，Population Division，*World Urbanization Prospects：The 2014 Revision*，CD - ROM Edition，2014。

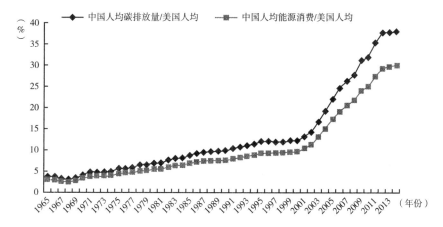

图 2 - 20 中国人均能源消费与碳排放量占美国比重 （1965 ~ 2014）

资料来源：BP，*BP Statistical Review of World Energy June 2015*；UN Department of Economic and Social Affairs，Population Division，*World Urbanization Prospects：The 2014 Revision*，CD - ROM Edition，2014。

不过，需要注意的是，21 世纪以来中国人均碳排放的上升幅度确实高于 20 世纪六七十年代的美国，但最近两三年这种幅度基本得以控制。中国政府最近几年特别强调绿色发展，将建设生态文明纳入政治、经济、社会、文化等"五位一体"的布局，也确实是注意到这种动态迹象可能带来前所未有的变革，并且相关政策调整已初见成效。

三 中国能源生产的发展

影响一个国家能源生产的最基本因素是资源禀赋。2014 年，中国煤炭已探明储量为 1145 亿吨，仅次于美国（2373 亿吨）和俄罗斯（1570 亿吨）。但相比于俄罗斯与美国，中国在探明石油储量上大大落后，仅相当于俄罗斯的 18% 和美国的 38%。从能源生产上看，2014 年中国煤炭开采量是俄罗斯的 11 倍、美国的 4 倍，石油开采量是俄罗斯的 39%、美国的 41%。从这个意义上说，决定能源生产的还有其他重大因素。目前，中国能源消费和生产的缺口持续扩大，获取海外能源也可算是增加生产的一种替代选择。

（一）中国能源总生产

根据《2014 年国民经济和社会发展统计公报》初步核算，2014 年一次能源生产总量达到 36 亿吨标准煤，同比增长 0.5%。其中，原煤产量达到 38.7 亿吨，同比下降 2.5%；原油生产 2.1 亿吨，同比增长 0.7%；天然气生产 1301.6 亿立方米，同比增长 7.7%；发电量 5.6 万亿千瓦时，同比增长 4%。在发电量中，以火电为主，占 75.5%，比 2013 年下降 0.3%，而水电占总量的 18.8%，同比增长 15.7%，增速最快的还是核电，达到 18.8%。[①]

如表 2-5 所示，如果以煤炭生产为一根主线的话，那么中国能源生产基本可以划分为三个阶段。①从 1978 年到 20 世纪 80 年代末期，煤炭占据大约 70% 的份额；②1990~2002 年，煤炭占据份额为年均 74%；③2003~

---

① 国家统计局：《2014 年国民经济和社会发展统计公报》，国家统计局网站，2015 年 2 月 26 日，http://www.stats.gov.cn/tjsj/zxfb/201502/t20150226_685799.html。

2012 年，煤炭占据份额为年均 77%。在第一阶段，煤炭占比逐年上升，水电、核电、风电等占比也略有上升，而石油与天然气的占比是下降的。在第二阶段，石油生产占比继续下降，天然气占比先是下跌，但从 1995 年开始反弹，煤炭占比略有下跌，水电、核电、风电等占比迅速上升。在第三阶段，煤炭占比上升幅度较大，石油生产占比则于 2003 年跌破 15%，2009 年跌破 10%，到 2013 年只有 8.9%；天然气占比则从 2003 年的3.7% 上升至 2013 年的 4.6%；水电、核电、风电等占比则从 2003 年的7.0% 增加至 2013 年的 10.9%。因此，总括起来看，传统能源（煤炭和石油）占比已经从 20 世纪 90 年代初期的 93.3% 下降至 2013 年的 84.5%，而天然气和可再生能源生产占比从 20 世纪 90 年代初的 6.7% 上升至 2013年的 15.5%。

表 2-5　中国能源生产总量及构成

年份	总量 （百万吨标准煤）	煤炭（%）	石油（%）	天然气（%）	水电、核电、风电 （%）
1978	627.7	70.3	23.7	2.9	3.1
1980	637.4	69.4	23.8	3.0	3.8
1985	855.5	72.8	20.9	2.0	4.3
1990	1039.2	74.2	19.0	2.0	4.8
1991	1048.4	74.1	19.2	2.0	4.7
1992	1072.6	74.3	18.9	2.0	4.8
1993	1110.6	74.0	18.7	2.0	5.3
1994	1187.3	74.6	17.6	1.9	5.9
1995	1290.3	75.3	16.6	1.9	6.2
1996	1330.3	75.0	16.9	2.0	6.1
1997	1334.6	74.3	17.2	2.1	6.5
1998	1298.3	73.3	17.7	2.2	6.8
1999	1319.5	73.9	17.3	2.5	6.3
2000	1350.5	73.2	17.2	2.7	6.9
2001	1438.8	73.0	16.3	2.8	7.9
2002	1506.6	73.5	15.8	2.9	7.8
2003	1719.1	76.2	14.1	2.7	7.0

年份	总量 （百万吨标准煤）	煤炭（%）	石油（%）	天然气（%）	水电、核电、风电 （%）
2004	1966.5	77.1	12.8	2.8	7.3
2005	2162.2	77.6	12.0	3.0	7.4
2006	2321.7	77.8	11.3	3.4	7.5
2007	2472.8	77.7	10.8	3.7	7.8
2008	2605.5	76.8	10.5	4.1	8.6
2009	2746.2	77.3	9.9	4.1	8.6
2010	2969.2	76.6	9.8	4.2	9.4
2011	3179.9	77.8	9.1	4.3	8.8
2012	3318.5	76.5	8.9	4.3	10.3
2013	3400.0	75.6	8.9	4.6	10.9

资料来源：中国国家统计局：《2014 年中国统计年鉴》。

从能源平衡角度看，上述三个阶段的含义又有不同（见图 2 - 21）。第一个阶段，中国能源供给比较充足，而且还有大量的能源出口，其中包括向日本出口石油。但到了第二个阶段，中国需要进口一些能源以补充消费，标志性事件是 1993 年中国成为原油净进口国。此后进口量逐年增多，但第二个阶段能源出口也在继续增加。这一特点到第三个阶段也在继续，出口的高峰值出现在 2005 年，达到 1.1 亿吨标准煤。第三个阶段的显著特点是出口持续下降，而进口增长很快，几乎是每五年翻一番。

从未来发展态势看，中国能源生产还将经历一个中速增长期，可能还需要 20 年才能迎来能源生产高峰。按照国际能源署的预测，中国原油生产将在 2030 年实现高峰，达到每天 490 万桶；煤炭生产在 2035 年达到高峰，为 58.29 亿吨[①]；天然气的生产将持续增高，2010 ~ 2040 年年均增速达到 3.8%，而世界平均增速为 1.7%（见表 2 - 6）。据 IEA 数据，亚洲国家是全球主要的煤炭生产基地，中国、印度和印度尼西亚分别是全球第一、第三

---

① 俄罗斯科学院 2040 年能源发展报告在整理多份关于中国煤炭生产峰值的预测报告之后认为，大多数学者认为中国煤炭生产峰值将出现在 2020 ~ 2030 年。参见 Russian Academy of Sciences（ERI RAS）and the Analytical Center for the Government of the Russian Federation（ACRF），*Global and Russian Energy Outlook to 2040*，pp. 103 - 104。

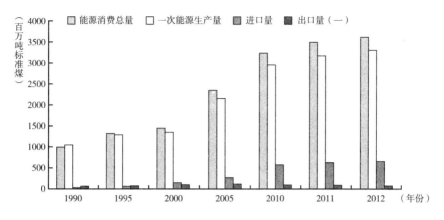

图 2 – 21 中国能源平衡情况

资料来源：中国国家统计局：《2014 年中国统计年鉴》。

和第五的煤炭生产国，2010 年三国共计生产 45 亿吨煤，超过世界总产量的一半。IEA 强调，尽管中国煤炭储量丰富，但需要长途运输后才能实现经济价值，为此"十二五"规划投资建设铁路运输煤炭，到 2015 年每年能运输 29 亿吨煤炭，比 2011 年的运力提高 4 亿吨。① 这一点与 19 世纪情况截然不同，当时的长江三角洲因缺乏煤炭而无法实现工业化。关于中国未来的石油生产，美国能源信息署在《国际能源展望 2013》中表示总体上不看好，认为现在的主产区基本上难以增加，有限的增产部分来自中国石油天然气股份有限公司（简称中石油）和中国海洋石油总公司（简称中海油）在近海附近的开采。②

表 2 – 6 中国一次能源生产（2010 ~ 2040）

	2010 年	2015 年	2020 年	2025 年	2030 年	2035 年	2040 年	年均增长率（2010 ~ 2040 年）
煤炭（百万吨）	3506	4130	4725	5257	5633	5829	5722	1.60%
原油（百万桶/天）	4.3	4.3	4.5	4.7	4.9	4.7	4.7	0.30%
天然气（万亿立方英尺*）	3.3	3.8	4.2	5.2	6.7	8.5	10.1	3.80%

*1 立方英尺 = 0.028 立方米

资料来源：U. S. Energy Information Administration, *International Energy Outlook 2013*。

---

① U. S. Energy Information Administration, *International Energy Outlook 2013*, p. 76.
② U. S. Energy Information Administration, *International Energy Outlook 2013*, p. 36.

（二）中国煤炭行业生产概况

据 BP 公司《世界能源统计年鉴 2015》数据显示，2014 年中国煤炭生产总量为 18.4 亿吨油当量，占全球的 46.9%；煤炭储量 1145 亿吨，占全球储量的 12.8%，仅次于美国和俄罗斯，而中、美、俄三国的煤炭储采比分别为 30、262、441。显然，与美国、俄罗斯相比，中国的煤炭发展前景有限。即便与储采比世界平均水平（110）、非 OECD 国家平均水平（83）、亚太国家平均水平（51）相比，中国依然高位运行。根据 BP 公司提供的数据，中国的储采比只是略微强于捷克共和国（22）、英国（20）、朝鲜（19）、罗马尼亚（12）和越南（4）等 5 国。除朝鲜和越南外，其余国家的人均收入水平都高于中国，而英国已经迈过大规模工业化阶段，目前煤炭开采的经验不适用于现阶段的中国。

从煤炭生产行业来看，近几年整个行业一直在滑坡。据中国煤炭工业协会 2014 年 9 月公布的数据，以营业收入为标准评出的 2014 年前 100 强煤炭企业呈现出六大特点：①经营规模扩张放缓，非煤产业继续扩大。2013 年，前 100 家煤炭企业的营业收入为 4.16 万亿元，同比增长 10%，创十年来最低水平。②煤炭产量增加，煤业收入利润下降。100 家企业共生产煤炭 30.05 亿吨，同比增长 1.56 亿吨，但增速已经下滑至 5.5%，创"十一五"以来最低水平。前 100 家企业产煤占全国煤炭产量比重的 81.66%，首次达到 80% 以上，煤炭集中度进一步提升。③赢利能力明显下降，资本运营效率继续下降。净利润总额为 841.57 亿元，同比下降 44.18%，其中 21 家企业亏损、77 家企业同比下降。④100 家企业实现纳税总额 2944.83 亿元，较上年下降 382.59 亿元，下降 11.46%，为 10 年来首次下降。⑤11 家企业进入世界 500 强。⑥兼并重组继续推进。[①]

中国煤炭生产和消费存在着亿吨级的差额，且数量逐年增长。自 2009 年起，中国成为煤炭净进口国，2009 年进口 1.26 亿吨，出口 2239 万吨。2008 年进口 4034 万吨、出口 4543 万吨。据国家统计局数据，2011 年进口 1.82 亿吨，出口 1466 万吨。2012 年进口 2.88 亿吨，出口 927.5 万吨。总

---

① 中国煤炭工业协会：《2014 中国煤炭企业 100 家分析报告发布》，2014 年 9 月 1 日，http：//www. coalchina. org. cn/detail/14/09/01/00000028/content. html。

体趋势是进口越来越多，而出口呈下降态势。按照中国海关的数据，2013
年全年，进口煤及褐煤 3.27 亿吨，金额为 290 亿美元，进口数量比 2012 年
增长 13.4%，金额同比增长 1%。而煤及褐煤的出口则逐年下降，从 2012
年的 926 万吨下降至 2013 年的 751 万吨。2014 年，进口煤及褐煤 2.9 亿吨，
金额为 222.5 亿美元；出口煤及褐煤 574 万吨，金额为 7 亿美元，这是首次
出现进口的下降。2015 年 1~7 月，进口煤及褐煤 1.2 亿吨，金额为 76.6 亿
美元，同比减少 6177 万吨；出口煤及褐煤 275.8 万吨，金额为 2.9 亿美元，
同比减少 167 万吨。从上半年趋势来看，2015 年全年煤炭进口还将下降。
进口下降主要是源于能源消费结构调整力度不断加大。

　　煤炭出口逐年下降反映出中国对煤炭产业发展的规划，特别是配额制度
的影响。自 2004 年 7 月 1 日起，由国家发展和改革委员会、商务部、海关
总署制定的《煤炭出口配额管理办法》正式实施。该办法认为，国家确定
配额制度，首先是为了保障国家经济安全、合理利用煤炭资源。自 2006 年
9 月起，国家正式取消煤炭出口退税，同年 9 月还对炼焦煤出口征收 5% 的
出口暂定税。根据这几年煤炭出口配额与出口实际数量看，后者少于前者。
比如，2008 年政府总共发放 4770 万吨出口配额，但实际上执行的只有 4534
万吨；2009 年的出口配额为 2600 万吨，实际上不到 2240 万吨。[1] 2010 年的
出口配额为 2550 万吨，实际执行的只有 1903 万吨；2011 年出口配额上升到
3800 万吨，但实际执行明显下降。2013 年 11 月，国务院办公厅发布《关于促
进煤炭行业平稳运行的意见》，认为煤炭行业出现结构性产能过剩、价格下
跌、企业亏损等问题，运行困难加大。今后拟进一步加强对煤炭进出口环节
的管理，鼓励优质煤炭进口，禁止高灰分、高硫分劣质煤炭的生产、使用和
进口。[2]

　　自 2009 年中国成为煤炭净进口国以来，进口煤炭对国内市场的冲击越
来越大。2009 年，主要煤炭进口国是澳大利亚、印度尼西亚、蒙古和越南。
2010 年，印尼成为主要进口来源国，来自俄罗斯的煤炭进口也逐渐增多。
2011 年，中国超过日本成为全球最大的煤炭进口国，主要来源国除了上述

---

① 《中国明年首批煤炭出口配额将占全年总配额一半》，路透社，2008 年 12 月 29 日，
　　http://cn.reuters.com/article/chinaNews/idCNChina-3288720081229。

② 《国务院办公厅关于促进煤炭行业平稳运行的意见》，中国政府网，2013 年 11 月 28 日，
　　http://www.gov.cn/zwgk/2013-11/28/content_2536862.htm。

几个国家外，还包括南非、美国、加拿大、哥伦比亚、朝鲜。煤炭进口增加的原因一方面是东南沿海地区需求增大，另一方面则是中国取消出口退税政策、实施"走出去"战略。[①] 2012 年，东盟国家成为中国煤炭最大的进口来源地，在煤炭进口总量的占比达到 48.3%，来自澳大利亚的煤炭占比为 20.6%。[②] 2014 年，印度尼西亚成为中国煤炭进口的最大来源地，当年进口 1.06 亿吨，占中国煤炭进口总量的 36.5%。[③] 由于进口煤炭大量增加，出现了部分煤炭企业要求限制进口的呼吁，但鉴于国内市场长期供应不足，以及境外煤炭品质好、品种多以及价格优势等原因，还是应该秉持市场开放原则，煤炭进口高位运行还将持续。

（三）中国石油行业生产概况

自 20 世纪 70 年代后期开始，中国曾通过出口石油换取外汇来推进改革开放。在很长一段时间内，原油的出口是中国的一项重要战略，包括推动与日本的关系。但是随着中国经济加速发展，这种局面已不复存在，从 90 年代初期中国成为石油净进口国，日渐依赖于全球市场的供应。

据 BP 公司《世界能源统计年鉴 2015》数据，2014 年中国每天消费原油 1105.6 万桶，全年消费原油 5.2 亿吨，占全球消耗比重的 12.4%。从生产来看，2012 年每天生产 424.6 万桶，全年生产 2.1 亿吨，占全球生产比重的 5%。2014 年的生产与消费缺口达到 3.09 亿吨。从图 2-22 可以看出，20 世纪 70 年代后期起，中国原油生产显著高于消费，尤其是 1986 年曾一度高出 3500 万吨。但从 1993 年起，中国成为原油的净进口国，消费的速度远高于生产的速度。2007 年、2008 年两年，生产和进口各占到消费的一半左右。目前，中国国内生产的原油占消费额的 40%，剩余 60% 依赖进口。

中国主要的石油进口来源地在亚洲之外。如图 2-23 所示，中国严重依赖于中东地区，第二大进口来源地是非洲（特别是西非），第三大进口来源

---

① 《我国煤炭进口将持续高位运行 3 大主要入境线路成形》，《中国能源报》2011 年 12 月 7 日，http://news.xinhuanet.com/energy/2011-12/07/c_122390324.htm。

② 《2012 年东盟为我国煤炭进口最大来源地》，中国产业安全指南网，2013 年 3 月 22 日，http://www.acs.gov.cn/sites/aqzn/aqjxnr.jsp? contentId=2727110825310。

③ 《2014 年印尼为中国煤炭最大进口国》，中国煤炭资源网，2015 年 2 月 9 日，http://www.sxcoal.com/coal/4040901/articlenew.html。

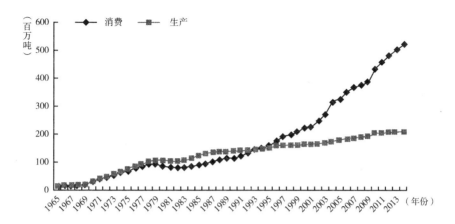

图2-22　中国石油消费与生产趋势

资料来源：BP，*BP Statistical Review of World Energy June 2015*。

地是俄罗斯和中亚地区，2014年从三个地区的进口分别为1.72亿吨、5740万吨、4580万吨。从增速来看，2010～2014年，中南美洲、中东、俄罗斯和中亚以及西非都是正增长，其余地区为负增长。2014年，中东地区占中国整个石油进口量的46%，比2010年上升4%。如果考虑到印度、日本、韩国的原油进口来源也是中东地区的话，那么中东地区对亚洲的战略重要性还将上升，中日韩三国在原油运输安全上的合作潜力是巨大的。

2014年，中国进口的石油中原油占3.09亿吨，而石油产品只有6370万吨，当年原油出口少于4万吨，出口的石油产品却达到2580万吨。从中国出口的目的地看，主要是亚太其他地区（1130万吨）、新加坡（500万吨）、中南美洲（380万吨）、中东（150万吨）和非洲（120万吨），亚太其他地区主要指的是中国香港、中国澳门。石油产品出口能力的提升得益于中国炼油能力增强，据BP公司统计数据，2012年中国炼油能力达到1409.8万桶/日，占全球的比重从2002年的7.1%上升至2014年的14.6%，仅次于美国的18.4%。

（四）中国天然气行业生产概况

据BP公司《世界能源统计年鉴2015》的数据，2014年中国已探明天然气储量3.5万亿立方米，占全球的1.8%，在亚太地区仅次于澳大利亚。

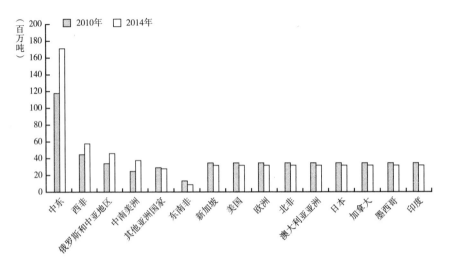

图 2 - 23　2010 ~ 2014 年中国的原油进口地区分布

资料来源：BP，*BP Statistical Review of World Energy June 2015*。

从储采比看，2014 年为 25.7，大大低于澳大利亚（67.6）。2014 年中国生
产天然气 1345 亿立方米，消费 1855 亿立方米，缺口还在继续扩大。2014
年，中国管道天然气进口 313 亿立方米，液化天然气（LNG）进口 271 亿立
方米。这意味着中国在天然气领域依然依赖于海外市场的进口，鉴于天然气
进口价格低于原油进口价格，中国在政策上推进天然气进口有利于收支平衡
和保障能源安全。

　　在天然气进口方面，中国在亚太地区有几条重要的运输通道：第一条是
中亚天然气输入通道，该线预计与"西气东输"二线衔接，总长度超过 1
万公里，是世界上距离最长的油气输送管道。据 BP 公司统计数据，2014 年
中国从土库曼斯坦进口 255 亿立方米天然气，从乌兹别克斯坦进口 24 亿立
方米天然气。第二条是缅甸天然气输入通道，该线不仅可以从缅甸进口天然
气，而且还可以缩短从中东、非洲进口天然气的路程。第三条是俄罗斯天然
气输入通道，2004 年 10 月中俄两国领导人签署《中俄联合声明》，开始了
双方在能源领域的合作，中国石油天然气股份有限公司与俄罗斯天然气工业
股份公司签署战略合作协议。2014 年 5 月，在上海亚信峰会期间，中俄又
达成金额为 4000 亿美元的天然气进口协议。按照俄罗斯方面的预测，2020
年来自俄罗斯的天然气进口在中国进口天然气的比重将达到 2%，2040 年可

达到 7%，但远远低于在欧洲市场的占比。[①] 第四条是海上天然气输入通道，主要涉及澳大利亚、东南亚及中东等地区。东南亚地区主要集中在印尼，而印尼与澳大利亚输入通道基本一致。

在液化天然气进口方面，2014 年进口 271 亿立方米，比 2012 年增加 71 亿立方米，新增量主要来自卡塔尔和澳大利亚。其中从卡塔尔进口 92 亿立方米，比 2012 年增加了 24 亿立方米；从澳大利亚进口 52 亿立方米，比 2012 年增加了 4 亿立方米；从印度尼西亚和马来西亚分别进口了 35 亿立方米、41 亿立方米，分别比 2012 年增加了 2 亿立方米和 13 亿立方米，上述四国占 2014 年中国天然气总进口量的 81.2%，进口来源国集中度比 2012 年有所下降。

（五）中国电力行业概况

自 2009 年起中国成为世界上水电装机规模最大的国家，核电在建施工规模也居世界首位。2009 年，中国 220 千伏及以上输电线路回路长度近 40 万千米，电网规模已超过美国，跃居世界首位。2013 年，中国发电装机容量跃居世界第一，达到 2.5 亿千瓦时。据 BP 公司《世界能源统计年鉴 2015》统计，2014 年中国水力发电消费达 2.41 亿吨油当量，占全球比重的 27.4%，第二位的加拿大占比 9.8%，第三位的巴西占比 9.5%，美国以 6.7% 的占比名列第四。在发电总量方面，中国早在 2011 年就超过美国，2014 年的发电量则达到美国的 131%。事实上，中国在发电总量上追赶美国的速度是很惊人的，1985 年还只有美国的 15.2%，2002 年突破 40%，2008 年即突破 80%（见图 2 - 24）。

2014 年中国全社会用电量达到 55233 亿千瓦时，同比增长 3.8%。从产业类型看，第一产业用电量 994 亿千瓦时（占比 1.8%），同比下降 0.2%；第二产业用电量 40650 亿千瓦时（占比 73.6%），同比增长 3.7%；第三产业用电量 6660 亿千瓦时（占比 12.1%），同比增长 6.4%；城乡居民生活用电量 6928 亿千瓦时（12.5%），同比增长 2.2%。2014 年，全口径发电设备容量为 136019 万千瓦时，其中水电、火电、核电、并网风电和并网

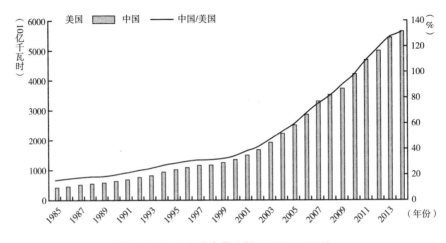

图 2 - 24　中美发电量比较（1985 ~ 2014）

资料来源：BP，*BP Statistical Review of World Energy June 2015*。

太阳能分别占全国发电设备容量 22.2%、67.3%、1.5%、7% 和 1.9%，火电发电量还是占据主导地位，但比 2013 年下降 1.8%，并网太阳能发电增长 67%，核电增长 36.1%，并网风电增长 25.6%。2014 年，全国电源新增生产能力（正式投产）10350 万千瓦，其中，水电 2185 万千瓦，火电 4729 万千瓦。[①]

　　总体而言，随着中国继续强调节能环保，转变经济发展方式，像水电、核电与风电等可再生能源发电将获得更大的发展空间。2015 年 1 ~ 7 月用电数据表明，火电、水电、风电和核电分别为 24555 亿千瓦时、5348 亿千瓦时、1104 亿千瓦时和 934 亿千瓦时。[②] 如表 2 - 7 所示，2015 年是 2009 年以来火电占比最低的一年，而核电与水电均是 2009 年以来占比最高的一年。中国电力企业联合会首次在 2014 年半年度报告中统计风电发电量，当年风电即成为第三大发电来源，2015 年 1 ~ 7 月风电占到全国发电量的 3.43%。

---

① 国家能源局：《国家能源局发布 2014 年全社会用电量》，2015 年 1 月 16 日，http：//www. nea. gov. cn/2015 - 01/16/c_ 133923477. htm。

② 中电联规划与统计信息部：《2015 年 1 ~ 7 月全国电力工业统计数据一览表》，2015 年 8 月 18 日，http：//www. cec. org. cn/guihuayutongji/tongjixinxi/yuedushuju/2015 - 08 - 18/141985. html。

表 2 - 7　2009 年 ~ 2015 年 1 ~ 7 月中国全国发电量

	2009 年	2010 年	2011 年	2012 年	2013 年	2014 年	2015 年
全国发电量(亿千瓦时)	19780	23478	26426	27436	29229	31249	32208
水电(%)	15.81	14.55	13.01	14.35	14.40	15.51	16.60
火电(%)	81.05	81.48	82.70	80.20	81.18	79.00	76.24
核电(%)	1.98	1.69	1.86	2.00	1.97	2.19	2.90
风电(%)	—	—	—	—	—	2.86	3.43

资料来源：中国电力企业联合会。

　　据国家能源局判断，2040 年，中国可能消耗 60 亿吨标准煤，发电装机容量从目前的 10 亿千瓦发展到 30 亿千瓦，届时可再生能源发电将替代煤电的主导地位。具体而言，以 3 亿千瓦的核电为基础，以 5 亿千瓦水电为调节，以 5 亿千瓦风电和 10 亿千瓦太阳能发电为重要发电来源，以 5 亿千瓦煤电为补充。国家电网能源研究院的一份报告认为，到 2020 年，非化石能源将占到一次能源消费比重的 15%，达到 7.7 亿吨标准煤，其中 84% 的非化石能源将转换为电力进行消费。①

---

① 《降低能耗强度：电力在中国未来能源转型中将发挥越来越重要作用》，新华社，2011 年 10 月 23 日，http://news.xinhuanet.com/fortune/2011 - 10/23/c_ 111117865.htm。

第三章 中国能源的现实困境

一 供给：外部依赖与安全[*]

关于能源安全，不同能源行为体由于谋求的利益不同关注的视角也不一致。国家和政府关注的是保障经济平衡运行所需的能源供应充足。中国多数学者认为，能源安全是指在任何时候，能源的种类和数量都有充足的保障，而在价格方面有承受能力。中国是能源消费大国、进口大国，因此希望能源进口多元化，有稳定的能源进口来源，能源价格保持平稳较低的水平，以满足社会、经济和军事等发展的需要。总体而言，中国奉行的是"供应"安全观，这在政府制定的有关文件中也有所体现。例如，2004 年 6 月国务院常务会议讨论通过的《中国能源中长期发展规划纲要（2004～2020）》中确定中国的能源发展战略方针为"节能优先，效率为本；煤为基础，多元发展；立足国内，开拓海外；统筹城乡，合理布局；依靠科技，创新体制；保护环境，保障安全"。2014 年 11 月国务院办公厅印发的《能源发展战略行动计划（2014～2020 年）》提出的指导思想是"以开源、节流、减排为重点，确保能源安全供应"，重点实施节约优先战略、立足国内战略、绿色低碳战略和创新驱动战略。

从中国能源消费和供给的现状看，中国的能源问题并不完全是总供给量

---

　* 本节作者王海燕，中国石油天然气股份有限公司国际部高级经济师。

和总需求量的矛盾，而是清洁能源不足引发的结构性矛盾，这是中国能源安全问题中的主要矛盾。

（一）资源供给保障能力不足，对外依存度高

中国能源资源比较丰富，常规能源储备量占世界能源储备量的 10.7%，拥有丰富的化石能源。在中国的经济发展中，以煤炭为主要的能源动力，国土资源部的《全国煤炭资源潜力评价》最新评价结果显示[1]，全国探明2000 米以内煤炭资源储量超过 2 万亿吨，列世界第三位，但勘探水平较低，经济可采储量较少。另外，中国人口众多，人均能源占有量比较低，煤炭人均占有量为世界人均水平的 1/2。石油、天然气资源相对较为丰富，主要分布于中国的中西部地区和东部沿海地区，探明的储量分列世界第十三位，但人均占有量分别仅占世界人均水平的 11% 和 4.1% 左右。

20 世纪 90 年代以来，随着经济的快速增长，中国对能源的需求不断增加。2002 年中国提出建设小康社会的目标，能源需求快速增长，开始出现能源消费大于能源生产的情况。2014 年中国的能源生产总量为 36 亿吨标准煤，[2] 能源消费总量为 38.3 亿吨标准煤，增长 2.3%。其中，石油消费 7.1 亿吨标准煤，占18.5%；天然气消费量为 2.4 亿吨标准煤，占 6.3%；煤炭消费量为 24.7 亿吨标准煤，占 64.2%[3]；非化石能源比重升至 11%[4]。能源的需求差额为 2.3 亿吨标准煤，这些差额需要通过进口来弥补。未来随着中国工业化和城镇化的速度不断加快，中国对能源的需求也会越来越大，能源的供需矛盾会更加尖锐。

2014 年 11 月，国务院办公厅印发《能源发展战略行动计划（2014～2020 年)》[5]，提出到 2020 年，将一次能源消费总量控制在 48 亿吨标准煤左右，煤炭总量控制在 42 亿吨左右。为保障能源安全，中国将推进煤炭清洁高效开发利用，稳步提高国内石油产量，大力发展天然气，积极发展能源替代，加强储备应急能力建设。到 2020 年，基本形成比较完善的能源安全保障体系，国内一次能源生产总量达到 42 亿吨标准煤，能源自给能力保持在

---

① http：//www.cu–market.com.cn/spsd/20150205/1324161518.html.
② http：//www.ce.cn/xwzx/gnsz/gdxw/201502/26/t20150226_4653371.shtml.
③ 煤炭增速下降主要是经济增速放缓以及非化石能源快速发展、能源消费结构不断优化导致。
④ http：//www.cpnn.com.cn/zdzgtt/201501/t20150121_778878.html.
⑤ http：//www.gov.cn/zhengce/content/2014–11/19/content_9222.htm.

85%左右，天然气在一次能源消费中的比重达到10%以上，煤炭消费比重控制在62%以内，非化石能源比重达到15%。

1. 煤炭进口量不断增加

煤炭因其具有储量巨大、开采成本低等优势，在世界能源中占有重要地位。煤炭出口前5位的国家和地区是澳大利亚、印度尼西亚、俄罗斯、美国和南非。煤炭进口前5位的国家和地区是中国、日本、韩国、印度和德国。

从2004年开始，中国出台一系列鼓励煤炭进口的政策，刺激煤炭进口，如2005年将炼焦煤进口关税暂定税率下调为零；2008年把除褐煤以外的煤炭进口关税暂定税率下调为零，使中国从全球主要煤炭出口国变为最大进口国。2009年，中国净进口煤炭1.03亿吨，首次成为煤炭净进口国；2011年，中国首次超过日本成为世界最大的煤炭进口国。2012年1月1日中国又将褐煤进口关税下调为零，当年煤炭进口量创下新高，实现进口煤炭2.9亿吨，同比增长52.6%。

2014年10月，财政部决定自10月15日起，调整煤炭进口关税，取消无烟煤、炼焦煤、炼焦煤以外的其他烟煤、其他煤、煤球等五种燃料的零进口暂定税率，分别恢复实施3%、3%、6%、5%、5%的最惠国税率。在当前节能减排、环境保护、调整能源结构的背景下，恢复煤炭进口关税有助于控制煤炭的消费总量。

受此限制政策及经济形势影响，中国进口煤炭在经历五年高速增长后，在2014年出现较大幅度的下滑。统计数据显示，2014年中国煤炭消费量35.1亿吨，进口煤炭2.9亿吨（见表3-1），[①] 同比下滑10.9%，进口依存度8.3%，进口主要来源于包括印尼、澳大利亚、蒙古、俄罗斯、越南、南非、朝鲜、美国、加拿大、哥伦比亚等国。国内能源供大于求是进口下降的主要原因，本土煤炭价格优势性显现，加上大型煤炭企业对电力企业的促销手段，使得下游终端倾向于从国内购买动力煤。

表3-1 2007~2014年我国煤炭进口量

单位：亿吨

年度	2007	2008	2009	2010	2011	2012	2013	2014
进口量	0.51	0.40	1.26	1.63	1.9	2.9	3.3	2.9

资料来源：联合国商品贸易数据库，http://www.comtrade.un.org/。

---

① http://www.nbd.com.cn/articles/2015 - 02 - 26/899326.html.

由于世界经济发展乏力，国际煤炭行业低迷，国际煤价下滑（2014 年下降 15.2%）。短期看，受气候政策变化影响，新能源供应逐渐增加，电煤需求减少，且美国页岩油气革命导致对煤炭需求减少，国际煤炭市场将出现供大于求的情况。在此背景下，中国煤炭进口可能会进一步增加。从长远发展来看，中国煤炭进口量增长对建设煤炭工业的可持续发展有利。

2. 石油进口对外依存度接近 60%

中国石油资源总量比较丰富。根据国土资源部油气资源评价结果，全国常规石油可采资源量 268 亿吨，[①] 排名世界第 13 位，但人均石油剩余可采储量仅为世界水平的 11%。

随着经济的快速发展和规模的不断扩大，中国对石油的需求也不断增加。1993 年，中国成为石油净进口国；2008 年中国石油净进口量达到 1.976 亿吨，石油对外依存度首次突破 50%。2009 年，国内原油产量为 1.89 亿吨。2009 年，中国原油净进口量达到 1.99 亿吨，首次超过日本（净进口为 1.83 亿吨），居世界第二位，仅次于世界能源消费大国美国，当年的原油对外依存度也首次突破 50%。考虑到中国人口众多、人均资源占有量不足的基本国情，在石油供应问题上，中国面对的情况和挑战比发达国家要复杂得多。

以改革开放为时间节点观察中国石油消费增长的情况。1978～1990 年为平稳增长时期，中国石油消费量从 1978 年的 9130 万吨增长到 1990 年的 1.18 亿吨，年均增长 199 万吨，年均增长率为 2.0%。自 1991 年至今，随着国民经济的持续快速发展，中国石油消费量进入快速增长阶段，消费量从 1.18 亿增加到 2014 年的 5.19 亿吨，平均每年增长 1780 万吨，对外依存度达到 59.5%。（见图 3-1）

从各国经验看，石油对外依存度达到 50% 是一条安全警戒线。当一个国家的石油进口量超过 5000 万吨时，国际市场的行情变化会对该国的国民经济运行产生影响；当石油进口量超过 1 亿吨时，该国就需要考虑采取外交、经济、军事措施以保证本国石油供应安全；当石油进口依存度超过 60% 时，石油供应的不安全性加大。目前，中国的石油进口对外依存度已接近 60%，国际油价波动、产油国地缘政治等因素将会对中国的经济发展产生影响。

---

① http：//energy. people. cn/n/2015/0507/c71661-26961697. html.

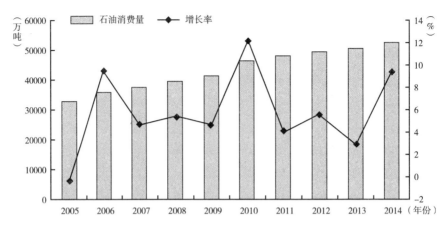

图 3 - 1　2005～2014 年中国石油消费量及增长率

资料来源:《中国统计年鉴》(2005～2014)。

　　从中国原油生产能力和产量看,目前中国基本进入高峰期。我国的石油勘探开发大致经历了以下几个阶段:一是 20 世纪 60 年代中期至 70 年代末,中国原油产量快速增长,1978 年产量突破 1 亿吨;二是 80 年代初至 80 年代末,原油年产量呈下降趋势,后采取措施,原油产量逐年稳定增长;三是 90 年代以来,依靠西部和海上原油产量的增长,中国保持了原油产量的持续稳定发展,2000 年产量达到 1.6 亿吨以上,2010 年突破 2 亿吨,2014 年原油产量达到 2.1 亿吨高峰值 (见表 3 -2)。从中长期看,由于中国石油资源相对不足、储量增长难度大,同时主力油田已进入稳产后期,新区生产任务重,维持或增加国内石油产量面临一定的挑战,需加大新区勘探、挖掘老油田的潜力,争取将原油产量保持在 2.0 亿吨左右。

表 3 - 2　2005～2014 年中国原油产量

单位: 亿吨

年度	产量	年度	产量
2005 年	1.81	2010 年	2.03
2006 年	1.84	2011 年	2.03
2007 年	1.87	2012 年	2.07
2008 年	1.89	2013 年	2.08
2009 年	1.89	2014 年	2.1

资料来源:《中国统计年鉴》(2005～2014)。

未来影响中国石油消费快速增长有以下两个主要因素：一是 2020 年前，中国仍处于新一轮经济增长周期的上升阶段，尽管增速放缓、进入"新常态"，但预计中国 GDP 仍将以 6.5%～7% 的速度持续增长，经济增长依然会带动对石油的需求增加。二是 2020 年前，中国会继续推进工业化和城市化进程，汽车工业和石化工业将加快发展，产业发展将提高石油需求。2000～2010 年中国石油需求年均增速为 6.7%，2011～2013 年增速开始回落，分别为 3.96%、5.6%、2.8%，2014 年达到 9.4%。若按照年均 4.0% 的增速测算，2020 年中国石油需求总量将超过 6 亿吨。按照中国原油产量 2 亿吨计算，2020 年中国石油将有 67% 来自于进口，有专家预计这种进口势头至少将延续到 2030 年。

3. 天然气对外依存度突破 30%

中国天然气储量丰富，根据国土资源部油气资源评价结果，中国常规天然气可采资源量为 40 万亿立方米。截至 2014 年底，中国天然气剩余探明储量为 3.5 万亿立方米，在全世界排名第 13 位。

进入 21 世纪以来，中国天然气市场进入快速发展期，2014 年前受资源推动、低气价驱动、宏观经济拉动等因素的刺激，中国天然气年消费量年均增长 13.9%，已成为美国、俄罗斯之后的第三大天然气消费国。天然气在一次能源消费结构中所占比重明显上升，由 2000 年的 2.4% 提高到 2014 年的 6.3%。2014 年，中国经济社会发展进入"新常态"，经济增长速度总体放缓，加上国内天然气价格上调以及国际原油和煤炭价格持续下跌等因素影响，全年天然气消费增速为 8.2%，天然气消费量达 1830 亿立方米，用气增量与增幅明显降低（见图 3-2）。虽然增速放缓，但中国天然气消费仍在不断拓宽，将保持总体增长的势头。据预测 2015 和 2020 年天然气需求进一步增长到 2500 亿立方米和 3100 亿～4000 亿立方米。

近年，中国天然气生产进入快速增长阶段，年均增长 10% 左右。2011 年国内天然气产量首次突破 1000 亿立方米，达到 1012 亿立方米，2014 年产量为 1292 亿立方米左右，在世界产量的排名从 2000 年的第 16 位升至第 6 位。根据初步预测，2020 年中国天然气产量将达到 2000 亿立方米，2030 年将实现 3000 亿立方米。但是未来一段时间内，天然气未开发储量中，高含硫、低渗透储层占有较大的比重，勘探开发难度加大，成本上升的趋势也非常明显。

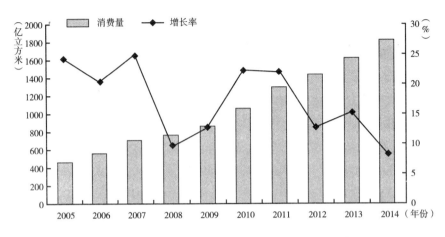

图3－2　2005～2014年中国天然气消费量及增长率

资料来源：《中国统计年鉴》（2005～2014）。

　　为满足不断增长的天然气需求，中国从2006年开始液化进口天然气（LNG），当年进口0.9亿立方米。2009年底，中国第一条跨境天然气管道——中亚天然气管道A线建成通气，该管道以土库曼斯坦为起点，途经乌兹别克斯坦和哈萨克斯坦，全长1833公里，从中国新疆霍尔果斯入境，与中国境内的西气东输二线相连；当年10月，中亚天然气管道B线建成，A线和B线输送能力为300亿立方米/年。由于有管道气进口，2010年中国进口天然气量达到170亿立方米，对外依存度为15.8%。在跨国天然气管道建设方面，中国规划有三个通道：西北方向，中亚天然气管道，除上述A线和B线外，2014年5月底管道C线建成，2014年9月开工建设D线，西北方向还规划建设中俄西线天然气管道；西南方向，2013年10月，中缅天然气管道建成投产；东北方向，2014年9月，中俄东线天然气管道建设启动。

　　由于中缅天然气管道、中亚天然气管道C线及沿海多座LNG接收站的建成，2014年中国天然气进口量再创新高，达到584亿立方米，同比增长12.7%，对外依存度达到31.9%。其中，管道气进口量约为313亿立方米，占进口量的53.6%，LNG进口量为1950万吨（约合271亿立方米）。用气区域进一步扩大，用气人口超过2.7亿人，城镇气化率达到37%，城市燃气仍是拉动天然气增长的主要动力。随着未来几年中亚天然气管道D线，中俄天然气管道东线、西线和更多的沿海 LNG 项目建成投产，中国将越来越多地利用国外天然气资源，2020 年对外依存度将超过 40%。如果 2030 年天然气在中国一次能源中的比例增加到 12%，消费规模可达 5300 亿立方米，届时中国将需要进口更多的天然气，对外依存度将继续上升。

4. 二次能源——电力进口量在增加

随着经济的持续快速增长，中国对电力的需求将进一步加大。自 20 世纪 50 年代起，中国开始进行跨境电力贸易，主要是向朝鲜、越南、泰国、缅甸、老挝等东南亚邻国输出电力。90 年代，中国开始从俄罗斯进口电力，2004 年前，黑龙江省电力公司从俄罗斯进口 1 亿~1.5 亿千瓦时电力输送到黑河地区，2004 年进口电力达到 2.94 亿千瓦时。2005 年后，国家电网公司取代黑龙江电力公司，代表中国与俄罗斯开展合作。2006 年 3 月 21 日，国家电网公司与俄罗斯统一电力公司签署《中国国家电网公司与俄罗斯统一电力系统股份公司关于全面开展从俄罗斯向中国供电项目的可行性研究的协议》，确定中俄电力合作的总体目标，明确俄罗斯向中国供电项目共分三个阶段：第一阶段，增大边境输电规模，通过建设边境直流背靠背工程，从俄罗斯远东电网向黑龙江省送电，年供电量 36 亿~43 亿千瓦时；第二阶段，2010 年开始通 ±500 千伏直流输电工程，从俄罗斯远东电网向辽宁省送电，年供电量 165 亿~180 亿千瓦时；第三阶段，2015 年以后开始通过 ±800 千伏直流输电线路，从俄罗斯远东电网或东西伯利亚电网向东北或华北送电，年供电量 380 亿千瓦时。

2012 年 1 月，中俄黑河直流联网输电项目建成，该工程是中国首个国际直流输电项目，也是目前中国境外购电电压等级最高、输电容量最大的输变电工程。目前，俄罗斯通过三条交流线路和一条直流线路向中国输电，截至 2014 年底，中国从俄罗斯进口的电力接近 140 亿千瓦时，其中 2014 年进口约 36 亿千瓦时。[①] 从实际执行情况看，由于俄罗斯供电电网处于长期分割状态，输电网并不发达，而中国东北电网建设也较为落后，中国国家电网公司正对东北输电线路进行改造，因此中俄间大规模的供电计划尚未能够按照计划实施。

---

① http：//www.chinanews.com/ny/2014/10－23/6709116.shtml.

（二）国际能源供给存在风险与不确定性

在上文分析的煤炭、石油、天然气和电力能源进口中，中国石油和天然气的对外依存度不断升高，2020年石油对外依存度将超过65%、天然气对外依存度将超过40%，可以看出，石油和天然气供应安全是保障中国能源安全的重要内容，尤其是石油成为中国能源需求增长最快而供给能力日益严重不足的品种，因此可以说石油供应安全是中国能源安全中的主要方面。

据专家初步判断，由于世界石油剩余可采储量和产量均呈上升之势，今后20~30年内世界石油供需总体平衡、供略大于求的局面有可能加强。从国际石油供应格局看，随着石油勘探、开采科技的不断发展，20世纪90年代开始逐渐形成以中东产区略微示弱、前苏联地区和非洲产区地位上升为标志的多元供应格局。这种多元供应格局为中国引进石油资源提供更多的可能性，为弥补中国国内石油市场日益加剧的供需缺口提供了必要条件。但是石油作为一种不可再生能源，不仅是经济资源，还是不可或缺的军事资源和战略资源，这一特性使之成为石油消费国争夺的对象，甚至可能引发政治、军事、外交上的矛盾和冲突。总之，国际石油贸易并非总会一帆风顺。

石油和天然气进口安全包括三方面内容：一是油气出口国出口量稳定可持续；二是运输路线畅通；三是价格合理，消费国有能力承受。油气进口安全的主要影响因素有多个方面：一是政治因素，即出口国与进口国的政治关系稳定程度，以及资源生产国国内的政治稳定程度。二是运输因素，包括运输安全与运输距离、运输线的安全状况、运输方式以及运输国对资源运输线的保卫能力的强弱。一般而言，运输距离越短，运输安全性越高；反之运输距离越长，运输安全性越低。目前，中国油气进口面临以下风险和不确定性。

一是石油进口来源地过于集中引发的风险。2014年，向中国出口原油排名前10位的国家依次为：沙特阿拉伯（16.11%）、安哥拉（13.18）、俄罗斯（10.74%）、阿曼（9.65%）、伊拉克（9.27%）、伊朗（8.91%）、委内瑞拉（4.47%）、阿拉伯联合酋长国（3.78%）、科威特（3.44%）、哥伦比亚（3.27%）。2014年中国进口天然气584亿立方米，按照向中国输入天然气数量所占的比例，前7位的国家依次为土库曼斯坦（占43.72%）、卡塔尔（占15.71%）、澳大利亚（占5.96%）、马来西亚（占6.98%）、印度尼西亚（占 5.96%）、乌兹别克斯坦（占 4.17%）。①

从上述中国石油和天然气的进口国来看，石油进口安全问题更为突出。长期以来，中东地区一直是中国进口石油的主要来源地，进口量占比基本维持在中国总进口量的 50% 左右，最高年份高达 60%。近几年，虽然中国从其他国家和地区进口的石油量有所增加，但石油进口量前 10 名的国家中仍有 6 个位于中东。中东是世界油气资源最丰富的地区和世界最大的石油供应地，也是地缘政治局势最为动荡、最为复杂的地区。中国石油进口来源地高度集中，不利于风险分散，一旦中东地区发生地缘政治不稳定事件，中国的石油进口量将受到直接影响。天然气进口方面，未来中国将通过管道从俄罗斯、中亚国家进口天然气超过 1300 亿立方米，这些主要的天然气来源国总体政治稳定、资源丰富，且天然气购销多为长期贸易合同，向中国出口天然气可保持稳定。

二是在石油进口运输路线、运输要道上存在较大风险。由于中国进口石油主要依赖海上油轮运输，约 80% 的海运石油要经过马六甲海峡，该海峡是中国石油运输路线中的重点区域。马六甲海峡及附近海盗猖獗，交通秩序较混乱，中国对其影响力较弱，油轮通航途经此地存在较大风险。另外，霍尔木兹海峡也是中国重要石油航线的必经之地（该条航线为波斯湾—霍尔木兹海峡—马六甲海峡—台湾海峡—中国内地），经该海峡运输的石油约占中国进口石油总量的 40%，中国对该石油通道的依存度较高。运输路线的过度集中威胁中国石油进口安全。鉴于此，应加大管道运输通道的建设，扩大现有的中俄原油管道、中哈原油管道、中缅原油管道的输送规模，或开辟新的管道路径，保障能源进口渠道的安全性。

三是跨国油气管道存在安全风险。从 2006 年 5 月建成第一条跨国石油管道——中哈原油管道至今，中国已相继建成中俄原油管道一期、中亚天然气管道 A/B/C 线、中缅天然气管道，已启动或即将建成的管道包括中缅原油管道、中俄东线天然气管道、中俄原油管道二期、中亚天然气管道 D 线，未来还将建设中俄西线天然气管道。油气管道的建设可为中国提供长期、稳定的陆路能源供应。但跨国油气管道，尤其是途经多国的管道存在诸多安全风险，包括以下几个方面：一是恐怖袭击威胁，中亚地区因毗邻阿富汗，近

---

① http://www.china5e.com/news/news - 896193 - 1.html.

年来"伊斯兰圣战组织"、"东伊运"、"乌伊运"和"基地组织"均伺机活动，这些恐怖势力对中亚油气管道运营和人员安全构成潜在威胁；二是中亚国家的地缘政治动荡，哈萨克斯坦、乌兹别克斯坦、塔吉克斯坦、吉尔吉斯斯坦等国社会发展均存在不稳定的因素；三是社会治安犯罪，打孔盗油、破坏管道资产的事件时有发生；另外，还有自然灾害影响、泄漏、着火、爆炸等事件威胁管道运营的安全。

（三）国内能源输送网络脆弱，基础设施建设有待完善

1. 煤炭运输能力限制

中国煤炭资源分布不均衡，生产和消费地区分布亦不平衡。华北地区是煤炭主要产区，初步形成神东、陕北、晋北、晋中、晋东、蒙东（东北）、鲁西、两淮、冀中、河南、云贵、黄陇、宁东、新疆等 14 个大型煤炭基地，而用煤"大户"则集中在华东、华南地区，主要是上海、江苏、浙江、福建、广东等省市，这种煤炭产消分布格局形成了"西煤东运""北煤南运"的煤炭主流向。

"西煤东运"主要由铁路运输，集中在北、中、南三大运输通道上。北通道有大秦、丰沙大、京原三条铁路，中通道有石太铁路，南通道有太焦、邯长、侯月和南同蒲铁路。"北煤南运"运量大、运距长，主要采用铁路、海运和内河水路运输。京沪、京九、京广、焦枝等铁路是"北煤南运"的主要铁路线路。

虽然近年中国交通运输建设速度加快，但煤炭运输仍是制约产业发展的"瓶颈"之一，铁路煤炭运输出现局部地区和部分时段的运力紧张局面，存在技术站能力限制、干支线能力不匹配、卸车点接卸能力不足、分界口交口不畅等情况。从煤炭铁路外运基地的现实情况看，需加强煤运通道建设、增加运送能力。例如，黄陇基地位于煤运南通路，该区域未建煤运专线，且目前所使用的通道承担着大量的客运和货运的运输任务，西康、宁西线等复线改造以及黄韩侯、西平等集运线路建设对于提高陕西地区煤运能力的效果并不明显。蒙东地区煤运线路中，白音华地区煤炭储量丰富，但目前外运通道只有霍白线和赤大白—赤锦下海通道，均为单线半自动闭塞区段，每个方向年运输能力约为 1500 万吨，远远不能满足白音华矿区的外运需求。新疆疆煤除在本地消化少部分以外，相当大比例向疆外输出，目前疆煤外运的通道

仅有兰新线。根据铁路路网规划，未来疆煤外运线路包括兰新铁路、临哈铁路和鄯善—敦煌—格尔木铁路。但截至目前，额哈铁路和敦煌—格尔木铁路均在建，形成新增能力的只有兰新二线和兰渝线。粗略测算，每年将新增外运能力1000万吨，疆煤外运的能力增长效果不显著。

"十二五"以来，中国煤炭运输线路建设持续推进，内蒙古、山西、陕西、新疆四省（自治区）为铁路煤运线路建设的重点。"十二五"末期至"十三五"期间，铁路运力将得到明显增强，长期制约中国煤炭运输的"瓶颈"问题有望得到解决。2014年的《煤炭物流发展规划》和《能源发展战略行动计划》提出今后一段时间的工作目标是，"加强煤炭铁路运输通道建设，重点建设内蒙古西部至华中地区的铁路煤运通道，完善西煤东运通道。到2020年，全国煤炭铁路运输能力达到30亿吨"。煤炭运输能力的建设是今后煤炭、铁路行业高度关注的问题。

2. 油气管道安全运营存在较大隐患

管道运输具有受气候及外界影响小、运输成本低、运输损耗少、安全性高等优势，尤其适合长距离运输易燃、易爆的石油、天然气，因此，逐渐成为石油、天然气运输中普遍采用的运输方式。

原油管道。1958年，中国第一条长距离输油管道新疆克拉玛依到独山子炼油厂输油管道建成。随着东北、华北、华东和西北地区油田的相继开发和大中型炼油厂建成投产，中国输油管道事业迅速发展。目前，中国输油管道主要由中国石油天然气股份有限公司和中国石油化工集团公司两家公司运行和管理。输油管道在西部地区主要包括西部原油管道、阿拉山口—独山子原油管道、轮南—库尔勒原油管道、库尔勒—鄯善原油管道、马岭—惠安堡—中宁原油管道等，东部地区主要包括漠河—大庆原油管道、东北原油管网、华北原油管网等，华东地区主要包括临邑—仪征原油管道、宁波—上海—南京原油管道和仪征—长岭原油管道等。

成品油管道。中国成品油管道建设起步较晚，1976年建成中国第一条小口径的格尔木—拉萨长输成品油管道。此后十多年，成品油管道建设基本上处于停滞状态。从20世纪90年代初开始，中国成品油管道建设有了较大突破。目前中国主要的成品油管道包括西部成品油管道、兰—成—渝成品油管道、兰—郑—长成品油管道、西南成品油管道、珠三角成品油管道、鲁皖成品油管道、立沙成品油管道、黄骅港—中捷石化成品油管道等。随着规划的广西石化、昆明炼厂、四川石化、台州炼厂、威海炼厂、广东石化、九江石化、长岭石化等炼油厂的建成投产，作为配套工程的炼厂外输成品油管道也会随之建成，覆盖周边下游市场，逐渐形成成品油管道新的网络体系。

天然气管道。我国第一条输气管道巴渝线建于 20 世纪 60 年代，截至目前，天然气管道建设有了很大发展，初步形成了以西气东输系统、川气东送、陕京线系统、涩宁兰系统、西南管道系统为骨架以及以兰银线、淮武线、冀宁线为联络线的横跨东西、纵贯南北、连通海外的全国性天然气网络。

截至 2014 年底，中国已建成原油管道 2.03 万公里，成品油管道 2.01 万公里，石油管道总里程达到 4.04 万公里；主要天然气管道干线、支干线长度已超过 6.9 万公里，油气骨干管网基本形成，油气管道里程超过 10 万公里。

目前，中国油气管道建设和运营主要存在以下问题。

一是现有管道不能满足炼化企业的发展要求。随着中石油、中石化、中海油三大石油公司炼化项目布局优化和集中建设，现有原油管网的输送能力不能满足炼油厂发展的要求。需要结合炼化企业的发展，大力发展原油管道的建设，满足炼化项目的需求。

二是现有运行的旧管道存在较严重的安全隐患问题。现有原油管道多数为 20 世纪 70～90 年代建成，运行时间基本上超过 20 年。其中，东北原油管网（主要包括林源—铁岭线、林源—铁岭复线、铁岭—大连线和铁岭—秦皇岛线等原油管道）已连续运行 40 年，进入易发生事故的风险期，不但配套设施的自动化水平较低，并且管道本身腐蚀严重，安全生产形势比较严峻。中国需要对运行时间较长的管道进行安全改造或新建，以保证管道运行安全。

三是天然气干线管道联网后调运难度加大。西气东输系统和陕京系统等各条天然气管道干线建成后，中国华北地区、四川地区、东北地区、长三角地区等区域性管网逐渐形成，系统内各条干线之间、各区域管网之间、管道和储气设备之间均可实现相互调气，增加了管网运行的灵活性和应急保障能力。但干线管网联网后调运管理难度逐步加大，需在今后天然气管道干线规划、设计和建设过程中，充分考虑各单条管道与其他管道联合运行的功能，以提高全国范围内天然气管网运行管理水平。

四是地下储气库等调峰设施严重不足。根据国际能源署统计，截至2014 年，美国地下储气库有效容积为 1218 亿立方米，相当于美国当年消费量 7594 亿立方米的 16%；俄罗斯地下气库整体有效容积为 950 亿立方米，为国内总产量 6400 亿立方米的 14%。中国储气库建设起步较晚，截至 2014 年底，中国储气库总数达到 23 座，设计工作气量约 166 亿立方米，但由于投产初期需要注入垫底气，部分储气库尚未形成工作气量或工作气量较低，目前中国储气库的有效工作气量约为 42 亿立方米，仅为天然气消费量的 2.3%，与美国、俄罗斯、法国等国家天然气储备能力有较大差距。为解决不断增加的调峰需求，中国规划新增超过百亿立方米的储气库有效工作气量，而储气库建设受库址、地质条件等诸多因素的制约，能否按期建成存在一定的不确定性。国家应加大财政和税收政策支持力度，理顺储气调峰气价，提振各类资本参与储气调峰设施建设的动力，加快储气调峰设施建设步伐。

3. 电网运行的安全性和可靠性亟待加强

近年来，随着中国经济的发展及人民生活水平的提高，对电能的需求量和质量要求不断提高，电网规模也不断扩大，但是电网建设及运行过程中存在许多问题，严重影响电网运行的安全性与可靠性。主要存在以下几个问题。

一是配电网发展水平仍然较低。配电环节是中国发展智能电网比较薄弱的环节，过去中国主要着力于发展输电网，而配电网发展的水平还不能达到智能网建设要求，主要表现在配电网的骨架不太稳定、网架结构薄弱、自动化技术不够成熟、自动化基础不扎实等。

二是设备老化问题严重。电网系统在长期运行的过程中，部分供电导线和设备老化现象特别严重，给电网规划建设和改造运行埋下了严重的安全隐患。并且随着用电量的不断增加，电网传统的供电导线截面积已经不能满足供电容量需求。因此，中国应广泛推广和应用新技术和新设备，逐步实现电网系统中配电装置、输变电运行的在线控制以及状态检修，创建油温检测体系、红外测温体系、在线检测体系等先进的测控体系；在架空线、走廊狭窄等难以通过的区域，可以使用供电可靠性较高的高压电缆与绝缘导线。

三是智能网处于发展阶段，有待进一步完善。在中国电能需求逐渐增加的背景下，在电网建设中，能源的高效利用与大容量、长距离的传输是发展的主要方向，所以需要向智能电网方面发展，提高供电的质量和效率。但智能电网建设工程是一项系统而复杂的工程，需要投入大量的资金和技术力量来保证电能的稳定供应。中国智能电网起步较晚，在发电、输电和变电等主要环节中存在一些不足。例如，在变电环节，在智能电网建设中，由于配电网的架构强度不够稳定，在技术上缺乏数字化的支持，而在用电终端没有与电网实现良好的对接，在兼容性和可拓展性方面表现出不足。此外，由于对电能需求的增加，电网的用电负荷逐渐提升，在中国的很多地区出现大面积的短路电流，对于智能电网运行的稳定性和安全性造成极大的影响，需要进行全面的提升改造。

二　经济：效率、效益[*]

能源与经济的相生关系不证自明，能源生产、消费及其价格都深刻地影响经济发展趋势，同时经济的波动又进一步影响能源的生产、消费及其价格。这种双向互动关系的传导路径颇为复杂，如能源供需平衡渠道、货币通胀紧缩渠道、汇率波动渠道、原材料供需平衡渠道等。近年来，中国经济一路高歌猛进，增长速度维持在 7.4% 以上（见图 3 - 3），能源消费总量也不断增加（见图 3 - 4）。根据国家统计局发布的《2014 年国民经济和社会发展统计公报》，我国 2014 年能源消费总量为 42.6 亿吨标准煤，比上年增长 2.2%。其中，煤炭消费量占能源消费总量的 66.0%，[①] 较 2013 年下降了 1.5%，[②] 水电、风电、核电、天然气等清洁能源消费量占能源消费总量的 16.9%。尽管我国能源消费结构进一步优化，但"高碳"的能源结构在未来一段时间仍不会发生根本转变。同时，中国能源领域所面临的诸多困境，如能源消费需求不断攀升、能源经济效率低下、能源供应安全风险大、能源科技和装备水平低、能源储运系统不完善、国际能源合作困难重重等，将通过种种路径对中国经济健康持续发展形成巨大压力，具体表现为中国能源布局束缚经济布局、能源价格绑架经济、经济下行压力增大，等等。

（一）能源经济效率偏低

能源将经历木材时代、煤炭时代、石油时代、后石油时代、无碳时代的

　＊　本节作者周兴君，中国社会科学院研究生院能源安全研究中心特聘研究员。

　①　《2014 年国民经济和社会发展统计公报》，http：//www. stats. gov. cn/tjsj/zxfb/201502/ t20150226_ 685799. html。

　②　BP：《世界能源统计年鉴 2015》。

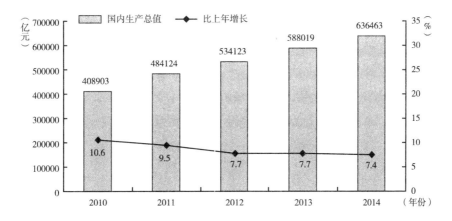

图 3 - 3 2010～2014 年国内生产总值及其增长速度

资料来源：国家统计局：《2014 年国民经济和社会发展统计公报》。

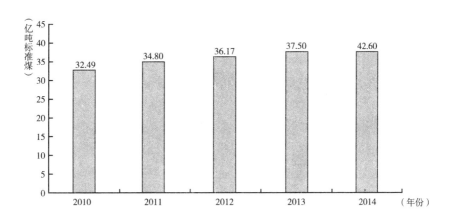

图 3 - 4 中国能源消费总量统计

资料来源：国家统计局历年《国民经济和社会发展统计公报》。

发展历程，这个历程中每向前迈进一步，能源的生产与消费在方式和体量上都发生着巨大变化。但无论什么时代，能源的获取与利用都是有成本的，绕开能源经济效率去探讨能源是不可取的。事实上，能源经济效率的提高是中国乃至全世界当前共同面临的重大课题。能源经济效率就是消费单位能源在经济层面得到的产出或效益。显然，效率越高就意味着产出越高，或者说获得相同的产出消耗的能源就越少。能源经济效率不仅是能源领域的一个指标，也是经济领域的一个重要指标，它可以反映一国能源生产消费水平，也

可以反映一国经济质量与发展水平，还可以反映一国经济未来可持续发展的
潜力。

中国能源经济效率具体数据到底是多少？不同的统计口径及不同的评
价方法得出的结论差异较大，但在同一统计口径下使用同一个评价方法，
通过横向的比较，可以观察中国能源经济效率究竟处在什么水平上（见图
3－5）。图3－5显示，2011年中国1000美元GDP的能源消耗是358千克
油当量，是美国的2倍多，日本的4倍多，在统计范围内的十个国家中毫
无疑问地摘得"桂冠"，这一点魏楚、沈满洪在其《规模效率与配置效率：
一个对中国能源低效的解释》一文中已明确指出，在比较范围内的35个
国家或地区中，中国全要素能源经济效率排名第31位，属于非常落后的
水平。①

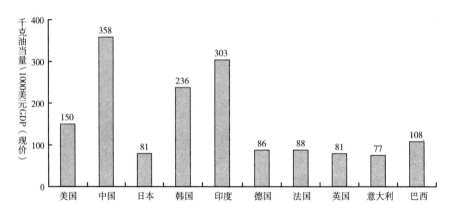

图3－5　2011年各国能源效率

资料来源：史丹等：《中国能源安全的新问题与新挑战》，社会科学文献出版社，2013，
第33页。

关于中国能源经济效率低下的原因，有学者认为主要是规模效率和配置
效率较低，② 也有学者认为是科学技术不发达及劳动力素质低下。③ 笔者以

① 魏楚、沈满洪：《规模效率与配置效率：一个对中国能源低效的解释》，《世界经济》2009
年第4期。
② 魏楚、沈满洪：《规模效率与配置效率：一个对中国能源低效的解释》，《世界经济》2009
年第4期。
③ 于凤玲：《中国能源与经济发展关系实证研究》，博士论文，中南大学，2014，第77页。

为，中国能源经济效率低下的原因既包括中国幅员辽阔的领土内各地区自然资源禀赋的巨大差异，也包括中国不合理的能源布局及经济布局。同时，中国能源开发与利用的技术水平较低也是重要因素。其中的逻辑是清晰的：首先，各地区的能源资源分布极不平衡，如山西、鄂尔多斯盆地、蒙东、西南、新疆五大能源基地的煤炭、油气、水力资源蕴藏量就占全国的70%以上，[1] 能源生产地与消费地严重错位，长时间远距离的运输及存储在所难免，其中的成本需求及损耗是巨大的，加之生产运输周期和消费周期的不匹配也导致能源经济效率的下降。其次，能源布局受制于自然资源分布，同时也受制于不合理的规划安排。新中国成立后数十年内国家实施平衡发展战略，这种发展战略下的能源布局及其发展规模没有跟上实际市场的需求，加之能源需求量增长幅度及绝对量都超过能源生产增幅及绝对量，能源进口及对外依存度较高的现实又增加了能源消费成本、降低了经济效益产出。如东部发达地区一次能源消耗占总消耗量的54%，用电量占总用电量的57%，但其煤炭资源只占总量的10.5%，水电资源只占总量的7.3%。在当前的经济布局下，出现"北煤南运、西油东调、北油南下、西气东输、西电东送"[2] 的格局。再次，改革开放后相当长一段时间内，中国急于在经济上有所作为，乐于充当世界工厂，开足马力为世界各地生产各类低附加值的消耗品，而在发展高端产业及低耗能的产业方面进展迟缓，加之中国对能源价格长期实施管制，市场机制未能在能源领域充分发挥资源配置作用，能源消费者提升能源经济效率的动力不足。最后，中国能源开发与利用的技术水平不高，大量节能设备、产品推广缓慢，而劳动力素质不高，机械化信息化程度低在各行各业普遍存在，经济原则在能源生产及消费过程中没能得到普遍遵守。这不仅导致相当多的能源浪费，增加能源消费量，也造成极大的环境污染，治理环境污染又耗费了相当多的资源，进一步降低单位能源消耗的效益产出。总之，中国能源经济效率偏低并非单一原因所致，而是系统的、多方面的原因所致。也正因如此，其产生的效应也是多方面的、深远的。值得庆幸的是，中国能源经济效率正有逐步上升的趋势（见图3-6）。

---

① 曹新、张宪昌：《保障能源安全需调整优化能源布局》，《中国党政干部论坛》2012年第7期。

② 李毅中：《适应世界能源新变化　改善我国能源布局》，《全球化》2013年第7期。

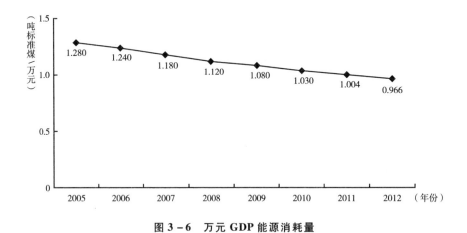

图 3 - 6　万元 GDP 能源消耗量

资料来源：笔者根据《中国统计年鉴（2014）》计算。

　　能源经济效率低下对中国经济发展的影响是显而易见的。首先，较低的能源经济效率推高中国企业的生产成本，从而推高了产品价格，减少产品总的消费量，进而降低产品和企业的市场竞争力，尤其是出口产品及外贸企业在国际市场上的竞争力。尽管过去 30 多年改革开放中国在经济上取得巨大的成绩，产品在国际市场上也拥有了一定的影响力，但是在经济"新常态"背景下，粗放式经济发展模式在中国已经行不通，如果继续任由能源经济效率处在较低水平，随着劳动力成本等市场要素价格的上涨、政府政策红利的消耗殆尽及周边国家经济的发展，中国产品及企业的国际市场竞争力将进一步下降，中国产品及企业的市场份额及经济影响力将不可避免地降低。

　　其次，较低的能源经济效率造成中国经济"虚胖"，导致中国经济外强中干，风险免疫力下降，不断受到国际能源价格的冲击。较低的能源经济效率会给政策制定者和决策者发出错误的需求信号，尤其是在能源储备日益成为国家重要战略的背景下，这种错误的信号会造成巨大浪费。且不管能源在全国各地"流窜"带来的巨额物流成本，各地光是为了储备能源所付出的人力、物力、财力就已属天文数字，而这些被纳入 GDP 统计范围的经济增长量又大放烟幕弹，进一步误导政策制定者和决策者。据统计，中国铁路运量的一半都用于运煤，而铁路运煤量占到煤炭产量的 60%，还有相当部分煤炭是依靠汽车运输，仅 2012 年，中国消耗的一次能源就创造了当年 GDP 总量的 11%。① 如果算上能源全国"流窜"的成本，数据将更令人咋舌。

再次，较低的能源经济效率使得中国能源消费总量居高不下，在掏光子孙后代资源袋的同时，也断绝了经济可持续发展的道路。从图 3 - 4 可以看出，中国的能源消费总量不断刷新纪录，而可再生能源在未来一段时间内还不太可能成为能源消费的主体，即便成为消费主体，其替代成本也很高，将在一定程度上推高社会整体运行成本。尽管中国近年来实施节能减排政策并推广一些节能技术、节能产品，能源经济效率有所提升，能源消费总量增长幅度有所减缓，但是如此大的消费体量是不可持续的，况且相当一部分能源还掌握在一些陷入地区动荡的国家的手里，一旦能源供应戛然而止，经济崩盘乃至国家内乱的发生就不再是远在天边的事情了。

最后，较低的能源经济效率阻碍中国技术升级、经济质量提升和经济增长模式转型，降低中国市场对国际资本的吸引力，甚至影响世界各国对中国实施"一带一路"等国家战略的信心。中国能源经济效率较低不是某一个企业所能改善的，更不是某一企业所能决定的，即便某一企业采用先进的节能技术，但要想大幅提升其能源经济效率也是不现实的，除非脱离中国的现实环境。资本的逐利性会驱使资本家及技术向能源经济效率更高的地方转移，不仅国外的资本不会进入，恐怕连国内的资本也会外流，日本、韩国、印度的能源经济效率都很高，都是潜在的投资目标。尤其是新兴国家印度，它一直视中国为竞争对手，甚至针对中国的"一带一路"国家战略制定了反制战略——"季节"计划（Mausam）。②

（二）经济布局与能源供应布局不平衡

能源供应布局需要考虑多方面的因素，如能源分布均匀度、区域分工、陆地与海洋开发布局、集中与分散、国防安全等，其布局的首要目标不是地区间的均衡，而是安全、效率、经济，即能源供应布局要保证供应的稳定、连续，同时确保能源供应在经济上可行、效率高。从能源分布来说，中国地

---

① 李毅中：《适应世界能源新变化　改善我国能源布局》，《全球化》2013 年第 7 期。

② 庞中英：《印度针对中国"21 世纪海上丝路"出反制计划》，《华夏时报》，http：//www.chinatimes. cc/hxsb/comment/sheping/150227/1502272216 - 140007. html，最后访问日期：2015 年 2 月 27 日。

区能源分布情况大致是北多南少、西富东贫,能源品种分布大致是北煤、南
水和西油气。这种能源分布情况是各地区自然资源禀赋的表象(见表3-
3),不随主观意志转变。但能源供应布局是一个主动的概念,既包含可以
根据能源开发基本原则及实际需求对散布在各地的能源进行开发,也包含主
动出击在某些地方进行能源的储备或者能源的转化,进而满足经济社会发展
对能源的实际需求,甚至还包括能源供应次序的排列。

表3-3 我国能源基本储量分布

地区	石油(万吨)	天然气(亿立方米)	煤炭(亿吨)
东部(含东北部)	149000.64	3264.64	241.84
中部	6595.27	121.12	1095.35
西部	131287.1	39730.75	1025.71
海域	49849.8	3312.33	

资料来源:笔者整理《中国统计年鉴(2014)》数据计算。

中国能源供应布局应坚持以下几个基本原则。

第一,开采由外向内、先海上后陆地。[①] 由外向内是因为边境地区及海
上区域的能源可能会因各种历史或地缘原因被他国先开采,尤其是石油、天
然气等流动性能源,稍有迟缓中国能源就有可能被他国开发,并引发不必要
的争端。此外,这种开采模式还具有深刻的政治寓意,表明对该区域的实际
控制。如果有足够的技术支撑,甚至可以在公海开发中国应得的那部分能
源。

第二,区域协作,顶层设计。中国能源分布的不均衡注定各地区发展的
不均衡,应从顶层设计,打破各地区只顾自身利益的藩篱,让能源能够自由
流动到最需要的地方去,实现资源配置最优。同时,各区域各司其职,共同
下好一盘棋,在能源消费结构、生产结构方面分工合作。

第三,合理的集中与分散。集中是为了提高效率,而分散则是为了分散
风险,不仅要从能源开发方面适当地集中与分散,也要从能源企业、能源种
类、能源储备等各方面进行适当的集中与分散。在能源消费方面的集中与分

---

① 牛冲槐、樊燕萍、张敏:《我国能源安全性分析(二)——能源布局安全性分析与对策》,
《太原理工大学学报》(社会科学版)2005年第4期。

散既包括能源布局的事儿了，还涉及经济布局。合理的集中与分散也是环境保护和科学发展观对能源布局提出的要求。

第四，能源开发与能源网络建设并重。能源供应是否安全、经济、高效，在很大程度上取决于能源供应点之间、供应点与消费点之间、供应点与储备点之间的网络是否畅通。只注重能源开发而不注重能源基础设施的建设不仅导致能源供应本身的经济效率低，还会导致能源布局的失效。

从以上这几个原则来看，中国能源供应布局还有很大的改善空间，尤其是在与中国经济布局相适应方面。

新中国成立后，中国依据国防安全的需要将全国划分为沿海、内地和一、二、三线地区，实施平衡增长战略；直至 1973 年，随着中美关系正常化，中国经济布局开始东移；随后在 1979 年改革开放的浪潮下实施了开放沿海城市、划特区、开发浦东等战略，国家经济实现高速增长；针对地区间经济增长差异急剧扩大的现状，中国又实施了西部大开发战略和振兴东北老工业基地战略，以期形成东中西互动、优势互补、相互促进、共同发展的新格局。① 尽管中国领导人通过上述战略积极践行"梯度推移理论"和"反梯度推进理论"，但仍然未能改变中国自然资源禀赋及其分布，尤其是能源的供应布局，中国是能源进口大国的事实已然决定了中国的经济布局。

根据我国第三次全国经济普查数据，截至 2013 年底，中国共有法人单位 1085.7 万个，其中 55.4% 的第二产业和第三产业分布在东部地区，19.7% 分布在中部地区，广袤的西部地区仅占 18.2%，另有 6.7% 分布在东北地区（见表 3 - 4）。按照行业分组则可以发现，制造业法人单位数占比约 21%（见图 3 - 7）。第二、三产业企业资产总计 466.8 万亿元，其中，第二产业占 26.1%。②

---

① 尹立成、沈正平：《改革开放以来我国经济布局的演变——从区域经济学理论角度》，《西安外事学院学报》2006 年第 1 期。

② 《第三次全国经济普查主要数据公报》，http://www.stats.gov.cn/tjsj/zxfb/201412/t20141216_653709.html。东部包括：北京、天津、河北、上海、江苏、浙江、福建、山东、广东和海南；中部包括：山西、安徽、江西、河南、湖北和湖南；西部包括：内蒙古、广西、重庆、四川、贵州、云南、西藏、陕西、甘肃、青海、宁夏和新疆；东北包括：辽宁、吉林和黑龙江。

表 3 – 4　东、中、西部和东北地区的法人单位和从业人员

	法人单位		从业人员	
	数量(万个)	比重(%)	数量(万人)	比重(%)
合　　计	1085.7	100.0	35602.3	100.0
东部地区	601.9	55.4	19224.5	54.0
中部地区	214.1	19.7	7428.8	20.9
西部地区	197.4	18.2	6567.2	18.4
东北地区	72.2	6.7	2381.8	6.7

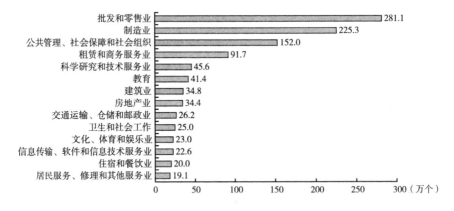

图 3 – 7　按行业分组的法人单位数

资料来源：国家统计局第三次全国经济普查主要数据公报。

通过图 3 – 7 及表 3 – 4，我们可以发现中国经济布局与能源供应布局之间是格格不入的。这种格格不入主要体现在以下几个方面：第一，制造业等能源消费大户过多地集中在东部地区，而东部地区恰好是能源贫瘠区，需求供给差额巨大。过度集中的东部经济对能源的需求过于庞大，不仅将东部能源资源消耗殆尽，还不断地向全国各地伸手索取能源资源。但是，非常明显的是，这种经济发展模式是不可持续的，不可能支撑起中华民族伟大复兴的中国梦，也不可能引领全国人民奔向共同富裕的最终目标。第二，西部能源富足地区经济布局过于分散，大量的贫困人口生活急待改善，资源优势未能得到充分发挥。坐拥富饶资源的西部地区并没有享受到"世界第二经济大国"的荣耀，能源仅仅是初级加工即运送到东部地区，并没有真正将能源资源转化为更多的财富。第三，东部地区交通网络发达，而联结东西部的网络薄弱，区域之间协调合作力度不足。东西部地区是既分工又合作、既合作

又竞争的关系，应通过顶层设计，打破地区利益藩篱，对经济进行合理布局。

笔者以为，经济布局与能源布局不存在先后次序问题，而是在双向互动过程中同步进行的，此处有了经济的集中，能源布局就要跟上，同时某处拥有能源优势，经济就可以众星拱月般围绕能源布局散开。在这个双向互动过程中，可能会呈现出种种不协调的现象，但都是暂时的。

（三）经济受能源价格影响大

在现代社会，经济与能源的相生关系越来越紧密，经济早已不能脱离能源的影响而独立运行。一是能源可以为经济发展提供源源不断的动力支持；二是能源还为经济产品提供原材料；三是能源本身也是经济的一部分。能源价格对经济的影响路径及传导机制在国内外已有相当多的论述，如布朗（Brown）和尤塞尔（Yucel）认为，原油价格冲击可以通过六个方面影响宏观经济运行：第一是供给冲击效应，即油价冲击提高边际生产成本，直接导致生产萎缩；第二是收入转移效应，即高油价使购买力从石油进口国向石油出口国转移；第三是通货膨胀效应，即油价上升导致工业原材料和制成品价格上涨，进而引发通胀；第四是实际余额效应，即油价上涨导致通胀，货币购买力下降，货币需求量上升，促使市场利率上升，进而导致经济产出下降；第五是产业结构效应，即石油价格上涨导致产业结构调整，而整体经济将为结构调整埋单；第六是心理预期效应，即油价的波动与不确定性导致消费者购买耐用品消费需求延迟，进而导致需求下降。

在中国能源价格波动对经济的冲击尤为剧烈，主要原因在于以下几个方面。

第一，从图3-8可以看出，中国法人单位主体中，制造业、建筑业等能源需求大户占有相当大的比例，第二产业占比较高。能源价格的波动对这些企业成本波动尤其大。以乙烯生产为例，每吨乙烯约需3.3吨石脑油、0.7吨燃料，若每桶原油价格上涨10美元，则每吨乙烯的成本增长近300美元，约2000元人民币。[①]

第二，中国缺乏能源定价主导权。一方面是由于中国没有建立起自身的

---

① 史丹等：《中国能源安全的新问题与新挑战》，社会科学文献出版社，2013，第81页。

能源定价中心和有影响力的能源金融市场，中东地区等石油出口国谈判力强，甚至形成奇特的"亚洲溢价"，即中东地区对亚洲地区出口石油的价格高出对欧美地区的价格。而中国是"亚洲溢价"的主要受害者，其溢价水平是日本的2倍左右，是美国的4倍左右。另一方面，中国能源进口渠道还不够多元化，尽管需求量足够大，却缺乏谈判力。在未来相当一段时间内，这种状况还会继续存在，因为中国能源定价中心的建设还将面临诸多困境，如定价货币和现货储备缺乏、掌握国际市场信息能力弱、交易产品创新能力差、国际开放程度及吸引力不足等。同时，从地缘关系来看，临近中国的日本和韩国都是能源进口国，在事实上属于竞争关系，中国能源贸易地位更处下风。

第三，中国能源进口依存度较高。中国能源进口量随着经济增长而逐年飙升，占中国能源消费总量的比例也逐年提高（见图3-8）。据统计，中国石油对外依存度自2009年超过50%后一路攀升，在2013年达到了58%，2014年这一数字进一步攀升。[①]

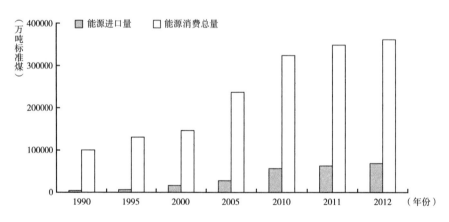

图3-8 能源进口量及能源消费总量统计

资料来源：笔者根据《中国统计年鉴（2014）》计算。

第四，中国能源储备不足，平抑能源价格波动能力弱。一方面，能源价格波动驱动因素比较多，其价格预测难度大，加上中国能源价格定价能力较弱，只能被动地接受能源价格的波动，而且中国的能源储备不足，余粮不多

---

① http://futures.hexun.com/2014-02-10/162013827.html.

自然心慌慌。据统计，中国目前的战略石油储备仅有 30～40 天供应量，不仅远低于国际能源署所要求的 90 天供应量，更是远低于美国、英国、日本和韩国，它们的石油战略储备分别达到了 173 天、268 天、168 天和 220天。① 另一方面，中国能源储备布局不合理，如煤炭储备基地主要依托原有煤炭产区和港口建设，紧急情况下调运速度慢、时间长，降低了储备能源平抑能源价格的能力，而较高的能源储备维护费用和能源调度成本则会传导至其他行业。

第五，能源进出口结算货币非本币。国际市场能源交易结算主导货币是美元，故而美元币值的变化将直接影响能源的价格，并影响中国对外货币支付量。而美元汇率是由美国经济发展策略、国际金融创新、国际地缘政治变化等一系列因素决定的，中国的干预力弱。同时，美元汇率变动又影响欧元等国际货币作用的发挥，进一步影响能源价格。在这种情况下，中国能源进口企业不仅要承担能源价格自身的波动风险，还不得不承担美元币值变化的风险，中国的经济也因此承受着能源价格波动和美元币值变化的双重冲击。

第六，能源交易市场风险对冲机制不完善。能源市场金融化是当前国际能源市场发展的趋势，通过交易能源金融衍生品，如远期与期货、期权、互换等，可以在一定程度上对冲能源价格波动的风险。但中国能源金融市场在金融产品创新、信用评级、风险监督等方面的能力还有待提高，还不能真实反映能源供需情况。同时，中国能源企业融资渠道较为单一，融资成本高，在资本市场对能源行业助推力低下，能源销售成为能源行业的主要收入，故而能源生产技术升级缓慢，能源行业产出受能源价格波动的影响较大。

三　社会：发展与负面影响**

能源生产对人口与社会有很大影响，包括水库拆迁、人口集中带来的文化冲击，偏远地区缺乏能源供应等。煤炭、石油、天然气、水电和核电等传

---

① 史丹等：《中国能源安全的新问题与新挑战》，社会科学文献出版社，2013，第38页。
** 本节作者姜鑫民，国家发展和改革委员会能源研究所能源经济与发展战略研究中心副主任，中国社会科学院研究生院经济学博士，中国社会科学院国际能源安全研究中心特聘研究员。

统能源，是中国一次能源供应的主体。近年来传统能源领域暴露的生态环保、效率较低等问题，已经威胁到中国经济社会的可持续发展。

（一）煤炭开发造成的社会影响

我国煤田主要分布在北方地区以及中西部地区，以干旱和半干旱气候为主，而且分布地势比较陡，多集中在山区，降水少且集中，容易暴发洪水、泥石流等自然灾害，植被一旦遭到破坏很难恢复。比较脆弱的生态环境是影响煤炭生产地区社会经济发展的制约因素，也是实现可持续发展的重要障碍。

近年来，中国煤炭产量和产能不断扩大，平均每年增量达 2 亿吨左右。2011 年，中国煤炭产量为 35.2 亿吨，2012 年尽管煤炭市场不景气，中国煤炭生产总量增速有所回落，但仍达 36.6 亿吨。BP 公司《世界能源统计年鉴 2013》数据显示，2012 年中国煤炭消费量为 1873.3 百万吨油当量，同比增长 6.1%，在全球煤炭消费总量中的比例首次超过 50%，达到 50.2%。

据预测，2015 年、2020 年中国煤炭需求量将分别达到 37 亿 ~39 亿吨、39 亿 ~44 亿吨。由于中国煤炭资源有限，未来煤炭产量已远远超出其在资源、技术、环境、安全等各方面所承载的极限。

长期以来，中国开发煤炭资源过程存在采富弃贫现象，特别是部分小煤矿乱采滥掘，严重破坏资源赋存状况，造成的资源浪费惊人。有数据显示，1980 ~2000 年，煤炭资源浪费高达 280 亿吨。同时，煤炭过度生产现象仍在持续，并未彻底淘汰落后产能。

中国采煤对地下水造成巨大破坏。相关数据表明，中国每年因采煤破坏的地下水资源超过 20 亿立方米，若《煤炭工业发展"十二五"规划》发展目标全部实现，到 2015 年，14 个煤炭基地采煤需水量将达 66.47 亿立方米。国际能源署发布的《世界能源展望 2012》指出：2035 年，中国由能源生产导致的水资源消耗将比 2010 年增长 83%，其中煤炭生产和消费是水资源消耗的主要因素。

据权威资料测算，在中国每开采万吨煤炭造成的土地塌陷面积达 0.267 公顷，截至 2011 年底，全国井工煤矿采煤沉陷损毁土地面积已达 100 万公顷。另外，煤炭资源开采引起地表沉陷、积水、村庄搬迁，加剧人地矛盾。仅五大平原煤炭基地中的两淮基地和鲁西基地的搬迁人数就超过三峡移民

130 多万的总数。在煤矿事故方面，尽管 2012 年中国煤矿百万吨死亡率下降至 0.374，但与先进采煤国家 0.03 甚至 0 的百万吨死亡率相比，差距依旧很大。中国不少煤矿，包括很多国有重点煤矿，安全投入不足，矿井抗灾能力弱，安全隐患严重。据了解，中国一半以上的矿井生产环境达不到国家规定的指标。

同时，煤炭开采、加工、转换和利用过程中，产生大量的废气、废渣、废水，严重污染环境，煤炭产能建设的急剧扩张，给资源、环境、安全、科技带来隐患。据煤炭领域的权威人士指出：中国煤炭开发能达到安全、绿色、高效三方面基本要求的全部产能，仅有 11 亿吨左右。

由于中国大部分煤炭资源集中在环境承受能力弱、水资源短缺的地区，并随着开采深度的增加，引发的问题日益严重。频繁发生的煤矿事故、地下水破坏、环境污染、植被破坏等现象，已经严重影响煤炭行业的可持续发展。

（二）发展煤化工的局限性

煤化工是煤炭清洁利用的重要方式。目前，国内燃煤污染主要有三大成因：煤炭消费量巨大、燃煤区域集中、利用方式低效粗放。大力发展煤制油、煤制气等煤炭清洁利用技术，可有效缓解后两个问题。目前，中国雾霾大多发生在经济发达、煤炭消费量大的东部地区，且主要通过"直燃"的方式消费煤炭，导致污染集中多发。如果在西部煤炭资源产区发展煤化工制油、制气，一方面可以减轻东部的环境压力；另一方面由于煤化工与"直燃"不同，可将污染限制在一定范围内。需要明确的是，煤炭清洁利用应定位为"阶段性""备用性"技术，绝不是大规模、长期战略方向。因为从能量梯级利用的角度考虑，煤制油气增加了能源转化环节，肯定会带来更多能量损失，而且煤化工也会对当地水资源和矿产资源产生较大影响。

煤制气和煤制烯烃应谨慎发展。未来中国非常规天然气有较大的开发前景，因此发展煤制气应当慎重。目前不同的煤制天然气项目成本存在较大差异，如内蒙古某煤制气项目，到北京门站价为 2.7～2.8 元/立方米，高于北京市终端燃气价格，也高于净回值法设定的燃气门站价格（参照上海门站）。部分煤制气项目虽然成本较低，但是尚未考虑环境成本，水资源价格、环境污染价格等外部性因素没有纳入考虑。当前，各地掀起煤制气投资热潮，已批煤制气项目产能约为 900 亿立方米，如果全部开工每年需要消费 3 亿吨煤炭，5 亿吨水；此外还有多地筹备上马煤制气项目，值得警惕。另外，煤制烯烃虽然较石油制烯烃成本更低，可以间接替代石油，但与中东等地的天然气制烯烃相比，仍然不具备成本竞争力。因此，中国应加大烯烃进口，谨慎发展煤制烯烃。

（三）非常规天然气开发技术和体制存在障碍

在水电资源不充足的东部地区，在核电大规模发展面临不确定性，风电、光伏、生物质等能源短期内难以大规模应用的情况下，天然气已成为近十年清洁能源发展的现实选择。中国具有丰富的非常规天然气资源，煤层气储量位居世界第三位，埋深 2000 米以浅的地质资源量约为 37 万亿立方米，超过常规天然气地质资源量（35 万亿立方米），其中集中型资源超过 7 万亿立方米，具有大规模产业化发展的资源基础。页岩气资源的情况虽然尚未完全掌握，对陆相页岩和海陆过渡煤系页岩资源存在较大争议，但总体储量丰富，可采资源量区间是 11 万亿～36 万亿立方米，具有较好的勘探开发前景。

目前中国非常规天然气开发的技术经济性较低。据测算：煤层气地面开发项目的内部收益率低于天然气行业的基准收益率 12%；页岩气未进入规模化生产阶段，在投资回收方面尚存在问题。而根据美国页岩气革命的经验，提升技术的经济性关键在于技术创新。

近十年是中国煤层气规模化开发的关键时期，目前仍存在技术和体制两方面的障碍。技术方面，中国煤层气开发技术体系已经基本形成，包括空气钻井、套管完井、射孔、水力写砂压裂、排采等技术，多分支水平井技术的试验也取得了初步成功，但仍存在单井产量低、钻井投产率低、地面集输困难等技术问题，迫切需要在多分支钻井技术、低成本快速钻井技术、压裂技术和设备、采气技术、储层保护技术、增产技术领域加大研发力度。此外，国内煤层气开发企业之间存在一定的技术封锁。国家实施的重大科技专项，资助部分企业开展的先导性示范工程已经取得比较显著的效果，但经验和成果并未进一步推广和共享，在一定程度上阻碍了产业发展。体制方面，由于煤层气紧邻煤炭资源，大多数煤矿开发企业不具备煤层气开发技术，且缺乏煤层气输送的相关基础设施；而具有开发技术的石油天然气企业无法开发煤层气，导致煤层气资源的浪费。应打破煤层气开发藩篱，推进跨行业企业合作，切实推进煤层气－煤炭资源的综合开发利用。

目前中国页岩气开发尚处于基础性技术积累和试验性开发阶段，预计2015年最大产量为30亿立方米。经过四川盆地页岩气开发实践，中国已经在水平井钻井、压裂设计方法等领域取得初步进展，但核心关键技术仍与国际先进水平有很大差距。钻井速度慢，典型页岩气井（深3000～3500米，水平段长1000～1500米）的钻井施工，美国耗时20天左右，四川盆地目前实际需要100～150天。水平井压裂液、压裂车全部依靠进口，一口井压裂需要压裂车20台左右，全部从美国哈里伯顿公司购入，供货周期长，费用高昂。用于压裂过程监测的微地震监测技术尚未掌握。

（四）水电开发造成的负面社会影响

我国的水资源承载力有限，虽然中国水资源丰富，但也经不起无节制的开发利用。另外，由于中国部分水利水电管道使用时间较长，一些管道已经老化生锈，甚至部分管道阀门出现质量问题导致大量的水资源和电力资源的浪费。由于生态环境影响、移民安置等问题，中国水电开发曾一度比较缓慢。总体上看，水电开发造成的短期负面社会影响主要包括：就业、受益、发展机会不均等，导致社区内穷人与富人之间、妇女与男性之间、不同民族之间、征地拆迁影响区与受益区之间等不平等程度扩大；社会地位、社会关系、占有资源、资金运用、技术素质和初始经济状况、创业能力不同导致社会群体之间的不平等程度进一步扩大；施工建设可能破坏灌溉排水、防洪、道路、饮水等原有的基础设施和学校、卫生院、商业等其他服务设施，从而影响社区居民的生产和生活；征地拆迁实物数量或者类别不准确、补偿标准不合理、覆盖科目不完全使移民经济上受损；安置地位置选择不合理导致移民生产、生活和心理上的损害；异地搬迁安置初期，由于语言、文化、风俗习惯、土地资源条件、生产生活习惯、宗教的差异，移民对新的社区的不适应产生社会心理问题、就业机会减少和生产生活水平降低；移民在房屋拆迁、新房建设和搬迁安置期间，家庭成员和主要劳动力就业机会减少和生产生活水平降低；等等。

另外，水电开发还会造成一些长期的负面社会影响，主要表现为以下几个方面。

第一，移民次生贫困化。水利水电工程项目往往需要建设水库和占用大量的土地，产生大量的因工程建设产生的非自愿移民，这些移民因土地淹没而失去劳动对象，失去房屋、林木和熟悉的家园，若处理不当，会产生严重的次生贫困问题，并可能使移民中的贫困人口的生产生活条件与经济状况进一步恶化。

对于就地安置的移民，多发生次生贫困。征地导致部分农户失去土地，在找不到其他稳定就业机会的情况下，生活会陷入贫困。他们从较富庶的河谷平坝地区后靠到山区，耕地资源减少且土地贫瘠，生产劳作困难，若不能提供足够的土地资源，难以解决其温饱问题。住房可能因为补偿不足而减少面积，或者虽然移民利用储蓄或者借贷建房改善居住条件，但是影响家庭生产经营的投入而降低了经济收入，导致家庭经济的恶性循环。饮水、交通、就医和入学都可能较以前困难。贫困户、妇女、少数民族、老龄化的家庭受影响会更大。一部分短期的负面影响如果得不到有效的解决，便会长期化。

异地外迁安置的移民，则非常容易产生相对贫困群体。外迁移民从故土家园迁至异地他乡，旧的环境的破坏使其产生较大的心理压力，新的生存环境又需要有一个较长的社会心理调整适应期和家园重建过程，虽然在国家政策的扶持下和移民自力更生的奋斗下，生活水平逐渐恢复并有所提高，但较当地居民仍可能有很大差距。

第二，水库周边地区贫困化。目前的水库淹没与移民安置补偿是以有形的财产（包括各类土地、房屋、树木、设施等）和搬迁重建中的有形的物质消耗（搬迁运输等）为基础计算的，没有考虑其机会成本（土地、林业、矿产、旅游资源、文化财产等可以在未来利用产生的边际收益），也没有计入各种无形的损失（如移民的劳动力资本损失、文化技能与经营资本损失、传统文化遗产损失、社会资本损失、社会网络损失、社会割裂与冲突的成本等），地方政府和所在社区为安置移民所付出的代价（包括各种人财物力的消耗、时间成本、丧失的发展机遇等）以及当地社区与群众因水库建设而长期多支付的生活生产成本（如因道路长度增加、绕道增加的运输成本，码头、渡船、桥梁、防护工程、饮水工程的长期运行费用）。同时，水库建成后，可能因为超蓄洪水或者水库运行引起库周土地、设施和财产的损失（这些损失在行政命令发挥作用时往往以救灾的形式给予适当但不是合理的补偿）。

不完全合理的水库淹没与移民安置补偿和没有计入工程成本的代价，使水库周边地区社会运行成本增加、财政负担加重、经济衰退或者增长速度降低、社会矛盾突出、居民收入下降或者增速减缓，水库周边地区贫困化，库区与非库区特别是与下游受益地区的差距不断扩大。

第三，城乡差距扩大。水库淹没的往往主要是农村的土地，兴利（水电、城市和工业供水）除害（防洪保护）的受益者大多是城市的居民。农民失去了土地和生产资料，利益受到损害，且可能因得不到充分合理的补偿，导致生产生活条件恶化；而城市得到了电力、清洁水和防洪安全的保障，获得更好的发展条件和机会，这些都可能进一步扩大城乡差距。

第四，地方财政负担加大。地方政府既要承担安置移民的任务，又可能要为此提供必要的有形的和无形的成本。在移民安置结束后，可能还要承担处理遗留问题的费用。同时，由于水库建设前后的地形、地貌、资源、环境等自然条件发生巨大变化，移民安置后的社会组织体系也会产生变化，当地政府不可避免地会在交通、水利、农业开发、城市公共设施、环境保护、水库管理等方面额外增加投资或者运行支出，同时可能因为土地、矿产、森林资源的减少或者库周资源利用的限制而减少税源和财政收入。水利项目将城市、工业或农用商业的利益放在优先位置会扩大城乡间、工农业间的差距，扩大这些地区、行业相关利益群体间的社会经济不平等，降低社会公平的标准。

第五，地区与群体之间的冲突增加。由于水利水电开发的政策、制度、机制安排及其实施可能导致各利益群体之间的利益不均衡、社会不公平，从而导致地区、群体之间的冲突增加，主要会产生以下几种冲突。

一是移民与非移民的社会冲突。大型水利水电项目移民的权益往往受到不恰当的侵害，远迁异地他乡，他们的生产生活水平和生活质量受到不利影响。他们被政府安置到新的地区后占用安置区非移民的土地，分享公共设施和就业机会。接受安置的当地居民调出土地等资源，虽得到一定补偿，但并非按市场价值得到足够的补偿，因而也受到不利影响。

二是移民与水利水电开发者的冲突。移民的权益受到侵害，与工程项目受益人群形成巨大反差，明显不够公平。移民与水利水电开发者往往会发生冲突，出现上访、诉讼等理性冲突行为和阻拦施工、影响运行等非理性冲突行为。

三是移民及安置区居民与地方政府的冲突。移民及安置区居民利益受损并超过其可以忍受的极限后，往往会采用个人或者集体上访、静坐、诉讼等形式与政府发生冲突。

四是河流上下游、左右岸的相关利益群体冲突。河流上下游、左右岸地区的各类社会群体因水资源使用权的优劣、水资源权利及开发效益分配权而产生利益冲突。如河流上游地区对水资源的使用因下游地区或流域外其他地区的用水需要而受到限制，但其并未从中得到任何补偿或经济回报。在水资源的开发过程中，上游相对落后地区因经济实力的限制，投资能力不够，而其拥有的资源使用权不能作为项目开发的投入，同时因为水库淹没产生的资源开发机会损失得不到相应的补偿，因而产生水资源开发中的上下游矛盾等。

这些矛盾的产生，对水利水电开发项目的建设与运营造成不利影响。因此，必须改变现有的单一征地补偿方法，借鉴国外水电税收共享、长效补偿、优惠电价等机制，创新我国的水电移民利益共享机制。考虑将部分水电开发利益返回资源区，变一次性补偿为长期货币补偿，实行水电开发流域上下游对口支援，加大对库区和移民安置区的扶持力度，完善移民社会保障等。

对于水能资源丰富的雅鲁藏布江、怒江、澜沧江、红河等跨境河流的开发，坚持"走出去"原则，加强与缅甸、柬埔寨等东南亚国家的沟通与合作。根据不同国家的具体情况，探索合理的投资、分摊、补偿和管理机制，在坚持互惠互利的原则下，充分发挥中国的经济实力、技术水平等多方面优势，积极推动与上述国家对境内水力资源的共同开发。

（五）核电社会接受度的演变及当前发展困境

长期以来，为了有效应对能源安全问题、缓解温室气体减排压力，调整和优化能源结构成为中国能源发展的战略取向。经过长期的讨论，大力发展核电等清洁能源成为现实的选择。"十一五"以来，中国确立积极发展核电的方针，中国核电发展走上快车道。正当中国上下对核电发展寄予更大希望，并准备加大核电发展力度之际，日本福岛核电站发生大规模放射性物质泄漏事故，对中国公众造成巨大的心理冲击，人们对核电安全的担忧甚至恐惧日甚，对核电的安全疑虑也不断加大。

中国核电发展初期，由于核电规模较小，公众普遍对核电缺乏了解。随着核电发展规模不断扩大、发展布局由东部沿海向内陆拓展，公众尤其是核电所在地及周边群众的核电接受度发生了不同的变化。日本福岛发生核事故以后，公众对核电的态度变化更明显。总体上，我国核电社会接受的演化可归纳为以下几个阶段。

第一阶段为20世纪80年代至1994年秦山核电站建成时期，该时期中国刚开始建设核电，公众对核电并不了解，周边部分群众疑虑较大，当时的国家领导人果断决策、正确因应，少数人对核电的疑虑，并没有扩散到社会整体，没有造成全国性的公众担忧。

1986年，中国决策建设大亚湾核电站时，切尔诺贝利发生重大核电事故，受其影响，香港发生百万人大游行，反对在大亚湾建设核电。广东省也有部分干部群众对核电怀疑、担忧甚至反对。面对这样的局面，中国领导人审时度势，基于对核电安全的客观认识，综合考虑国家对外开放大局、能源发展需求、高端装备制造能力的提升、核电技术的引进与应用，下定决心发展核电。通过多方努力，开展卓有成效的沟通协调工作，政府极大地缓解了公众的对立情绪，为大亚湾核电建设营造了良好的外部社会环境。

第二阶段为1994~2003年，秦山、大亚湾等核电站顺利投产、安全稳定运行，产生了良好的经济效益和社会效益。事实胜于雄辩，在成就面前，核电的社会接受度大幅提升。

在秦山、大亚湾核电站建成后，不但为当地提供了经济清洁的电力，同时也带动了周边地区的基础设施和产业升级，有力地支撑了当地经济的高速发展，大幅增加了地方财政收入，带动了城市建设和社会事业的进步，改善了地方人文环境，提升了城市的知名度。另外，核电对煤电的替代，大大减少了当地二氧化硫、氮氧化物排放量，有效地减轻了酸雨的负面影响。

1996~2000年，我国相继开工建设秦山核电二期工程、岭澳核电站、秦山三期核电工程及田湾核电站等4个核电站8台机组，没有出现大规模群体性反核事件，周边公众普遍认可和接受核电。岭澳核电站建设时期，香港居民心态平和，反对声音较小。受中国能源自给率较高、供应压力不大、生态环境约束不强、核电建设投资大而外汇储备有限等因素影响，1997～2003年中国没有核准核电项目，其原因并非核电安全问题。

总的来看，该时期中国核电社会接受度较高，核电安全的概念被公众普遍接受，秦山、大亚湾核电站一度成为代表中国现代化建设成就的范例，选入中小学教科书。

第三阶段为 2003 年～2011 年福岛核事故之前。2003 年以来，中国能源消费快速增加、对外依存度持续攀升、能源环境持续恶化、温室气体减排压力增大，加之核电运行的良好业绩，全国上下对发展核电的迫切性达成广泛共识，国家确定了积极发展核电的方针，核电呈现快速发展态势。

2007 年 10 月，中国政府公布《核电中长期发展规划（2005～2020）》，明确中国积极发展核电的方针，提出到 2020 年核电装机占全国电力总装机 4% 的宏伟目标。中央、地方、企业对建设核电的积极性普遍高涨，随着形势需要，中国政府进一步加大对发展核电的支持力度，研究拟将 2020 年核电发展目标调整为原规划的 2 倍。

据统计，该时期共有 11 个核电厂、30 台核电机组开工建设，总容量达到 3274 万千瓦。此外，湖南、湖北、江西、安徽等内陆省份也积极开展核电前期工作。

在此期间社会对核电的接受度明显提升，社会核电接受度也进一步大幅增强。在此期间的多次问卷调研结果表明，无论是田湾核电站还是江西彭泽、湖北咸宁、湖南桃花江三个内陆核电站，周边居民对核电的接受度均高达 80% 以上。

该时期局部地区仍有"反核"的声音，但这种声音更多是基于利益考虑，不是安全问题。如已列入"十二五"重点发展项目的乳山核电站，曾引起较大争议。乳山银滩房地产业主，担忧核电影响居住环境及房地产保值增值，极力抵制核电建设；同时，受房地产业带来的现实利益驱动，地方政府更倾向于房地产建设，最终导致核电项目停滞。

第四阶段为福岛核事故发生至今。日本发生福岛核事故后，由于部分媒体报道不当，部分专家对核电事故解读有失偏颇，加之公众对核电安全缺乏深入了解，公众对中国发展核电的安全担忧甚至恐惧日甚，公众的核电接受度大幅降低。

福岛核事故发生时，中国媒体 24 小时连续不断地滚动报道事故进展，把应急处置不当造成的灾难，归咎为核电技术安全本身。媒体邀请的"公知"评论员，缺乏核电专业知识，对核事故的解读存在诸多不当之处，核电领域的专家虽能客观分析事故原因，但由于具有行业背景，公众对其解读抱有怀疑态度。一时，核电安全在中国风声鹤唳，公众谈核色变。

在建、待建核电项目周边先后发生多起群体性反核事件。2011 年福建发生群体性反核游行；2011 年安徽望江在当地深孚众望的四位老人向国务院联名上书《吁请停建江西彭泽核电厂的陈情书》；2013 年广东江门数千民众上街游行，反对在当地建设核燃料厂，导致项目下马。同时，一些政府部门如水利、环保、国土等对内陆核电建设也有不同意见。

鉴于舆情民意，尽管国家决策层对核能的战略地位认识没有动摇，但是还是对核电发展的阶段目标、发展布局做出了相应调整。"十二五"期间原则上不安排内陆核电建设，降低核电发展预期目标。

近年来，尽管中国电力供应相对宽松，但由于出现大面积、长时间的雾霾天气，加快能源和电源结构调整，推动核电发展，又被提到议事日程上来。刚刚结束的新一届能源委员会明确提出，要推动一批沿海核电站建设，但对内陆核电建设依然没有放开。

一直以来核电安全都面临着较大质疑和争议。但从世界核电发展历程看，核电安全是可以有效防控的。切尔诺贝利事故的起因是人为操作不当，日本福岛核事故的发生和处置也存在较大的人为责任，这两起事故都是核电发展的深刻教训。中国核电站的安全技术起点较高，目前机组的技术水平较世界平均"门槛"高。另外，选址更加保守、安全，防洪和防水淹标准按千年一遇设计，地震记录则要追溯万年。随着第三代、第四代等核电技术的不断进步，未来核电发展的安全性将大幅增加。

总的来看，日本福岛事故发生前，中国核电的公众接受度较高，尽管也有少量反对之声，但不足以影响核电发展的大政方针。但日本福岛核事故发生后，中国停止了内陆核电项目的审批，加强了对核电安全的管控，反映了政府审慎的态度。同时，公众对核电安全的疑虑普遍存在，成为影响中国核电发展最大的不确定因素。

四 环境：大气、土地和水源 *

（一）能源大量开发利用等经济活动导致环境生态恶化

随着各国工业化进程的不断推进和演变，煤炭、石油、天然气等一次能源得到广泛开发利用，能源生产与能源消费量高速增长。从世界能源消费总量看，据 BP 公司的《世界能源统计年鉴 2014》的数据：2013 年，世界一次能源消费总量为 12730.4 百万吨油当量，较 2012 年增长 2.3%，非 OECD 国家增速超过 OECD 国家，前者为 1.2%，后者为 3.1%。从份额上看，非 OECD 国家占 56.5%，OECD 国家占 43.5%。其中，亚太地区的能源消费增长最为强劲，增长幅度达 3.4%，份额占全球的 40.5%；北美区域能源消费增速为 2.6%，份额占全球的 21.9%；欧盟与前苏联地区一次能源消费则呈现负增长。如表 3 - 5 所示。

表 3 - 5　2013 年世界一次能源消费地区分布

区域		世界	OECD	非 OECD	亚太地区	北美地区	欧盟	前苏联地区
能源消费（百万吨石油当量）	2001	9424.1	5412.3	4011.8	2669.1	2698.3	1766.1	937.4
	2002	9601.7	5454.8	4146.9	2775.3	2740.4	1752.5	938.5
	2003	9943.8	5520.9	4423.0	2994.0	2762.7	1789.6	960.3
	2004	10428.2	5633.6	4794.6	3289.3	2821.0	1819.2	971.5
	2005	10714.4	5679.0	5035.4	3487.7	2843.2	1818.7	970.7
	2006	11020.8	5687.8	5333.0	3707.5	2827.2	1826.3	1006.1
	2007	11319.5	5727.5	5592.0	3890.3	2871.3	1801.1	1017.1
	2008	11466.2	5671.5	5794.7	4002.4	2820.8	1794.0	1021.7
	2009	11325.9	5398.3	5927.5	4152.3	2690.4	1691.2	950.5
	2010	11955.6	5598.2	6357.3	4508.2	2778.4	1752.8	991.4
	2011	12231.5	5535.8	6695.7	4755.1	2779.7	1691.2	1030.5
	2012	12483.2	5484.4	6998.9	4993.5	2723.4	1685.5	1036.6

---

* 本节作者刘喜梅，经济学博士，华北电力大学经济管理学院副教授，中国社会科学院国际能源安全研究中心特聘研究员，硕士生导师。

续表

区域		世界	OECD	非 OECD	亚太地区	北美地区	欧盟	前苏联地区
能源消费（百万吨石油当量）	2013	12730.4	5533.1	7197.3	5151.5	2786.7	1675.9	1027.7
	增速（%）	2.3	1.2	3.1	3.4	2.6	-0.3	-0.6
	份额（%）	100.0	43.5	56.5	40.5	21.9	13.2	8.1

注：①一次能源包括商业性贸易中的用于发电的现代可再生能源燃料。

②增速是指 2013 年与 2012 年相比的一次能源消费增长速度，份额是指 2013 年各地区一次能源消费占全球能源消费总量的比例。

资料来源：BP：《世界能源统计年鉴 2014》。

2013 年，世界一次能源消费居前十位的国家能源消费状况（2001～2013）如表 3-6 所示。从一次能源消费总量、增速与份额看，中国均名列第一。2013 年，中国的一次能源消费总量为 2852.4 百万吨油当量，较 2001 年的 1013.3 百万吨油当量相比，大幅增长了 1.81 倍，远远超越其他国家；中国一次能源消费增速达到 4.7%，高于全球经济增长速度，但低于过去十年的 8.6% 的平均水平；所占份额占全球的 22.4%，自 2009 年超越美国后，一直高居榜首。与此相反，与 2001 年相比，2013 年，日本、德国与法国的一次能源消费总量均有所下降。美国、俄罗斯基本持平，加拿大略有增长，印度增长近 1 倍。

能源经济活动①，包括能源的开采、运输、加工、转换和利用等活动，对经济增长的推动作用明显，但也给人类社会的可持续发展造成困境。能源经济活动往往伴随着废气、废液、废渣的大量排放，而且排放速度与范围不断扩大，远远大于生态系统的承载能力。这不仅导致人口居住环境不断恶化，严重威胁人类与生物的健康，而且对经济发展也产生极大的负面影响。

---

① 笔者认为，从社会再生产角度看，能源经济活动是指能源产品的生产、分配、交换与消费等活动；从社会生产关系角度看，能源经济活动不仅包括能源产品生产、分配、交换与消费等活动，还包括活动运行方式和相关组织结构；从行为学角度看，能源经济活动是指人们在一定的社会规则约束下通过一定的手段和方式获取能源的行为统称；从经济分析方法看，凡是有投入产出或成本效益比较的能源活动就可以称为能源经济活动。

表3-6 2013年世界一次能源消费居前十位的国家2001~2013年能源消费状况

排名	国家	能源消费（百万吨石油当量）													增速（%）	份额（%）
		2001	2002	2003	2004	2005	2006	2007	2008	2009	2010	2011	2012	2013		
1	中 国	1013.3	1073.8	1245.3	1466.8	1601.1	1767.9	1880.1	1971.4	2104.3	2339.6	2544.8	2731.1	2852.4	4.7	22.4
2	美 国	2259.7	2294.2	2302.3	2349.1	2351.3	2333.1	2371.7	2320.1	2205.9	2284.9	2265.4	2208.0	2265.8	2.9	17.8
3	俄罗斯	629.5	628.2	642.2	649.2	648.0	675.7	680.1	683.5	647.8	674.1	695.9	699.3	699.0	0.2	5.5
4	印 度	297.4	310.8	320.8	345.1	366.8	390.0	420.1	446.5	483.8	510.2	534.6	573.3	595.0	4.1	4.7
5	日 本	516.0	513.1	514.4	526.8	531.4	530.1	526.7	520.7	477.5	506.8	481.2	478.0	474.0	-0.6	3.7
6	德 国	338.7	334.0	337.0	337.2	333.2	339.6	324.6	326.9	307.8	322.5	307.5	317.1	325.0	2.8	2.6
7	加拿大	296.5	305.1	312.1	315.5	324.1	321.4	327.5	326.1	311.5	315.6	328.1	326.9	332.9	2.1	2.6
8	巴 西	182.0	186.1	189.7	199.9	206.5	212.4	225.9	236.0	235.2	257.4	269.3	276.0	284.0	3.2	2.2
9	韩 国	193.9	203.0	209.8	213.8	220.8	222.9	231.9	236.4	237.4	254.6	267.8	270.9	271.3	0.4	2.1
10	法 国	258.7	256.6	260.6	264.7	262.9	261.7	258.0	258.8	244.9	253.3	245.0	245.3	248.4	1.5	2.0

注：①一次能源包括商业性贸易中的用于发电的现代可再生能源燃料。
②增速是指2013年与2012年相比的一次能源消费增长速度，份额是指2013年各国一次能源消费占全球能源消费总量的比例。

资料来源：BP：《世界能源统计年鉴2014》。

对环境造成的影响，包括环境污染与生态破坏问题日益严重[1]，尤其是生态破坏很难恢复。环境污染分类如表 3 - 7 所示。

表 3 - 7　环境污染分类

分类标准				
属性	显性污染	隐性污染		
环境要素	大气污染	土壤污染	水体污染	
人类活动	工业环境污染	城市环境污染	农业环境污染	
污染区域	陆地污染	海洋污染	空气污染	水污染
污染源性质	化学污染	生物污染	固体废物污染	液体废物污染	物理污染（噪声、放射性与电磁波污染等）

因为空气、水与土壤等环境要素是人类赖以生存的基础，生态环境因为能源经济快速增长而不断受到威胁。能源经济活动可以造成任何类别的环境污染。就环境要素与污染区域看，能源开采与生产导致大气、土壤与水体等污染，化石能源消费会排放有毒气体导致大气污染，石油运输过程中原油渗漏则导致海洋污染，电力高压传输导致电磁波污染。如 2001 ~ 2006 年，全球能源消费增长 3.4%，二氧化碳排放平均每年增加 3.407%，[2] 二氧化碳及其他有害气体排放会使患呼吸系统与视觉器官疾病的概率大幅提高；"温室效应"还会使地球变暖，海平面上升，全球性气候出现异常，自然灾害增多；"热岛效应"使城市居住环境恶化。煤炭燃烧导致的二氧化硫等排放导致酸雨现象严重，农业减产，农业收入下降与生态破坏。氯氟烃类化合物的排放使大气臭氧层遭到破坏。大气污染物使太阳辐射量减少，光化学污染加剧，雾霾天气频繁。粉尘排放与金属污染，使癌症发病率增加。能源开采时的各种污染物介入导致水质恶化，影响水资源的有效利用，严重威胁人类健康。而且，随着经济和贸易的全球化，发达国家将高耗能产业向发展中国家转移，以及某些危险能源品的越境转移等也造成环境污染范围的进一步扩大。

---

① 环境污染是指由于人类活动向大气、水体、土壤等自然和人工环境排放有害物质，导致某一特定地区的自然生态受到损害。生态破坏是指由于人类活动或自然因素造成的生态系统短期内不可恢复的破坏，如水土流失、土地荒漠化、土壤盐碱化、生物多样性减少等。

② 商务部网站，http://www.mofcom.gov.cn/article/i/jyjl/m/201311/20131100396534.shtml。

由于能源经济活动的广泛性、普遍性以及延续性，能源环境污染较其他活动而言，更具有公害性、长久性与广泛性，同时还具有时间分布性与空间分布性的特点①。如交通能源污染强度随不同的时间区间车流量的变化而变化；能源资源禀赋的区域差别、能源输送战略实施也使能源环境污染在不同地区有不同的表现；气象与地理条件的不同，使得能源环境污染的时间与空间分布具有差异性，即不同时间与空间污染物的浓度和强度分布不同。

（二）以燃煤为主的能源消费结构引发温室效应与雾霾现象，环境形势严峻

中国由于长期以煤为主的能源消费结构，导致环境污染问题非常严重。早在 2004 年，中国二氧化硫排放总量就已经达到 2254.9 万吨，居于世界第一位。其中工业二氧化硫排放量 1891.4 万吨；烟尘排放总量 1095 万吨，其中工业排放量为 886.5 万吨，工业废气排放总量达到 237696 亿立方米。

2013 年 1 月 14 日，亚洲开发银行和清华大学发布的《迈向环境可持续的未来中华人民共和国国家环境分析》报告提出，中国 500 个大型城市中，只有不到 1% 达到世界卫生组织的空气质量标准。据中国环境保护部统计，2013 年，全国有 74 个城市实施了新的空气质量标准②，从污染物浓度分析，这些城市 PM 2.5 的浓度年均值是每立方米 72 微克，超过二级标准 1.1 倍，平均达标天数仅 221 天，达标率为 60.5%，其中，仅有 3 个城市达到空气质量二级标准，京津冀地区的 13 个地级以上城市的空气质量平均达标天数比例仅为 37.5%。2014 年区域大气污染治理情况仍不容乐观，空气质量反复情况明显。2014 年 7 月，京津冀区域 13 个城市平均达标天数比例由 48.6% 下降到 42.6%，大气环境状况堪忧。目前，中国城市不仅大气环境

---

① 污染的时间分布性，是指污染物的排放量和污染因素的强度随时间而变化。污染的空间分布性，是指不同空间位置上污染物的浓度和强度分布不同。

② 2012 年 2 月 29 日，中国环境保护部与国家质量监督检验检疫总局联合发布国家环境质量标准《环境空气质量标准》（GB 3095—2012）。标准增加了细颗粒物（PM 2.5）和臭氧 8 小时浓度限值监测指标，规定了环境空气功能区分类、标准分级、污染物项目、平均时间及浓度限值、监测方法及实施等内容，2016 年 1 月 1 日起在全国实施。参见 http://kjs. mep. gov. cn/hjbhbz/bzwb/dqhjbh/dqhjzlbz/201203/t20120302_224165. htm。

恶化，温室效应明显，雾霾天气频发，而且部分区域的水体资源、土地资源与重金属污染问题严峻。2013 年，全国发生突发环境事件 712 次，其中重大环境事件 3 次，较大环境事件 12 次，一般环境事件 697 次。如不进行全面严格有效的治理，就会危及政府的公信力，将会引发更多的社会矛盾。

根据 2013 年中国环境统计年报，2013 年与 2012 年相比，化学需氧量排放量下降 2.93%[1]，氨氮排放量下降 3.12%[2]、二氧化硫排放量下降 3.48%[3]、氮氧化物排放量下降 4.72%[4]。全国废水排放总量 695.4 亿吨，其中，工业废水排放量为 209.8 亿吨、城镇生活污水排放量共 485.1 亿吨。全国二氧化硫排放量达到 2043.9 万吨，其中，工业二氧化硫排放量为 1835.2 万吨，城镇生活二氧化硫排放量为 208.5 万吨。全国氮氧化物排放量 2227.4 万吨，其中，工业氮氧化物排放量为 1545.6 万吨，城镇生活氮氧化物排放量为 40.7 万吨，机动车氮氧化物排放量为 640.6 万吨。全国烟（粉）尘排放量 1278.1 万吨，其中，工业烟（粉）尘排放量为 1094.6 万吨，城镇生活烟（粉）尘排放量为 123.9 万吨，机动车烟（粉）尘排放量为 59.4 万吨。全国一般工业固体废物产生量 32.8 亿吨，综合利用率为 62.2%。全国工业危险废物产生量 3156.9 万吨，综合利用处置率为 74.8%。[5] 2013 年度与 2014 年上半年全国主要污染物排放量与增长率如表 3-8 所示。

---

① 化学需氧量（COD）是指水体中能被氧化的物质进行化学氧化时消耗氧的量，以每升水消耗氧的毫克数表示。COD 指标可作为衡量水质受有机物污染程度的综合标准，COD 值愈大，表示水体受污染愈严重。COD 是水质监测的基本指标。

② 氨氮是指水中以游离氨（NH_3）和铵离子（NH_4^+）形式存在的氮。动物性有机物的含氮量一般较植物性有机物高。主要来源于人和动物的排泄物、雨水径流以及农用化肥的流失、自化工、冶金、石油化工、油漆颜料、煤气、炼焦、鞣革等工业废水中。

③ 二氧化硫是大气污染物的主要组成部分，降低二氧化硫排放量是改善环境质量的重要方面。城市环境空气中的二氧化硫主要来自火力发电厂、工业锅炉、金属冶炼厂、造纸厂、生活取暖、炊事、垃圾焚烧及柴油机动车的排放等。

④ 氮氧化物包括多种化合物，如一氧化二氮、一氧化氮、二氧化氮、三氧化二氮、四氧化二氮和五氧化二氮等。除二氧化氮以外，其他氮氧化物均极不稳定，遇光、湿或热变成二氧化氮及一氧化氮，一氧化氮又变为二氧化氮。因此，职业环境中接触的是几种气体混合物常称为硝烟（气），主要为一氧化氮和二氧化氮，并以二氧化氮为主。主要来源于汽油、柴油为燃料的汽车尾气。

⑤ 中国环境保护部网站，http://zls.mep.gov.cn/hjtj/nb/2013tjnb/201411/t20141124_ 291871.htm。

表 3 - 8 　2013 年度与 2014 年上半年全国主要污染物排放量单位

主要污染物	2013 年排放量（万吨）	同比增长率（%）	2014 年上半年排放量（万吨）	同比增长率（%）
化学需氧量	2352.7	-2.93	1172.2	-2.26
氨 氮	245.7	-3.14	122.5	-2.67
二氧化硫	2043.9	-3.48	1037.2	-1.87
氮氧化物	2227.3	-4.72	1099.5	-5.82

资料来源：中国环境保护部。

　　虽然主要污染物排放有所下降，但是环境形势依然严峻，环境风险不断凸显，污染治理任务仍然艰巨。其中，能源行业由于其技术经济特征以及在产业链中的基础作用，是控制环境污染物排放的重点行业。2013 年，八家中央能源企业，即中国石油天然气限份有限公司、中国石油化工集团公司、中国华能集团公司、中国大唐集团公司、中国华电集团公司、中国国电集团公司、中国电力投资集团公司、神华集团有限责任公司的主要污染物排放情况，如表 3 - 9 所示。

　　根据以上数据可以看出，2012 年与 2013 年，中国的污染物排放出现不断下降态势。其中，氮氧化物排放下降速度明显。八家中央能源企业在二氧化硫与氮氧化物的排放中占较大比例，分别为 21.6% 与 26.6%，是环境污染的排放大户。[①]

1. 煤炭开采、生产与消费导致的环境污染严重

　　中国是世界上唯一以煤炭为基本能源的大国。根据 BP 公司的《世界能源统计年鉴 2014》，2013 年，中国能源消费 37.6 亿吨标准煤，其中，煤炭消费为 25 亿吨标准煤，是世界上最大的煤炭消费国，占全球煤炭消费总量近 50%，在中国一次能源消费结构中的占比为 67.5%，而石油占比为17.8%，天然气占比仅为 5.1%，非化石能源占比为 9.6%，十年间的能源消费增速超过 50%。中国不仅是世界上最大的能源消费国，同时也是世界上最大的能源生产国，能源产量占全球总供应量的 18.9%，煤炭生产也位居全球第一，占全球煤炭总产量的 47.4%。

---

　　① 中国环境保护部网站，http：//zls. mep. gov. cn/hjtj/nb/2013tjnb/201411/t20141124_ 291871. htm。

表 3-9 2013年八家中央能源企业主要污染物排放量单位污染物排放情况

中央企业	化学需氧量			氨氮			二氧化硫			氮氧化物		
	排放量（万吨）		增减率（%）	排放量（万吨）		增减率（%）	排放量（万吨）		增减率（%）	排放量（万吨）		增减率（%）
	2012	2013		2012	2013		2012	2013		2012	2013	
中石油	3.41	3.29	-3.68	1.40	1.37	-2.00	23.20	21.46	-7.52	20.18	19.55	-3.15
中石化	4.02	3.89	-3.17	1.18	1.14	-3.79	37.29	33.77	-9.43	22.24	21.17	-4.82
华能	—	—	—	—	—	—	84.11	74.39	-11.55	139.92	115.23	-17.64
大唐	—	—	—	—	—	—	76.09	69.11	-9.17	127.73	106.50	-16.62
华电	—	—	—	—	—	—	80.13	71.08	-11.30	100.23	91.30	-8.91
国电	—	—	—	—	—	—	81.28	74.16	-8.76	130.35	111.24	-14.66
中电投	—	—	—	—	—	—	56.14	54.72	-2.54	74.27	68.96	-7.16
神华	—	—	—	—	—	—	44.95	41.83	-6.95	69.27	59.03	-14.79
合计	7.43	7.18	-3.36	2.58	2.51	-2.71	483.19	440.51	-8.83	684.18	592.98	-13.33
占全国排放比例（%）	0.3			1.02			21.6			26.6		

资料来源：中国环境保护部。

2013 年，中国能源消费增速放缓，能源产量增长速度放缓至 2.3%，远远低于过去十年 7.4% 的平均水平。经中国国家统计局初步核算，2014 年，中国能源消费总量为 42.6 亿吨标准煤，比上年增长 2.2%。煤炭消费量下降 2.9%，原油消费量增长 5.9%，天然气消费量增长 8.6%，电力消费量增长 3.8%。水电、风电、核电、天然气等清洁能源消费量占能源消费总量的 16.9%，煤炭消费量占能源消费总量的 66.0%，[①] 煤炭消费比例呈现继续下降趋势。

然而，中国目前的能源消费与生产结构依然以煤炭为主，尤其是过去对煤炭的无序开发与利用，不仅影响了能源效率，更带来了严重的环境污染问题，包括大气污染、水资源污染、土地资源和生态环境破坏等问题。

（1）大气污染

在煤炭的开采、加工、生产与消费过程中，能够产生的污染物有烟尘、粉尘污染物、二氧化碳、二氧化硫和瓦斯等，均对大气环境与生态环境造成严重破坏。就大气污染看，一是开采过程中产生的瓦斯和二氧化碳等温室气体，导致"温室效应"；二是煤炭燃烧排放的二氧化硫和氮氧化物，是形成酸雨的主要因素；三是氮氧化物与碳氢化物共存于空气中时，经阳光紫外线照射发生光化学反应，还会形成一种有毒性的二次污染物——光化学烟雾；四是煤炭开采、运输与不完全燃烧排出的烟尘、粉尘等会形成空气中的粒子状污染物，可引起慢性中毒，导致气管与肺病变等疾病。

根据环保局数据，早在 2000 年，中国主要污染物二氧化硫的年排放量就已经高达 1995 万吨，超过环境容量的 60% 以上，而火电厂的燃煤产生的二氧化硫、氮氧化物在一定条件下形成区域性酸雨，污染严重，对中国的自然资源、生态系统、空气能见度和公众健康构成威胁，严重影响社会经济的发展和人民群众的正常生活。当时中国环境科学研究院和清华大学等单位的研究结果表明，酸雨污染给中国造成的损失每年超过 1100 亿元，即每排放 1 吨二氧化硫将造成超过 5000 元的损失，每年大气污染所造成的损失占 GDP 的 2% ~ 3%。[②]

根据中国统计年鉴数据，2001 ~ 2010 年，中国煤炭开采与消费产生的

---

① 中化新网，http：//www.ccin.com.cn/ccin/news/2015/02/26/313564.shtml。

② 中国环境保护部网站，http：//www.zhb.gov.cn/gkml/hbb/qt/200910/t20091023_179776.htm。

二氧化硫的总量达到 151.50 万吨，烟尘总排放量与粉尘总排放量分别为 196.23 万吨和 135.45 万吨。其中，2010 年二氧化硫、烟尘和粉尘的排放量分别达到 16.03 万吨、11.62 万吨和 14.91 万吨。煤炭产量位列全国首位的山西省的城市污染物主要是可吸入颗粒和二氧化硫，即由煤炭生产与燃烧产生；煤炭从中国西北部的富煤区向东南部沿海地区转运过程中也带来烟尘扩散污染；华北区域严重的雾霾污染，也与其煤矿开采、生产及直燃煤比重较高有直接关系。

（2）水资源污染

在水资源方面，煤炭开采过程中出现的导水裂缝和保证开采安全的排水疏干措施，容易破坏矿区的地下水系，如矿井水、洗煤水、生活污水等废水渗入地下水系后，对水资源造成污染；煤炭生产和加工耗水量大，还会造成居民、牲畜和作物用水困难。根据国家统计局数据，2010 年，全国 4623 家煤炭开采企业的废水排放量高达 10.48 亿吨，较 2006 年增加了 1 倍，7223 万吨废水没有达到排放标准。2013 年，在调查统计的 41 个工业行业中，煤炭开采和洗选业的废水排放量居第四位，第一位至第三位分别是造纸和纸制品业、化学原料及化学制品制造业以及纺织业。煤炭开采和洗选业废水排放量前 5 位的省份依次是河南、山东、山西、贵州和黑龙江，5 个省份煤炭开采和洗选业废水排放量共 7.7 亿吨，占该行业重点调查工业企业废水排放量的 53.6%。[①]

（3）土地资源污染

煤炭地下矿井开采造成的地面沉陷、露天煤矿开采遗留的采坑以及煤矸石和尾矿等固体废弃物的排放和堆积，严重影响地质结构，加速水土流失，破坏生态系统，导致农作物减产、土地荒漠化，给建筑物带来安全隐患。根据统计数据，2008 年，中国已经被破坏的土地中有 30% 是由于露天开采煤炭造成的，尾矿堆积占用和破坏的土地面积高达 92.6 万公顷，约占全国矿山占用和破坏土地面积的 53%。2010 年，中国主要煤炭省份发生地质灾害 3004 次，其中地面塌陷 146 次，滑坡 2014 次，崩塌 453 次，泥石流 295 次，造成直接经济损失约 12.28 亿元，约为全国地质灾害经济损失总值的

---

① 《中国 2013 年环境公报》，中国环境保护部网站，http：//zls.mep.gov.cn/hjtj/nb/2013tjnb/201411/t20141124_291868.htm。

19.24%。2010 年，山西省矿山占用土地面积高达 109857 公顷，仅采坑面积，就有 2909 公顷，约占山西土地破坏面积的 5.2%。特别是煤矸石、尾矿和粉煤灰等含有二氧化硫、硫化氢、重金属、悬浮颗粒物等有害物质的超标排放，对生态系统造成严重破坏，损失巨大。

（4）对牧区和旅游资源造成负面影响

在内蒙古、宁夏与新疆等西北地区，煤炭的开采与生产导致草场受到破坏，大气污染，河流断流，牲畜患病死亡，甚至牧区荒漠化。不仅影响牧区生态环境，而且对牧民经济利益与基本生活需求均造成不利影响，不利于民族区域的安定团结。而对于旅游资源丰富的省市，不利的气候条件与生态环境则影响旅游资源的持续开发和有效保护。从长远来看，这些地区损失的经济、社会与文化价值可能更大。

2. 石油开采、生产、运输与消费导致的污染危害不容忽视

随着中国经济的快速增长，石油、天然气的生产与消费不断增加。据中国国土资源部初步统计，2014 年，中国石油产量为 2.1 亿吨，净增长 138 万吨，同比增长仅 0.7%；天然气产量为 1329 亿立方米，净增长 132 亿立方米，同比增长 10.7%。其中，常规天然气产量为 1280 亿立方米，净增长 114 亿立方米，同比增长 9.8%；煤层气产量为 36 亿立方米，同比增长 23.3%；页岩气产量为 13 亿立方米，同比增长 5.5 倍。2014 年中国油气当量为 3.3 亿吨[①]，净增长 1193 万吨，同比增长 3.7%。就石油产量看，2014 年中石油石油产量为 11364 万吨，中石化石油产量为 4378 万吨，中海油石油产量为 3955 万吨，陕西延长石油公司的石油产量为 1255 万吨；大庆、胜利、渤海、长庆、延长、新疆、辽河七大油田的产量均超过 1000 万吨；鄂尔多斯、四川盆地与塔里木盆地三大气区产量均稳定持续增长；煤层气与页岩气的勘探开发进度加快，如中石化在重庆涪陵探明的中国首个大型页岩气田，地质储量为 1067 亿立方米，建成产能 25 亿立方米，累计生产页岩气 13 亿立方米；全国 10 余家页岩油企业累计生产页岩油 100 万吨。[②]

然而，国内石油与天然气生产难以满足需求。就石油而言，中国自

---

① 油气当量（oil - gas valent weight），即将天然气产量按热值折算为原油产量的换算系数。按照 BP 公司在全球能源统计的按热值计算，1000 立方米天然气 = 36 百万热值单位，1 吨原油 = 40 百万热值单位，可得 1111 立方米天然气 = 1 吨原油。

② 中商情报网，http://www.askci.com/chanye/2015/01/13/10831adry.shtml。

1993 年首次成为石油净进口国，1996 年成为原油净进口国以来，石油供给对国外资源的依赖程度越来越高。据海关统计数据，中国 2004 年原油进口量达 1.23 亿吨，首次突破亿吨大关，当年进口依存度超过 40%；2007 年，石油进口量一跃达到 2.3 亿吨，占石油总消费量的 55%；2013 年，中国原油进口量仅次于美国，居世界第二位，较 2006 年增长近 1 倍；2014 年，中国国内石油消费量为 5.08 亿吨左右，成品油表观消费量[①]为 26928 万吨，增长 2.0%，其中汽油增长 8.3%，柴油下降 3.9%，石油供需缺口进一步加大。随着国际石油价格的回落，中国加大原油进口力度，2014 年原油进口量达到 30937 万吨，同比大幅增加 9.45%，原油依存度近 59%，进口国达到 48 个。其中，欧佩克产油国为第一进口市场，进口原油约 1.7 亿吨，占同期中国原油进口总量的 57%；从俄罗斯进口原油 3310.8 万吨，大幅增长 36%，居第三位。[②] 近年来中国原油的进出口数据，如表 3 - 10 所示。

表 3 - 10　2011 年 ~ 2015 年 1 ~ 2 月中国原油进出口

年份	进口		出口	
	进口量(万吨)	同比增长率(%)	出口量(万吨)	同比增长率(%)
2011	25378	6.05	252	- 16.9
2012	27102	6.79	243	- 3.27
2013	28195	4.03	162	- 33.5
2014	30937	9.45	60	62.89
2015 年 1 ~ 2 月	5353	4.6	33	—

资料来源：BP 公司与中国海关数据。

随着经济增长对石油需求的不断攀升，中国成为发展中国家中的石油生产和消费大国，石油工业作为中国的重要能源基础产业，其产业地位与供应安全非常重要。但是由于中国生产技术条件、环保技术与环保治理等方面相对滞后，石油污染问题相当突出。

石油开采、加工、贮运、流通与消费过程产生的废水、废气与泄漏导致的排放物进入农田、地下水、河流与海洋，导致地质破坏与生态环境污染。

---

① 表观消费量：是指当年产量加上净进口量（进口量减去出口量）。

② 中国海关网，http://www.customs.gov.cn/publish/portal0/。

如在石油开采过程中，钻井对地表、地层结构可造成地质伤害；注水时如果压力过大、点位不合适会对地层造成破坏；开采时的井口管柱锈蚀导致石油渗漏，开采作业会对地层压力造成破坏可能引发地震等；海上石油开采作业会产生硫化氢、天然气与碳排放；陆上石油管道运输如果管线锈蚀、海上石油运输如果油轮出事故等意外事件均可能导致石油渗透至地层或海洋；石油加工产生的废水中含有大量有机化学物与石油类排放物，会导致河流与海洋污染，如油轮作业排出的压舱水和洗舱水，通常含油量达到 3% ~ 5%，含油废水排入海洋中会对环境造成严重危害；加油站与油库储存时如果石油渗漏可能造成地下水资源与土壤污染；石油制品如汽油燃烧时会排放二氧化碳、一氧化碳、氮氧化物与碳水化合物等污染气体，其中一氧化碳会引起心绞痛，氮氧化物与碳水化合物在太阳光照射下还会产生光化学烟雾，严重影响居民身体健康。

根据中国环境保护部数据，2013 年，山西、辽宁、河南、内蒙古和山东的石油加工、炼焦和核燃料加工业的石油类废水排放总量为 1276.5 吨，位居全国前 5 位。石油加工、炼焦和核燃料加工业，还是挥发酚排放量最大的行业[1]，挥发酚排放量为 1031.6 吨，占重点调查工业企业挥发酚排放量的 81.9%。其中，挥发酚排放量较大的省份为山西和内蒙古，山西该行业挥发酚排放量为 595.1 吨，内蒙古为 228.9 吨，分别占该行业重点调查工业企业挥发酚排放量的 57.7% 和 22.2%。[2] 而据 2015 年 4 月 1 日环保部的报道，中国已经完成了大气污染防治 9 个重点城市的源解析，其中，北京、杭州、广州、深圳的首要污染来源是机动车尾气排放。[3]

石油环境污染会带来严重的生态危害和社会危害。生态危害是指石油泄漏或废水排放中的石油以及海洋溢油[4]对资源与生态系统带来的负面影响。石油会导致土壤、水体与空气污染，主要包括：石油渗透入土壤会破坏土壤

---

① 酚类为原生质毒，属高毒物质，人体摄入一定量就会出现急性中毒症状，长期饮用被酚污染的水，可引起头痛、出疹、瘙痒、贫血及神经系统症状。煤气洗涤、炼焦、造纸、化工行业废水是酚的主要污染源。

② 《中国 2013 年环境公报》，中国环境保护部网，http：//zls. mep. gov. cn/hjtj/nb/2013tjnb/201411/t20141124_291868. htm。

③ 新浪环保网，http：//green. sina. com. cn/news/roll/2015 - 04 - 01/112631669769. shtml。

④ 海洋溢油主要是以漂浮在海面的油膜、溶解分散态和凝聚态残余物（包括海面漂浮的焦油球以及在沉积物中的残余物）三种形式存在。

结构，影响土壤通透性，破坏土壤微生态环境，损害植物根部，阻碍根的呼吸与营养吸收，最终导致植物死亡或使植物果实含有毒素而死亡。石油向下渗漏污染地下水，或被雨水携带污染地表水体，影响用水安全和农作物安全，海洋溢油的漂浮、氧化与光化学反应，则会破坏海洋的光合作用机制、海洋气体的循环平衡机制与生态系统平衡机制，影响海洋动植物生长，甚至导致海洋生物繁殖与生态结构紊乱，最终产生不可逆转的负面生态效应。石油向空气中挥发、扩散和转移，使空气质量下降，直接影响人体健康、生命安全和后代繁衍。因为石油中的烃类成分，如烷烃、环烷烃和芳香烃等具有毒性，可破坏生物的正常生活环境，引发造成生物机能障碍，威胁生物生存；石油芳香烃类物质，如苯、甲苯、二甲苯、酚类等，如果人较长时间接触较高浓度，会引起恶心、头疼、眩晕等症状，影响肝、肾和心血管系统等的正常功能，甚至引起癌变；石油中的某些脂溶性物质能侵蚀中枢神经系统；更甚之，一些有毒有害物质在动植物中会产生残留、富集效应，经过食物链传递，最终严重危害人类健康。

社会危害则包括对相关产业的经济收益与长远发展潜力带来的负面影响。如海洋石油污染会破坏生态系统，导致部分鱼类改变分布区域，甚至濒临灭绝，致使近海渔业资源减少，海洋生物质量下降，影响渔业的可持续发展。同时，对依靠海洋海滨的相关工业与旅游文化业也带来不利影响，如海滩制盐厂、海水发电厂、海水淡化厂等工业由于原料污染、设备维护成本上升导致企业经营困难；滨海湿地迅速减少、石油污染海滨导致滨海旅游业发展受阻。

近年来，随着陆地与海洋油气资源开采规模迅速扩大，陆上平台、海上平台、油井数量和海上石油运输急剧增加，中国近海已成为海上石油密集开采区和原油海上运输通道。沿海地区建成了天津、大连、青岛、宁波、广州与湛江等 10 万～30 万吨级码头，分布着胜利、辽河与大港等许多大型油田，油田的突发事故、众多的炼油厂与石油化工厂的废水排放以及海洋运输均造成不同程度的陆地与海洋的石油污染。

根据 2013 年中国海洋环境质量公报数据，中国 72 条河流入海的石油类污染物为 3.9 万吨。2014 年，中国海域共发生赤潮 56 次，累计面积 7290 平方公里，赤潮次数和累计面积均较 2013 年有所增加。赤潮发生概率增加与石油污染有关①，如渤海赤潮发生重点水域包括莱州湾、渤海湾、辽东湾等沿岸水域，就是石油烃高浓度区。2014 年，中国入海排污口邻近海域环境质量状况总体较差，91% 的排污口邻近海域的水质无法满足所在海域海洋功能区的环境保护要求，中国管辖海域近岸局部海域海水环境污染严重，春季、夏季和秋季，劣于第四类海水水质标准的海域面积分别为 5.2 万、4.1 万和 5.7 万平方公里，主要分布在辽东湾、渤海湾、莱州湾、长江口、杭州湾、浙江沿岸、珠江口等近岸海域，石油类化合物是其主要污染要素之一。②

近年来，发生多起重大石油环境污染事件。如 1995 年，北京安家楼加油站的严重漏油事故，使附近自来水厂一度停止运营；2005 年，中石油油品泄漏导致的松花江水污染事件；2010 年，大连新港"7·16"油污染事件泄漏 1000 多吨原油；2011 年 6 月 11 日，发生蓬莱 19-3 油田溢油事故；2011 年 10 月 14 日，渤海油田锦州 9-3 平台发生事故，海底管线被穿梭其间的拖轮锚钩刮坏致使石油泄漏；2013 年，中石油吉林油田违法排污；2014 年 4 月，兰州石化含油污水污染自来水造成的"4·11"自来水苯超标事件；2015 年 3 月，陕西长庆油田发生连续的原油泄漏事故③。2014 年，根据国家海洋局对 2010 年大连新港"7·16"油污染事件与 2011 年蓬莱 19-3 油田溢油事故的跟踪监测数据表明，事发海域的海洋生态环境状况虽呈改善态势，但其生态环境影响依然存在。④可见，石油渗漏与石油企业排污所导致的水土资源污染严重，不仅给当下的生态环境与经济社会造成负面影响，而且这种影响在短时间内很难消除，阻碍了经济社会的可持续发展。

3. 电力生产过程的大气环境污染形势严峻

2003 年，中国发电装机容量中火电装机容量占 74% 以上，火电机组以

---

① 因为石油污染会影响海洋浮游生物的光合作用与营养吸收过程，改变其分布特点与生长习性，浮游植物参与二甲基硫（DMS）的产生和循环过程，可能会引发赤潮。

② 《中国海洋环境质量公报 2014》，中国海洋信息网，http：//www.coi.gov.cn/gongbao/huanjing/201503/t20150316_32222.html。

③ 2015 年 3 月 26 日，中国石油长庆油田分公司第九采油厂发生原油泄漏事故，3 月 27 日，长庆油田第四采油厂化子坪作业区化一转站再次发生原油泄漏事故，初步估计原因是输油管线老化和管线质量问题导致管线破裂，致使原油渗漏。

④ 《中国海洋环境质量公报 2014》，中国海洋信息网，http：//www.coi.gov.cn/gongbao/huanjing/201503/t20150316_32222.html。

燃煤机组为主。2011 年底，全国电力装机容量达到 10.5 亿千瓦，其中火力发电装机容量是 7.6 亿千瓦，占总装机容量的 72.4%，而非化石能源（水电、风电、太阳能、生物质能等）发电装机占比仅为 27.5%。截至 2014 年底，全国发电装机容量 136019 万千瓦，同比增长 8.7%。其中，火电 91569 万千瓦（含煤电 82524 万千瓦、气电 5567 万千瓦），占全部装机容量的 67.4%，比 2013 年降低 1.7 个百分点；水电 30183 万千瓦（含抽水蓄能 2183 万千瓦），占全部装机容量的 22.2%；核电 1988 万千瓦；并网风电 9581 万千瓦；并网太阳能发电 2652 万千瓦。[①] 虽然火电占比呈现一定程度的下降趋势，但是中国电源结构依然以火电燃煤为主。

目前，中国电煤占煤炭消费的比重接近 50%，火电是燃煤大户，主要污染物包括：燃料燃烧过程时排出的尘粒、灰渣、烟气，电厂各类设备运行时排出的废水、废液，以及电厂运行时发出的噪声。具体主要有以下 7 种污染物：尘粒、二氧化硫、氮氧化物、二氧化碳、废水、粉煤灰渣与噪声。主要污染是燃料特别是煤炭燃烧造成的大气污染，以及大量灰渣占地堆放对地表水和地下水资源造成的污染。目前，火电行业的氮氧化物排放量约占全国氮氧化物年排放总量的 50%。山西省作为煤炭大省与电力大省，2014 年，发电装机容量 6305 万千瓦，其中燃煤发电厂为 5562 万千瓦，占总装机容量比重高达 88%，是山西环境污染物排放的大户。[②]

2013 年，全国共调查统计 41 个工业行业中的工业企业 147657 家，其中电力、热力生产和供应业重点调查工业企业 5830 家，占重点调查工业企业数量的 3.9%。如表 3 - 11 所示，二氧化硫、氮氧化物与烟（粉）尘的各自排放量及其排放总量中，电力、热力生产和供应业均居排放首位。其中，电力、热力生产和供应业的二氧化硫、氮氧化物与烟（粉）尘排放量占比高达 42.54%、61.24% 与 26.45%。[③] 不过，二氧化硫与氮氧化物的排放量较 2012 年均有所下降，分别下降了 9.6%、12.0%。在电力、热力生产和供应业中，调查的火电行业有 3102 家，占电力行业的 53.2%，占重点调查

---

① 中国电力企业联合会网，http：//www.cec.org.cn/guihuayutongji/gongxufenxi/dianliyunxingjiankuang/ 2015 - 02 - 02/133565.html。

② 山西新闻网，http：//www.sxrb.com/sxxww/dspd/yqpd/xwkb/5135912.shtml。

③ 该占比是指电力、热力生产和供应业的各类污染物占所重点调查工业企业污染物排放总量之比。

工业企业总数的 2.1%，共排放二氧化硫 782.7 万吨、氮氧化物 964.6 万吨、烟（粉）尘 218.8 万吨。

表 3 - 11　2013 年重点行业废气排放情况

排放物	电力、热力生产和供应业（万吨）		非金属矿物制品业（万吨）		黑色金属冶炼及压延加工业（万吨）		合计（万吨）		占比（%）	
	2012	2013	2012	2013	2012	2013	2012	2013	2012	2013
二氧化硫	797.0	720.6	199.8	196.0	246.6	235.1	1237.4	1151.8	—	68.2
氮氧化物	1018.7	896.9	97.2	271.6	97.2	99.7	1390.1	1268.3	—	86.6
烟（粉）尘	222.8	270.3	255.2	258.8	181.3	193.5	659.3	722.6	—	70.7
合　计	2038.5	1887.8	552.2	726.4	525.1	528.3	3286.8	3142.7	—	—

注：占比指三个行业各类排放物占调查工业企业排放物总量的比例。

资料来源：中国环境保护部：《中国 2013 年环境公报》。

如图 3 - 9 所示，2013 年，电力、热力生产和供应业二氧化硫排放量居全国前 4 位的省份依次为内蒙古、山东、山西和贵州，其二氧化硫排放量占电力、热力生产和供应业总排放量的 34.2%；如图 3 - 10 所示，氮氧化物排放量居前 4 位的省份依次为内蒙古、山东、河南和江苏，其氮氧化物排放量占电力、热力生产和供应业总排放量的 30.8%；如图 3 - 11 所示，

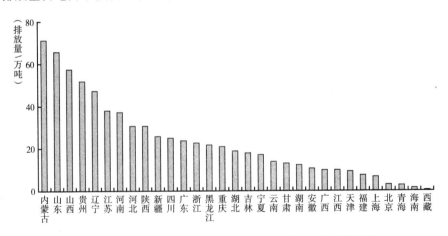

图 3 - 9　各地区电力、热力生产和供应业的二氧化硫排放量

资料来源：《中国 2013 年环境公报》，中国环境保护部网，http://zls.mep.gov.cn/hjtj/nb/2013tjnb/201411/t20141124_ 291868.htm。

烟（粉）尘排放量居前 4 位的省份依次为内蒙古、黑龙江、辽宁和山西，其烟（粉）尘排放量占电力、热力生产和供应业总排放量的 39.4%。[①]

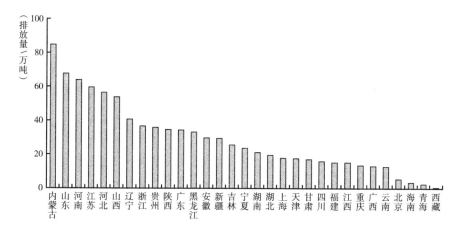

图 3-10　各地区电力、热力生产和供应业的氮氧化物排放量

资料来源：《中国 2013 年环境公报》，中国环境保护部网，http：//zls. mep. gov. cn/hjtj/nb/2013tjnb/201411/t20141124_ 291868. htm。

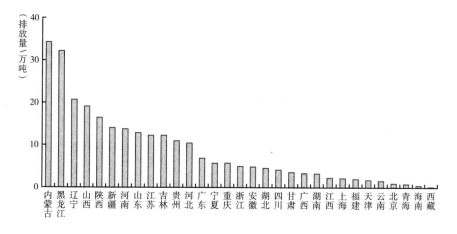

图 3-11　各地区电力、热力生产和供应业的烟（粉）尘排放量

资料来源：《中国 2013 年环境公报》，中国环境保护部网，http：//zls. mep. gov. cn/hjtj/nb/2013tjnb/201411/t20141124_ 291868. htm。

---

① 《中国 2013 年环境公报》，中国环境保护部网，http：//zls. mep. gov. cn/hjtj/nb/2013tjnb/201411/t20141124_ 291868. htm。

第四章　国外能源问题的教训

一　"荷兰病" 的启示[*]

1977 年《经济学人》杂志在描述荷兰经济困境时最先创造了"荷兰病"一词。到了 2014～2015 年，俄罗斯卢布大跌，这听起来相当可怕而且确实会给俄罗斯带来一些问题。一些能源专家和经济学家均指出俄罗斯正受困于"荷兰病"，也有一些学者认为弱势的卢布对最近困扰于"荷兰病"的俄罗斯可能是有利的，但究竟什么是"荷兰病"呢？

能源界存在"资源诅咒"这么一种说法，因为一般来说具有巨大资源储量的国家往往比资源不丰富的国家经济实力弱。但是有一些资源丰富的国家却比其他国家发展得要好，为什么"资源诅咒"如此不均衡呢？

(一)"荷兰病"的由来和成因

"荷兰病"原意是指非工业化的恐惧，1960 年左右北海天然气田的发现和开发使得荷兰大力发展油气行业并带来了荷兰盾的增值，但油气出口繁荣带来的货币增值却损害了制造业和服务业的出口利润。20 世纪 60 年代，荷兰的出口总量相较于国内生产总值明显下降，油气出口增长对其他行业出口造成的损害使得许多人担心荷兰制造业的未来。

---

* 本节作者余家豪，中国社会科学院研究生院国际能源安全研究中心特聘研究员。

　　"荷兰病"令人注意到荷兰经济存在一种"外部繁荣和内部萧条"的对比。1970～1977年，荷兰失业率从1.1%增至5.1%，企业投资衰退，当时分析一般通过高估的荷兰盾、汇率来解释这一困境。天然气出口导致大量外汇流入，增加了对荷兰盾的需求，从而使荷兰盾汇率上升。

　　这使得荷兰经济的其他部分在国际市场中竞争力减弱，而且远不止这一个问题。天然气开采是资本密集型行业，不能提供大量的就业机会。为了防止荷兰盾升值太快，荷兰政府把利率保持在低水平。这促使投资者急于走出国门，压缩了未来的经济潜力。

　　然而，这一问题只是短期存在的。从60年代末开始，荷兰商品和服务出口占GDP的比重从小于40%上升到70%以上，相较于世界标准来说这都是很高的出口比例。人们预估的非工业化并没有在现实中发生，但这个名词却一直沿用下来。

　　自《经济学人》杂志那篇文章发表后，经济学家也提出了其他一些"荷兰病"的影响。例如，商品繁荣造成经济困难的其他情况，假设一国汇率固定，大量额外的外汇涌入该国，并被转换为当地货币使用在不能跨界贸易的商品中。由于外币被转换为当地货币，货币供应量上升，额外的国内需求推高国内价格，用行话来说就是提高了"实际"的汇率，一定量外国货币在国内的购买力比以前降低了。最终，这个国家失去了竞争力。

　　总的来说，"荷兰病"的首要症状是被高估的货币，之后其他一些症状就慢慢暴露出来。例如，对自然资源的开发和依赖带来繁荣与萧条并存的影响。世界市场中原料以及相关产品的供应和价格情况波动巨大。油井开采之后干涸，矿山开采之后枯竭，导致的出口收入变动会引起汇率的不稳定变化，在固定汇率下的变动并不会比浮动汇率下小。货币的不稳定性会对出口、进口以及外国资本投资造成损害。

　　"荷兰病"甚至对没有本国货币的国家也会造成冲击，如使用丹麦克朗的格陵兰岛。在这种情况下，自然资源型产业相较于其他产业能够支付更高的工资、更高的利率，因此其他行业难以保持竞争力。在集权型工资谈判的国家（或者是有寡头垄断银行的国家）这一问题尤为显著，在这些国家自然资源密集型产业为全国工资谈判定下基调，决定其他行业可能不能接受的行业限定工资。通过上述方式之一或是所有方式，"荷兰病"往往减少总的出口水平或使得出口的构成偏离制造业和服务出口等利于经济长期增长的项目。资本输出，包括外国直接投资，也有可能受到影响。

经济学家归纳出导致资源丰富国家经济薄弱的六个因素。

第一，丰富的资源、财富使得政府努力夺取更大的财富份额而不是创造一个更大的"饼"（更多的财富）。这种掠夺财富的结果往往是发生战争，有时则导致官员以及局外人的寻租行为。相比行业开发的成本，贿赂政府的成本要低得多，因此不用惊讶一些公司会屈从于这种诱惑。

第二，自然资源的价格多变而且很难掌控。贷款人往往愿意在好的时间（油价高）借款，当能源价格大幅下跌时，贷款人便要求借款人还钱。正如老话所说，银行只愿意借钱给那些不需要钱的人。经济活动比商品价格更不稳定，在繁荣时期获得的收入常常用来弥补萧条时的损失。

第三，石油以及其他自然资源虽然是财富的源泉，却不能增加就业，而且经常排挤其他经济部门。例如，石油出口收入的涌入往往带来汇率的升高——所谓的"荷兰病"现象。荷兰在发现北海油气资源之后陷入经济困境，面临着不断上升的失业率以及劳动力残疾率（失业劳动力发现残疾人津贴比失业津贴高）。资源行业的繁荣引起汇率上升，限制了一国制造业和农产品的出口并且降低了国内生产者相对于进口商的竞争力。

第四，大额的自然资源租金，特别是与财产权利界定不清的合同、不完善或是缺失的市场、宽松的法律环境一起作用时，可能导致寻租行为，使得经济行为的社会效益降低。关于资源租金的斗争可能会导致经济和政治权力集中在精英手中，一旦掌权便通过租约安抚其政治支持者从而稳固权力，这也会导致民主的削弱和经济增长的缓慢。广泛的寻租行为——通过扭曲市场赢利会导致腐败，也会损害经济效率以及社会公平。因此，丰富的自然资源财富往往形成富有的国家和贫穷的百姓。

第五，丰富的自然资源可能让人们感到虚假的安全感，导致政府忽视经济管理等需求，包括自由贸易、外国投资、政府效率等良好的机制。因此，通过好的政策和机制创造财富的动机可能会被削弱，因为相对而言，资源型财富不需要付出很大努力。

第六，丰富的资源可能会削弱积累人力资本的动机，虽然资源租金可能会使国家有能力更重视教育。丰富的自然资源可能会削弱私人和公共机构投资于实物（不低于人力资本）的动机，因此会阻碍金融机构的发展，减缓经济增长。自然资源财富是一个固定的生产要素，会引致劳动力和资本不断增长而导致收益率递减，最终削弱经济增长潜力。

总之，丰富的自然资本，假如运营不当可能会侵蚀人力、社会、财政以及外国资本的质量，因而阻碍经济快速增长，上天赐予的甘露是喜忧参半的。

（二）对俄罗斯"荷兰病"的观察

国际油价大跌、弱势的卢布、不断增加的养老金、军事现代化的需求，面临这些俄罗斯经济能够支撑下去吗？有人倾向于认为"荷兰病"会很快或是逐渐破坏俄罗斯的经济平衡，但也有人合理地指出俄罗斯经济并不一定那么脆弱，因为在过去的10余年间俄罗斯都从"荷兰病"的严重后果中摆脱出来了。这部分将研究为何俄罗斯经济在21世纪第一个十年能够完全或是部分地摆脱"荷兰病"的危害。

在21世纪初，俄罗斯的制造业作为一个整体并没有真正表现出"荷兰病"的症状。2004～2007年，俄罗斯每年的油价增长率、卢布兑换美元的实际汇率、平均实际进口率分别为25.8%、12.4和21.9%，应该达到了"荷兰病"的标准。但在这一时期俄罗斯国内生产总值年均增长率为7.6%，制造业附加值增长率为6.6%，使得俄罗斯经济实际上保持不错的水平。

在俄罗斯，制造业可能会因一个巨大能源产业的存在受益而不是受损。[1] 因此，虽然"荷兰病"可能会影响一些国家，但俄罗斯租金分配系统的不同意味着其有着不同的疾病（被称为"俄罗斯病"）。由于俄罗斯石油行业公司的产量上升，通过增加超额成本的方式，这些满足石油行业需求的制造业就受益了。

有的经济学家指出21世纪初俄罗斯没有受到"荷兰病"的危害，[2] 但它确实成了"俄罗斯病"的受害者。[3] 后者的特点之一是油价上涨和制造业增长存在密切的正相关关系，而这其实也意味着油价下跌和制造业萎缩之间存在着同样强烈的相关性，这在2008年和2009年得到了验证。

尽管如此，俄罗斯还是遭遇了"荷兰病"，但由于一些因素的影响病症并不严重。以下从五个方面观察俄罗斯是否受到"荷兰病"的影响。

---

[1] Gaddy, Clifford G. and Barry W. Ickes, "Resource Rents and the Russian Economy," *Eurasian Geography and Economics*, Vol. 46, No. 8, 2005, pp. 559 – 583.

[2] Kuboniwa, Masaaki, "Diagnosing the 'Russian Disease': Growth and Structure of the Russian Economy," *Comparative Economic Studies*, Vol. 54, No. 1, 2012, pp. 121 – 148.

[3] Goldman, Marshall, "The Russian Disease," *International Economy*, 2005, pp. 27 – 31.

1. 俄罗斯对油气资源出口的依赖度日渐上升

俄罗斯一直依赖自然资源，资源的成功开采带来经济的长期繁荣。苏联解体后，俄罗斯面临着一段较长时间的衰退，正是因为丰富的资源经济开始复苏。俄罗斯的 GDP 增长和原油产量增长密切相关，产量的增长或减少分别对俄罗斯经济产生积极和消极的影响。

从历史经验上看，油价上涨一直推动产量的增长，因为油价上涨使得该行业投资收益率上升，炼油等生产能力提高，因此，原油价格也影响着俄罗斯经济的增长。从 1992 年开始的三年间，俄罗斯的 GDP 随着原油产量的减少也萎缩了三成多。[①] 而在 1998 年卢布贬值后，俄罗斯经济开始复苏，从 1999 年到金融海啸的十年间俄罗斯经济增长率为 7%。在俄罗斯近 20 年经济发展最好的 2003~2008 年里，油价年均增长超过 25%，2008 年增长率峰值更是达到 43%。其后的金融海啸引起俄罗斯的经济衰退，当时俄罗斯经济增长率远低于发达国家甚至新兴市场的平均水平。[②]

俄罗斯燃料出口在 1996 年占贸易总量的四成多，2010 年大约占六成半，15 年内占比增长超过两成，自然资源出口对 GDP 的影响在这段时间也不断加大。俄罗斯的 GDP 高度依赖原油生产，同时也说明了价格波动对俄罗斯经济有决定性影响。[③] 俄罗斯高度依赖单一产品出口，应对外部冲击及其危害的能力是非常脆弱的。

2. 以卢布为商品货币

油价的积极或者消极变化会对名义汇率产生完全不同的影响，积极影响导致的升值很小，而消极影响导致的贬值却很大。1999 年初卢布严重贬值

① World Bank, "World Development Indicators," available at: http://api. worldbank. org/v2/en/indicator/ny. gdp. mktp. cd? downloadformat = excel; EIA, *International Energy Statistics*, available at: http://www. eia. gov/beta/international/data/browser/#? iso = RUS&c = 0000000000000000 0000000000000000000000004&ct = 0&ord = CR&cy = 2012&v = H&vo = 0&so = 0&io = 0&start = 1980&end = 2012&vs = INTL. 44 - 1 - RUS - QBTU. A&s = INTL. 44 - 1 - RUS - QBTU. A

② World Bank, "World Development Indicators," available at: http://www. eia. gov/beta/international/data/browser/#? iso = RUS&c = 00000000000000000000000000000000000000000004&ct = 0&ord = CR&cy = 2012&v = H&vo = 0&so = 0&io = 0&start = 1980&end = 2012&vs = INTL. 44 - 1 - RUS - QBTU. A&s = INTL. 44 - 1 - RUS - QBTU. A; BP, Oil Prices, available at: http://www. bp. com/en/global/corporate/energy - economics/statistical - review - of - world - energy/oil - review - by - energy - type/oil - prices. html

③ Mikhail Krutikhin, *Falling oil prices: Political implications for Russia* (presentation at Wilson Center), 2015.

近一半，单方支付终止，导致俄罗斯债务违约。自此之后，石油出口的恢复以及油价的上升使经济活动的增多，停止了衰退。[①] 其后，卢布在 2002~2010 年逐渐升值，增幅超过两成，在这段时期，石油价格的上涨带动名义汇率的持续增长。直到 2009 年，原油价格崩盘，跌至 60 美元/桶，也导致汇率暴跌。[②]

实际上，消极冲击对俄罗斯经济的影响往往大于积极冲击。2008~2009 年油价下跌多于三成半，但名义汇率只下降了约两成；而在 2007~2008 年油价上涨达四成时，名义汇率的上涨却小于 3%。这是因为俄罗斯在面临油价的积极冲击时，其央行采取增加外汇储备的方式以抵消货币大幅增值对制造业和出口行业的消极影响。因此，产量水平并不能决定实际汇率。

实际汇率与油价密切相关，因为石油出口收入占俄罗斯 GDP 的比重非常大。因此，油价和产量是决定俄罗斯汇率波动的关键变量，由此证明卢布是一种商品货币。

3. 衰退的制造业和新兴的服务业

从 2000 年起至今的 10 多年，采矿业的年均增长率比制造业高 2.5%，服务业的年均增长率比采矿业、制造业、农业等高。一些学者对这一现象的解释是，当俄罗斯从新兴发展中国家转向发达国家时，对服务业的需要也随之增加，并且高于对农业和工业的需要；有的则归咎于"荷兰病"对服务行业的影响。实际上，苏联时期的发展战略高度强调重工业的发展而忽视服务业，直到 20 世纪 90 年代末俄罗斯的服务业才开始扩张。从 2000 年起至今的 10 多年，服务业、采矿业、制造业和农业四个行业的总平均增速约为 20%，其中服务业和采矿业的增速比较快，制造业和农业则比较滞后。[③]

以当时俄罗斯的石油行业发展为例，油价的增长以及由此带来的能源行业的增产和相关薪资水平的提高，促使政府和兴盛行业的承租人扩大其服务

---

① World Bank, "World Development Indicators," available at: http://api.worldbank.org/v2/en/indicator/ny.gdp.mktp.cd? downloadformat = excel

② Bloomberg Business, USD RUB Exchange Rate, http://www.bloomberg.com/quote/USDRUB: CUR.

③ UN, National Accounts Main Aggregates Database, available at: http://unstats.un.org/unsd/snaama/resCountry.asp

需求。制造业的快速增长得益于 1999 年卢布贬值，导致对服务业的需求增长从而促进其生产发展。服务需求的增长增加了该行业的就业，虽然有一点儿滞后，但带动了其产出的调整。这是因为消耗增长的影响有滞后性，在第一阶段由于不清楚"牛市"是否会持续，政府和承租人只会使用部分意外之财，而当他们意识到价格是稳定增长时，服务消费支出会更快地增长。

理论上俄罗斯经济已经经历了制造业的去工业化阶段，关键指标是确认制造业产值和薪资水平是否降低，雇佣率是否绝对和相对地下降。俄罗斯制造业的产出相对能源行业和服务行业的产出确实是下降了，这对确认俄罗斯的"荷兰病"非常重要。

4. 行业间薪资不同的增速水平

薪资增速的不平等也是观察俄罗斯"荷兰病"的要点，通过分析平均月薪相对较高的行业，可以探究劳动力跨行业流动的情况以及产出增长的情况。在20 世纪 90 年代中期，采矿业和采石业的平均月薪水平已经高于制造业和服务业等其他行业 2 倍以上，此趋势一直维持到 21 世纪前十年。[①] 当时，尽管制造业和服务业增长也较快，能源行业发展增速仍远高于其他行业。服务业薪资水平的增长在 2000 年后非常明显，但制造业不能保持同样的增速，仍是经济发展中的滞后产业，能源行业的月工资增速比广义上的采石业和采矿业要快。[②]

薪资差距促使合格的工人更加专业化并供职于平均月薪水平最高的行业，在俄罗斯当时就是石油行业，而石油行业以外的行业平均月薪，使经济更加不稳定，行业间增速不同的薪资水平加剧了"荷兰病"的影响。

5. 俄罗斯缺乏金融资源

俄罗斯试图实现控制汇率和通胀率等多重目标的货币政策，令"荷兰病"的情况更加恶化。俄罗斯由于自身经济面对外币冲击的高度脆弱性，在本土实现以上目标比其他国家要难得多。最根本的问题是货币自由流通，为了减少货币供应、防止通货膨胀而实行的增加利率政策，导致汇率升值。此外，利率的上升导致对居民和私有公司的贷款利率过热，从而收缩了信贷，最终信贷的收缩以及较低的储蓄率令经济增速低于其原本水平。另外，

---

① UN, National Accounts Main Aggregates Database, available at: http://unstats.un.org/unsd/snaama/resCountry.asp

② UN, National Accounts Main Aggregates Database, available at: http://unstats.un.org/unsd/snaama/resCountry.asp

从固定资产投资的角度看，没有一种主要的制造业种类在固定资产投资上可以与采矿业和采石业相比，加上能源行业处于上升阶段而制造业发展放缓，进一步扩大了现有的差距。

俄罗斯能源以外的行业并不能像前者那样吸收大量的外国投资，资金匮乏问题变得非常严重。制造业、采矿业和采石业共同面对的问题正是资金缺乏，而对于服务业来说最重要的问题则是进口竞争和经济的不确定性。俄罗斯经济高度依赖于进出口，既依赖于外国对油气的需求又依赖于外国的科技进口，这种宏观经济的不稳定不仅使得俄罗斯经济面对外部冲击高度脆弱，也导致微观经济非常薄弱，使得投资不能采取中长期战略，这成为阻碍稳定增长的一个因素。另外，除了资金的缺乏以及经济环境的不稳定之外，国内需求不足也是产出增长受限制的主要因素。

俄罗斯国内需求与购买力不一致，收入不足以支付商品消耗的支出。同时，国内消费需求更倾向于服务业，这主要得益于消费者的行为。这除了减弱制造业的竞争力外，还扩大了当地制造业同国外竞争者的矛盾，更进一步突出了"荷兰病"的影响。

（三）"荷兰病"对俄罗斯的影响

以上五个方面反映出"荷兰病"已经出现并扎根在俄罗斯的经济中，并造成了宏观经济的不平衡。假如"荷兰病"的影响持续很久的话，俄罗斯经济则很难回到正轨，俄罗斯制造业竞争力水平将永久性下降。

俄罗斯制造业领域大多数竞争力弱的企业在20世纪90年代就已经失败，所以21世纪初激增的大额进口并没有造成或是加剧经济崩溃。可是，当时原油价格的大幅上升极大地增加了俄罗斯家庭和企业的收入，收入膨胀创造了不同的需求，既有满足于高质量进口商品的也有满足于国内商品的。油气等资源国内和国际价格的巨大差价，使得俄罗斯制造业的能够得到补贴，同时俄罗斯中央银行对外汇市场的大规模干预限制了进口的增长，否则进口的增长会更迅速。

其实自2001年起，俄罗斯制造业的产出增速与能源行业和服务业相比已经开始下降。薪资水平的差异也强调了相同的趋势，实际上服务业的平均工资增长较快，而能源行业还是保持着优势地位，这说明俄罗斯经济结构是重视能源行业而非制造业，该战略也增强了俄罗斯在自然资源方面的比较优势，减少了制造业的投资回报，因为制造业需要与持续的汇率升值对抗。这些最终造成"去工业化过程"，使俄罗斯经济转变为以服务业为基础。这导致的问题是，在发生金融危机时，俄罗斯的经济不能消除大环境下的负面影响。如果要应对冲击，俄罗斯必须增加政府支出或是提高失业率，这会造成国家的不稳定和波动。

俄罗斯的自然资源问题的核心在于第一次工业革命以来财富的概念已经发生转变，现在财富的要点在于谁有科技和知识来创造商品，而不是谁拥有商品。另外，还有一个问题是俄罗斯"以出口带动进口"的发展模式从长期来看是不可持续的，因为石油已接近枯竭，而且用天然气全面替代石油很难实现。这样的增长模式只会使得知识的所有者愈来愈富有而不是商品的购买者，因此这些财富只在短期内存在，是暂时且虚幻的。此后，俄罗斯遭遇"荷兰病"，并在外部冲击面前暴露出所有的弱点，正如金融危机证明的，俄罗斯政府已经意识到忽视制造业发展是一个错误。

普京曾经计划提供 2500 万个技术就业岗位并将创造俄罗斯第一个"硅谷"，把斯科尔科沃打造为莫斯科高科技集聚区。但这个想法似乎太过理想，俄罗斯"去工业化过程"是不可逆转的，"荷兰病"在俄罗斯蔓延超过10 年，使其已经变为慢性问题。更严重的问题是，俄罗斯的发展和经济框架已经失去活力，而商业环境这几年都没有改善，因此西方企业减少了在俄罗斯的投资，令推动财富增长的关键技术转移（西方流向东方）越来越慢。

最后，针对乌克兰事件，美国和欧盟实行的对俄罗斯制裁措施进一步削弱了俄罗斯政治、经济的可持续发展。制裁措施针对俄罗斯国有银行，并且禁止对俄石油和国防产业至关重要的技术出口。这些制裁措施很直接地加重了"荷兰病"的影响。首先，由于欧洲对俄罗斯天然气的依赖，制裁政策不会针对俄罗斯能源出口，因此俄罗斯制造业的出口与能源和服务业的出口相比很有可能继续缩减。但由于缺乏西方的先进科技来开发北海的油井，能源行业的效率和产量将会减少，从而进一步抑制俄罗斯的发展战略。这反过来又会损害高度依赖于能源出口的经济发展，毕竟能源出口收入占俄罗斯GDP 的 1/4、政府财政收入的一半以及贸易余额的 3/4。

（四）"荷兰病"并非坏事

一些经济学家指出"荷兰病"并不是一件坏事，经济体不是应该专注于生产效率最高的商品吗？资源类大宗商品价格波动性强，大部分经济体需要一个第二产业。大部分自然资源出口占 GDP 的比例较高的发展中国家在20 世纪 70 ~ 80 年代的增长率都较低，而且当资源类大宗商品枯竭时，它们均会失去支撑经济持续发展的动力，因此陷入两难的挣扎。典型的例子是几乎完全依赖磷酸资源（一种受欢迎的肥料）的瑙鲁，俄罗斯现在也相当担忧。"荷兰病"的影响将是致命的，除非资源富集国可以通过丰富的资源使其经济多元化，或者是降低其货币的实际汇率。

但"荷兰病"对一个国家来说是一种疾病吗？一部分学者认为这种现象其实是一个行业将自身发展建立在损害其他行业的基础上，但对宏观经济和社会发展不会造成巨大损害。其他学者则指出"荷兰病"是指资源重新分配带来的潜在风险——从高科技、高技能密集型服务行业向低技术含量、低技能的初级产品生产行业的转变会对经济增长和多样化产生影响。关键是能源国能否察觉并提前制定对应的能源政策。

假定世界石油价格居高不下，俄罗斯经济增长模型将与 21 世纪初保持大致相同，大幅变动的机会不大，也不会像前十年一样迅速增长。俄罗斯应该在进口增加、油气收入增加和卢布升值的时候，开始"进口替代"政策，正如前文暗示的。在较为正常的情况下，石油价格上涨，发生"进口替代"的可能性较大。鉴于投资和储蓄的平衡关系，经济恢复支出增加、社会福利支出增加以及油价下跌导致税收收入减少，俄罗斯联邦预算近几年一直处于赤字状态。21 世纪初俄罗斯经济增长模型的特点是拥有健康的经常项目顺差，这意味着经济中存在大量过剩的储蓄，这主要是源于油气销售的税收收入积累，导致一定程度上的货币供应量的增长和通胀。假如联邦预算继续赤字而储蓄过剩减少，经常账户盈余可能将大幅减少。这表明在高油价下，假如一国进口量和出口量相当，可能会促进"进口替代"政策。总之，如果上述情况发生，俄罗斯将在可预见的未来用油气出口的收入继续进口制造业商品。

如果能提早认识到问题所在，就能采取一些相应的措施。要做到市场化、透明化，正如博茨瓦纳的制度更能确保一国财富的成果是公平分配的、合理使用的。同时，我们也知道，在价格高时留出一部分钱设立稳定基金，可以帮助减少与资源价格相关的经济波动。此外，在价格较高时的借贷活动会加大这种波动，因此一国应当抵制向外资银行借贷的行为。"荷兰病"对贫穷国家而言至少是一种石油和资源财富带来的棘手问题。

原则上，货币升值不难避免，只需要将石油出口获得的外汇收入投入美国或是欧洲市场，慢慢地逐步带回国内。但在大多数发展中国家，这种政策被视为使用石油收入帮助发展他国经济。一些国家特别是尼日利亚试图吸取这些教训，指出在未来要建立稳定基金，要通过透明、竞争性招标的渠道出售自然资源。最重要的是，尼日利亚正在采取措施确保其资源禀赋的收入是用于投资的，这样当其资源枯竭时，真正的财富——固定资产和人力资本能够增加。

丰富的自然资源，应该被祝福，而不是被诅咒。能源大国必须知道该做什么，很多国家缺少的正是这样做的政治意愿。

二 "委内瑞拉"教训[*]

委内瑞拉是位于南美洲北部的国家，矿产资源丰富，为石油输出国组织成员，是世界主要的产油国之一，石油产业主导着其经济命脉，占委内瑞拉出口收入的80%左右。中国外交部资料显示，截至2013年，委内瑞拉石油（含重油）探明储量为2984亿桶（约合409亿吨），居世界第一位。2013年，委内瑞拉石油日产量为278万桶（约合40万吨），天然气探明储量为195万亿立方英尺（约合5.5万亿立方米），铁矿石探明储量为36.44亿吨，煤炭探明储量为7.28亿吨，铝矾土探明储量为13.32亿吨，镍矿探明储量为49万吨，黄金探明储量为4353吨。此外，委内瑞拉还有金刚石、铀、石灰岩等矿产资源，水力和森林资源也很丰富，森林覆盖率为56%。

委内瑞拉石油工业的发展（见表4-1），主要分为探索期、突破期、转折期、发展期、鼎盛期五个时期。1865年开始进入探索期，成立第一家石油公司塔奇拉石油公司。1908年胡安·文森特·戈麦斯将军发动政变上台，委内瑞拉石油工业进入突破期，他通过石油租借地聚敛财富，把一个又一个区块的租借权分给他的家族成员和亲朋好友，并且以高价出让给外国公司，拉开了外国资本控制委内瑞拉石油工业的序幕，该时期获得石油租让地的外国公司几乎全是英国资本公司，壳牌集团成为该时期的最大赢家。1922年转折期开始，外国资本逐渐控制委内瑞拉的石油工业，除英国资本公司英荷壳

---

* 本节作者李贺，中国信息通信研究院经济学博士，中国社会科学院研究生院特聘研究员。

牌集团以外，美国的海湾石油公司、泛美石油公司也纷纷加入，这三个公司成为该时期委内瑞拉石油三巨头。1935 年以后，陆续有外国企业进入委内瑞拉开发新的油田，尤其是 1956~1958 年，马拉开波湖又迎来开发新油田的高潮。世界上最大的石油垄断组织——新泽西美孚石油公司也在这个时期加入委内瑞拉石油争夺战，后来很快超过英国资本位居第一位。到 20 世纪 70 年代，委内瑞拉共发现大小油田 57 个，石油工业进入鼎盛时期。外国资本的引入虽然带动委内瑞拉石油工业的发展，但却导致国家财富外流，矿产资源遭到破坏，剥夺了委内瑞拉人民的根本利益，使国民经济出现虚假的繁荣景象。

表 4-1　委内瑞拉石油工业发展历程

时期	事件
探索期	1865 年,位于马拉开波湖西面的苏利亚州,新上任的费尔南德州长批准委内瑞拉第一份勘探许可证 1876 年,塔拉附近出产石油,每天可产 5760 加仑 1878 年 9 月 3 日,塔奇腊州政府授权曼纽尔·安东尼奥·普里多 100 英亩土地的石油勘探权。普里多家族 6 人合资创立委内瑞拉第一家石油公司塔奇拉石油公司,从土法开采入手 1884 年,马拉开波的何塞·安德拉德获得为期 99 年的租借地,用于勘探石油和沥青。它覆盖法尔孔州和苏利亚州的大片土地 1902 年,塔奇拉石油公司由政府控股,改组为塔奇拉国家石油矿公司
突破期	1908 年,胡安·文森特·戈麦斯将军发动政变上台。他通过石油租借地聚敛财富,把一个又一个区块的租借权分给他的家族成员和亲朋好友,并且以高价出让给外国公司 1910 年,加勒比石油公司的子公司通用沥青公司派出一支地质队到马拉开波湖地区开展地质调查 1914 年,第一口探井出油,日产 250 桶,接着又打出两口自喷井,三口井日产超过 2 万桶。通用沥青公司花费大量的资金用于探井,经济拮据且没有能力"消化"这么多原油,所以将它卖给了壳牌集团
转折期	1922 年 12 月,壳牌集团第四口探井——巴罗索斯 2 号井突然发生井喷,日产 10 万桶左右,轰动全世界 1926 年,壳牌集团发现拉古尼亚斯油田。上百家外国公司蜂拥而至,绝大部分是美国的公司,其中海湾石油公司和泛美石油公司开发油田进展较快
发展期	1935 年,克里奥尔公司的 PB-10 探井在下部的始新统地层获得日产 56 桶的油流,两年后,第二口井日产原油 385 桶 1939 年,拉果石油公司打穿了厚达 60 多米的始新统地层,日产原油 6675 桶 1954 年,壳牌集团的 LA-14 井获得高产油流
鼎盛期	20 世纪 70 年代,到该时期为止,共发现大小 57 个油田,委内瑞拉石油工业进入鼎盛时期

资料来源：王才良：《从马拉开波湖到奥里诺科——委内瑞拉石油工业史话》，《中国石化》2007 年第 3 期。

另外，如表4-2所示，委内瑞拉在石油国有化以后，主要采取国际合作的模式，即主要针对奥里诺科重油带和东北部沿海地区天然气的合作开发模式、东部和中西部的10个未开发油气田的利润分成模式，以及老油田和边际油田的服务模式。委内瑞拉石油工业发展过程中的教训也是值得我们学习和借鉴的。

表4-2　委内瑞拉油田开发国际合作模式

模式	内容	重点区域
合作开发模式	与外国投资者共同成立合资企业,共同生产销售本国的原油和油品	奥里诺科重油带和东北部沿海地区的天然气
利润分成模式	委内瑞拉国家石油公司(PDVSA)通过招标方式将油气田的开采方式出让,中标公司与PDVSA公司签订利益分成合同,并和下属的委内瑞拉石油公司建立合资企业,合资企业拥有法定期限的初步勘探权	东部和中西部的10个未开发油气田
服务模式	将一些老油田和边际油田对外招标,中标公司以服务合同的方式开发、经营油田	老油田和边际油田

资料来源：蒋瑞雪：《委内瑞拉石油法及启示》，《资源管理》2008年第5期。

（一）外国资本掌握国家经济命脉

在石油国有化政策出台以前，委内瑞拉有大小100多家外国公司，这些由美国、英国、法国、意大利、日本等国参与组成的石油公司，控制着委内瑞拉的石油勘探、采油、炼油、销售以及设备的维修和供应等各个环节，最初主要以英国公司为主，后来美国石油垄断资本占据优势（见表4-3）。当时，98%左右的石油投资由外国企业承担，后来这一比例虽然有所下降，但在70年代初还保持在80%左右。据统计，1968年委内瑞拉国民生产总值的1/3是由外资控制的企业直接提供的。在包括农业、矿业和石油业等第一产业部门的总产值124亿博利瓦（约27亿6000万美元，按1957年价格计算）中，外资企业的产值竟达78%，即96亿博利瓦（约21亿3000万美元），在1976年实行国有化以前，石油业几乎完全掌握在外国企业手中，原油生产和炼油能力的98%被外国公司所控制，而铁矿业在1975年实行国有化以前则全部为美国资本所垄断。

表 4 - 3 石油国有化以前委内瑞拉石油投资分配情况

单位：%

国别	公司	占比
美国	克雷奥尔	44
	梅内格兰德	15
英国、荷兰	壳牌集团	28
其他外国公司		12
委内瑞拉石油公司		1
总　计		100

资料来源：Federieo Brito Figuera：《现代委内瑞拉：是殖民地国家吗》，第 34 页。

（二）资金外流且矿产资源遭到破坏

外国资本大量涌入，造成委内瑞拉石油等矿产资源被破坏，以及大量资金外流。未实现石油国有化以前，委内瑞拉政府对国外石油企业的限制较少且未出台较完善的石油发展战略，导致外国企业在委内瑞拉大肆掠夺石油资源，不顾石油资源的可持续利用，以追求利益最大化为目的，滥加开采，使储采比不断下降，加速了油田老化，外国资本却从中获取大量利润，每年有大量资本流入国外。据美国官方统计，1967 年美国在委内瑞拉的投资利润率为 18%，而在整个拉丁美洲为 12%，其中，在委内瑞拉石油业投资获得的利润率高达 20%，而在拉丁美洲其他国家仅为 9%；在委内瑞拉制造业投资的利润率为 14%，而在拉丁美洲其他国家仅为 7%。此外，据统计，1917 年 ~1976 年初，外国石油公司在委内瑞拉共开采 332 亿桶石油，获取约 198 亿美元的纯利，1960~1969 年，纯资本流出为 128800万美元，加上外国投资的纯收入 638600 万美元，十年内共流出外汇767400 万美元。[1]

（三）石油产业独大，其他产业萎缩

在石油、建筑、炼钢、炼铝、电力、汽车装配、食品加工、纺织等产业中，石油部门为委内瑞拉国民经济的支柱产业（见表 4-4）。一直

---

[1] 卫岩：《外国在委内瑞拉投资的特点和变化》，《拉丁美洲研究》1981 年第 3 期。

以来石油都是委内瑞拉财政收入的主要来源，50 年代占其财政收入的
50% 以上，60 年代上升到 60% 以上，1974 年达到 85.6%。70 年代完成
石油国有化以后，石油出口虽有所降低，但仍然占财政收入的 70% 左右，
2013 年石油业同比增长 1.1%，非石油业同比增长 2.1%。引入外资拉动
了委内瑞拉石油产业的发展，使其从农业大国过渡到工业大国。同时，
过度依赖石油经济发展，并将大量资本投入到基础工业和社会事业，致
使其他产业萎缩，产业结构不合理，严重影响了经济的可持续发展，尤
其是农业的发展。

表 4 - 4　委内瑞拉近年主要工业品产量

	2010	2011	2012
石油(万桶)	101500	109100	110600
铁矿砂(万吨)	1400	1640	—
铝矾土(万吨)	340	—	—
黄金(千克)	7013	940	647

资料来源：外交部网站，http://www.fmprc.gov.cn/mfa_ chn/gjhdq_ 603914/gj_ 603916/nmz_
608635/1206_ 608880/。

委内瑞拉地处热带，土地充足，发展农牧业生产的条件非常优越。在石
油成为支撑本国经济命脉的产业以前，农业在国民经济中占有重要的地位，
尤其委内瑞拉的咖啡、可可的质量好，味道纯正，国际市场份额很大，直到
20 世纪初（1915 年）咖啡和可可的出口值还占全国出口总值的 88%。石油
经济占据主导地位以后，委内瑞拉农业生产极度萎缩，导致农产品不能自
给，国家食品公司每年需进口大量食品以满足国内市场的需求。从 40 年代
开始，石油出口始终占全国出口总值的 90% 以上，从近几年委内瑞拉进出
口贸易情况来看（见表 4 - 5），石油在出口产品中占据绝对比重的情况并没
有改善。

（四）社会问题滋生

石油国有化以前，委内瑞拉政府利用大量的石油收入，对一些基本生活
消费品、医疗卫生、教育等公共事业给予大量补贴，造成资金不足、外债过
多，酿成了财务债务与经济危机。虽然通过改革取消各种补贴，削减公共部

表4-5 近年委内瑞拉进出口贸易情况

单位：亿美元

	2011	2012	2013（1～9）
出口	926	995	686
进口	507	775	530
差额	419	220	156
石油出口	881	940	647
非石油出口	45	55	39

资料来源：外交部网站，http：//www.fmprc.gov.cn/mfa_ chn/gjhdq_ 603914/gj_ 603916/nmz_ 608635/1206_ 608880/。

门的开支，却造成物价上涨，居民购买力下降，失业人数增加，社会比较动荡。此外，委内瑞拉政府借助外资兴建的项目大多由本国大企业承担，大资本家从中获得大量资本而国民的生活条件却未见明显改善，换句话说，外国资本的涌入拉大了委内瑞拉的贫富差距。1979年，委内瑞拉官方发布的消息显示，当时最高工资为49万博利瓦/月（约14000美元/月），最低工资为450博利瓦/月（约105美元/月）。

石油国有化以后，委内瑞拉政府又制定过高的发展目标，导致负债越来越多，国家石油公司对本国石油产业的控制也限制了石油工业的发展。"委内瑞拉政府在掌握大量石油财富后制定了过高的指标，公共开支过大，项目投资过多，出现了资金短缺的问题。为此，政府不得不通过借债来维持其高指标、高投资和高速度的发展政策，造成负债越来越多。另外，实现本国石油国有化之后，委内瑞拉国家石油总公司垄断了石油的勘探、生产、炼制、储运和销售，严禁国内外私人资本的进入；国家对于石油公司的高税收、低销售价格政策，导致石油部门的自我发展资金严重不足，而向外筹措资金的渠道又受到限制，从而限制了石油工业的发展。"[1]

（五）石油技术开发不足

为维护经济独立、保护本国石油资源，委内瑞拉政府及人民进行了长达30多年的石油国有化斗争（见表4-6）：1943年颁布新的石油法标志着委

[1] 陈利宽：《委内瑞拉石油国有化的历史进程与影响》，《西安石油大学学报》（社会科学版）2013年第4期。

内瑞拉石油国有化进程的开端，1960 年成立国营石油公司并与中东四个产油国发起成立石油输出国组织，1970 年夺回石油作价权，1971 年委内瑞拉议会通过收回石油资源的法令，1972 年规定 1976 年以前国内石油供应完全由国家控制，1973 年陆续将一些外国公司的石油供应站收归委内瑞拉国营石油公司经营，1976 年委内瑞拉佩雷斯政府将 21 家石油公司收归国有，基本上完成石油的国有化进程。委内瑞拉虽然取得石油国有化的成功，打击了外国资本，但由于石油资源长期控制在国外企业手中，国内技术开发不足且比较落后，导致从设备的维修、更新到拓展销售渠道，均要依赖石油跨国公司，尤其是美国的石油公司。因此，虽然将石油资源收归国有，但由于技术落后，外国公司仍然可以通过收取所谓的"技术费"对委内瑞拉的石油工业进行剥削。此外，石油国有化一定程度上限制了石油工业的发展，主要表现在探明储量一直没有明显增加、对旧设备改造和新技术开发的投入不足、海外市场日益缩小、原油生产能力增长缓慢等方面。

表 4 - 6　委内瑞拉石油国有化进程

时间	时间
1943 年	委内瑞拉政府颁布新的石油法,对外国资本的勘探、开采、加工活动进行一定限制,并限定最长租让期为 40 年
1960 年	委内瑞拉政府决定成立国营石油公司,并颁布"不再租让"的法令。与中东四个产油国发起成立石油输出国组织
1970 年	委内瑞拉政府率先夺回石油的作价权,规定计算所得税的标准,提高外国公司的所得税率,增加了国家的收入
1971 年	委内瑞拉议会通过收回石油资源的法令,规定到 1983 年把期满的外国石油公司的租让地和财产全部收归国有
1972 年 5 月	通过法令,规定 1976 年以前国内石油供应完全由国家控制
1973 年 6 月	陆续将一些外国公司的石油供应站收归委内瑞拉国营石油公司经营
1974 年 3 月	佩雷斯政府宣布要提前实现石油国有化,并成立由各党派、团体代表和政府组成的收归石油委员会,负责制定国有化法令草案
1975 年 8 月	议会正式通过石油国有化法案
1976 年 1 月	委内瑞拉佩雷斯政府将 21 家石油公司收归国有

资料来源：肖枫：《委内瑞拉的石油经济》，《世界经济》1980 年第 2 期。

（六）石油政策存在的问题

石油国有化以后，为推动石油工业的发展，委内瑞拉采取一系鼓励措施，但仍然存在很多问题。具体问题如下：

一是法律不够健全。外国公司感到在石油上游的勘探、投资、利润分配、税收等问题上没有法律依据，因此不知什么可以做，什么不可以做。

二是政府对石油业收税过高。委内瑞拉国家石油公司综合税率为82%，企业负担过重，难以进行再投资。

三是委内瑞拉希望吸引外资对本国重油进行开发、炼制，但是不少外国公司对此不感兴趣，因为它们缺乏对重油进行开发、炼制的经验。更重要的是，在目前的油价下，重油的开发、炼制赢利不高。外国公司对轻油、中油项目比较感兴趣。

四是委内瑞拉政府与委内瑞拉国家石油公司间的关系没有理顺，二者时常发生争执，在不少问题上存在意见分歧。[①]

三 伦敦雾霾[*]

(一) 伦敦雾霾

18世纪中叶，英国率先兴起工业革命，成为世界上最先进的工业国家。但工业的快速发展也对英国的环境造成严重影响，"伦敦雾霾"是闻名于世的环境污染事件。"伦敦雾霾"最严重的时期是20世纪50年代，每年可视度不超过1000米的天数平均多达50天。从1952年12月开始，伦敦出现连续数日的大雾天气，不仅大批航班取消，汽车在白天行驶都必须开着大灯，严重的雾霾天气对伦敦市民的生活造成严重影响。

"2001年，英国各电视台都播放了那场大雾降临时的情景：伦敦城烟囱林立，全都冒着浓烟。当时，伦敦的工厂很多，绝大部分以烟煤作为燃料，千家万户也全是烧煤取暖。那几天，伦敦处在高气压控制下，百米低空形成了高危污染层，空气凝固不动，而数十万个烟囱却依然冒烟不止，烟雾越积越浓，每立方米大气含二氧化硫比平时高出6倍，颗粒污染浓度为平时的9

---

① 樊丽红：《委内瑞拉加紧实施石油战略规划》，《国际石油经济》1992年第3期。

* 本节作者李贺，中国信息通信研究院经济学博士，中国社会科学院研究生院国际能源安全研究中心特聘研究员。

倍，整座城市弥漫着浓烈的'臭鸡蛋'气味。居民普遍感到呼吸困难，几天内就夺走了数千人的生命，许多牲畜也倒地而死。"[①]

伦敦雾霾的形成既有工业发展燃煤排放大量有害气体的主观原因，也有地理位置、气候条件等客观因素。具体来看，造成伦敦雾霾形成的主要原因有：特殊的自然气候、大气污染物排放、城市静风现象、城市热岛现象、辐射逆温现象（见表4-7）。伦敦雾霾形成的原因为我们提供了十分有意义的借鉴。

表4-7　伦敦雾霾形成的主要原因

原因	理由
特殊的自然气候	秋冬季北大西洋暖流与大不列颠群岛区域冷流汇合，同时从海上吹来的大量暖空气与岛屿上空的较冷气团相遇，形成了伦敦浓浓的海雾和陆雾
大气污染物排放	英国工业化时期，伦敦以煤炭作为主要能源，煤炭燃烧产生大量诱发雾霾的粉尘及二氧化硫。随后，伴随着私家汽车的普及，汽车尾气中硫氧化物和氮氧化物在大气中氧化形成硫酸盐和硝酸盐气溶胶细微粒，并与城市大气中的扬尘与雾混杂在一起，成为伦敦城市雾霾的重要成因
城市静风现象	随着伦敦城市化进程与城市不断发展，城市中心区建筑密度剧增，城市下垫面粗糙度逐年增加，城市零位移平面不断上升，城市静风现象日渐增多
辐射逆温现象	伦敦逐步增加的人工硬质环境导致城市下垫面比热容变小，地面冷却加速，导致辐射逆温现象增强。逆温现象易于云雾形成，阻碍空气中的污染物及时向大气中扩散，造成大气污染加重
城市热岛现象	伦敦城市中大量人工高蓄热表面逐步代替原有自然环境，形成的立体城市下垫面近地层气温高于郊区，引发城市热岛及热岛环流现象，致使城市大气环流异常，影响空气中污染物扩散，使城市雾霾现象加剧

资料来源：左长安、邢丛丛、董睿、康翠霞：《伦敦雾霾控制历程中的城市规划与环境立法》，《城市规划》2014年第38卷第9期。

1. 主要能源为煤炭

20世纪50年代，到处林立的烟囱成了伦敦经济繁荣的标志，从这些烟囱可以看出当时伦敦工业经济繁荣的景象，也可以看到从烟囱中排放的黑色烟雾。英国煤炭消费主要有两个来源：一是工业用煤，第一次工业革命以后，机器生产代替手工生产，煤炭成了工业生产的主要能源，支撑了英国工业经济的繁荣。为扩大生产规模发展工业经济，伦敦市内建立了众多工厂，使煤

[①] 史宗星：《伦敦大雾事件警示》，《人民日报》2002年12月11日，第7版。

炭消费量增加，煤烟排放量激增。二是家庭取暖用煤，当时集中供暖并未普及，伦敦市供暖主要是市民家庭自主烧煤取暖，且煤炭技术并不发达，燃烧时必然会排放大量的有害气体。当时，伦敦经济的高速发展又汇集大量的外来人口，使其成为英国人口密度极大的城市之一，据统计，1801 年~1901 年间，伦敦人口从 95.9 万人猛增至 454 万人，人口众多加上技术不发达导致雾霾的发生。此外，汽车尾气也是伦敦大气污染的又一重要来源。"1904 年底，只有 31 辆公共汽车，1907 年增加到了 900 辆，占整个英国公共汽车的三分之一；小汽车方面，50 年代以后，伦敦汽车数量急剧上升，1955~1960 年间，拥有率由 18% 增加到 32%，1971 年达到 170 多万辆。"[1]

2. 经济发展优先

以环境为代价得到的发展，让英国政府尝尽苦头，首先是为治理雾霾投入庞大的资金，其次是危害市民健康、损害市民的根本利益，同时给世界各国留下恶劣的印象。1952 年为伦敦雾霾污染最严重的时期，根据当时英国的测定，死亡人数激增其间二氧化硫的日平均浓度为 2.0 毫克/立方米，总粉尘浓度为 1.6 毫克/立方米。根据图 4-1 显示，1952 年 11 月 30 日到 12 月 8 日，伦敦死亡人数与二氧化硫和总粉尘排放量成正比。据史料记载，在这短短几天内，伦敦死亡人数为 4000 人，因支气管炎以及各种心脏疾病而死亡的人数达到 1000 多人。伦敦雾霾还造成各种呼吸系统疾病，肺炎、肺癌、流行性感冒等的发病率显著增加。此外，英国是率先进入工业化阶段的国家，在未有前人经验的基础之上，英国错误地处理了经济发展与环境的关系，为了发展工业消耗大量煤炭资源，忽略了大气的承载能力，大量废弃物未经处理排放到空气当中，超出环境的承载能力，从而发生大气污染事件。而且，大气污染还造成土壤贫瘠、水质恶化，影响鸟类的生存以及植物的生长。

3. 环境保护法律体系不健全

根据表 4-8 显示，英国早在 1860 年就颁布了《碱制造业控制法》，直至 1952 年伦敦大气污染最严重的时期，先后颁布了 5 部与环境相关的法律，但仍然未能防止伦敦雾霾的发生，说明当时英国环境法律的实效性低下，对大气污染的防治并未起到应有的作用。1952 年以后，严重的大气污染得到

---

① 许建飞：《浅析 20 世纪英国大气环境保护立法状况——以治理伦敦烟雾污染为例》，《法制与社会》2014 年 5 月第 13 期。

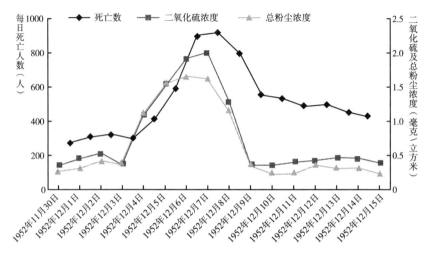

图 4 - 1　1952 年伦敦大气污染浓度与死亡人数

资料来源：Wilkins E. T. , *Air Pollution and the London Fog of December* , J. Roval. Sanitary Institute, 1952。

了英国政府的高度重视，并于 1956 年颁布了世界上第一部关于防治大气污染的法律，并在此后 40 年内完善大气污染的相关法律，根治大气污染，摘掉"雾都"的帽子。

表 4 - 8　英国大气污染防治相关法律

时间	法律
1863 年	《碱制造业控制法》
1906 年	《制碱等事业控制法》
1926 年	《公共卫生（烟害防治）法》
1930 年	《道路交通法》
1946 年	《曼彻斯特市法》
1952 年	伦敦市出台的《伦敦城法案（多项赋权）》《工厂法》《工作场所健康和安全法》
1956 年	《清洁空气法》，1968 年修改
1956 年	《制碱工厂法》修改
1973 年	《机动车辆（制造和使用）规则》
1974 年	《污染控制法》
1989 年	《烟雾污染管制法》、《烟雾污染管制（修正案）条例》
1990 年	《环境保护条例》
1991 年	《烟雾探测器法》
1995 年	《环境法》《汽车使用条例》《各种能源法》

资料来源：许建飞：《浅析 20 世纪英国大气环境保护立法状况——以治理伦敦烟雾污染为例》，《法制与社会》2014 年第 13 期。

4. 环保意识未形成

伦敦发生雾霾时，还未出现环保产业，人们普遍认为无止境地掠夺大自然，对环境污染也无认识，更不了解环境污染的危害。直至 1962 年《寂寞的春天》发表，全世界才对环境污染有了更多的关注，了解了环境污染的危害，人们逐步树立起环保意识，环保产业也随之逐渐兴起。而早在 16 世纪，随着伦敦工厂数量增多以及人口增加，煤炭的使用迅速增多，雾霾开始给伦敦市民的生活带来困扰，也引起了市民的不满和抗议，但市民运动并未形成规模，没有达到震慑政府的程度。甚至人们认为环境污染是工业发展必然产生的结果，英国人民也曾以冒着黑烟的工业烟囱为骄傲，认为这是经济发展、国家繁荣的象征。政府方面也未认识到大气污染带来的真正危害，为了发展经济，只考虑企业的利益，为不增加企业生产成本放宽了对环境指标的要求，实施了宽松的环境治理政策，低估大气污染带来的危害，无视人民的健康。

5. 城市规划不合理

伦敦雾霾产生的原因除了不被重视的主观原因以外，其所处的地理位置以及气候条件等也是重要因素。伦敦在工业化进程中，对城市规划不够重视，缺乏对工业生产布局的规划，导致市区内工厂林立，城市无序发展。"例如，中心区建筑密度越来越高，街区界面越来越复杂，城市下垫面摩擦系数增大、城市零位移平面不断上升，导致伦敦城市静风现象增多；硬质人工地表覆盖率不断扩大，辐射逆温增强；蔓延化的人工环境逐步代替了植被表面，加剧城市热岛现象，由于该时期系统化城乡规划的缺失，市区内以煤炭为依托的工业布局混乱，城市空间无序，污染源未能得到有效控制，城市雾霾现象日趋严重。"[①]

四　洛杉矶污染事件[*]

（一）雾霾天气在中国频繁出现

近几年的秋冬季节，雾霾天气在中国的出现次数和影响范围不断扩大，

---

① 左长安、邢丛丛、董睿、康翠霞：《伦敦雾霾控制历程中的城市规划与环境立法》，《城市规划》2014 年第 38 卷第 9 期。

* 本节作者刘喜梅，经济学博士，华北电力大学经济管理学院副教授，中国社会科学院研究生院国际能源安全中心研究员，硕士生导师。秦超，华北电力大学技术经济管理专业硕士研究生。

对于东北、华北、华东等地的居民，雾霾现象更为严重。京津冀地区，PM 2.5 有时竟达到 1000 微克/立方米以上。空气污染加剧是由工业企业废气排放、冬季民用生活炉灶和采暖锅炉使用、汽车尾气排放，以及城市内空气流动不畅等原因造成的。可以说，雾霾天成为新兴经济体在实现国民经济快速增长的同时必须正视的环境问题。

人体接触严重的雾霾后会受到伤害，主要表现为呼吸道疾病，以及眼鼻喉发炎等症状，长期处在污染的大气中，会使支气管哮喘、慢性支气管炎的发病率明显增加。大气中污染物浓度很高时，对抵抗力较弱的老人与小孩的影响尤为巨大，会造成急性的污染中毒，甚至会有生命危险。从世界范围来看，很多国家都发生过因颗粒物引起的空气污染事件，其中，大多为现在发达的工业国。较为著名的空气污染事件有：1930 年 12 月比利时的马斯河谷烟雾事件、1943 年的洛杉矶光化学烟雾事件、1948 年的美国多诺拉烟雾事件、1952 年 12 月的英国伦敦烟雾事件。其中，洛杉矶光化学烟雾事件是世界有名的空气污染事件，污染严重，持续时间长，造成的伤亡惨重，对社会的影响巨大。

（二）洛杉矶光化学烟雾事件的成因与危害

洛杉矶地处美国西部沿海，西临太平洋，三面环山，早期金矿、石油和运河的开发，使它很快成为美国发展迅速、工商业及旅游业发达的大城市。20 世纪四五十年代的美国，各行各业都处在迅速发展的阶段，经济的繁荣带动了石油的开采，更带动了当地汽车行业的发展，由于汽油挥发、不完全燃烧，以及汽车漏油、尾气排放，每天有 1000 多吨石油烃废气、一氧化碳、氧化氮和铅烟排入洛杉矶上空。另外，还有炼油厂、供油站等其他石油燃烧的排放源，这些化合物在强烈的紫外线照射下，发生光化学反应，其产物为含剧毒的光化学烟雾。由于地势和特殊气象因素，烟雾久久不散，造成了最早出现的大型污染事件——光化学烟雾污染事件。这种烟雾中含有臭氧、氧化氮、乙醛和其他氧化剂，20 世纪四五十年代持续污染着洛杉矶，在污染严重的年份，甚至会造成大量的市民伤亡。1952 年 12 月的一次光化学烟雾事件，导致洛杉矶 65 岁以上的老人死亡 400 多人。1955 年 9 月，由于大气污染和高温，短短两天之内，65 岁以上的老人又死亡 400 余人。直到 20 世纪 70 年代，洛杉矶市还被称为"美国的烟雾城"。

洛杉矶的光化学烟雾事件的成因是多方面的。从地形上来说，洛杉矶三面环山，只有西部临海，形成了一个口袋状的盆地，它是一个得天独厚的港口，同时也使得空气在水平方向流动缓慢。由于西临太平洋，所以洛杉矶常年刮西北风或西南风，较为强劲的西北风多为地面风，并不穿过海岸线，而从海岸附近和沿着大致为东西走向的海岸线吹的是西风或西南风，风力较弱。这些风将城市上空的空气吹向东部山区阻碍了颗粒物和废气的扩散。

由于洛杉矶光化学烟雾事件是空气中的污染物在阳光照射下，同空气中其他成分发生化学反应所造成的，而洛杉矶是地中海气候，其夏秋两季光照强烈，尤其是紫外线强度较高，有些时候紫外线辐射极强，民众不做防护在太阳下不久就会被晒伤。

洛杉矶城市内的另一个重要气象现象是沿着加利福尼亚州海岸向南方和东方流动着一股洋流。这股洋流的存在使得海水冰冷，这就使来自太平洋上空比较湿暖的空气下层变冷，而高层的空气由于下沉运动而变暖，于是形成了洛杉矶上空强大而持久的逆温层。这种逆温层的存在，严实地盖住了洛杉矶上空的空气，使其大气污染物无法上升到周边山脉的高度以向外扩散，这导致洛杉矶的光化学烟雾无法扩散。

形成洛杉矶光化学烟雾事件最主要的原因还是工业污染物的排放对大气的污染，其中最大的污染源来自当时存在的 250 余万辆各类型的汽车，由于当时汽车工业还不像现代这样发达，每辆汽车的耗油量远高于现在，每天消耗的汽油就有 1600 万升。当时人们也未意识到需要安装尾气净化器，汽车汽化器的气化率低，汽油车尾气排放的有害污染物如碳氢化合物、一氧化碳和氮氧化物，柴油尾气中排放的有害污染物如颗粒物 PM10 等，这些污染物每天被大量排入大气，其中碳氢化物就有 1000 多吨。这些碳氢化合物、二氧化氮在阳光的作用下，与空气中的其他成分发生化学反应而产生了一种新型刺激性强烈的有机化合物，即光化学烟雾。

光化学烟雾的产生给洛杉矶的工农业带来了巨大的损失，同时也对当地居民的身心健康产生了不利影响。光化学烟雾污染严重的时候，许多人头痛、眼睛疼、呼吸困难。其中因呼吸系统衰竭死亡的老人远多于平时，有 75% 以上的市民患上红眼病。与此同时，光化学烟雾还会造成家畜患病，妨碍农作物及植物生长，使橡胶制品老化，材料和建筑物受腐蚀而损坏。光化学烟雾还使大气浑浊，降低大气的能见度，影响汽车、飞机的安全运行，车祸、飞机坠落事件增多。1943 年以后，光化学烟雾竟使得远离城市 100 千米以外的海拔 2000 米高山上的大片松林及柑橘枯死。

在 20 世纪 40 年代，洛杉矶就已经意识到光化学烟雾事件所带来的巨大危害并采取了治理措施。但前期因为没有经验，未弄清污染事件的起因是什么，并未起到良好的效果。在污染严重的最初几年，洛杉矶市政府曾认为是二氧化硫所导致的严重危害，因此采取各种措施降低二氧化硫的排放，包括减少工业部门的废气排放，对石油精炼、燃煤发电等行业的二氧化硫排放进行过滤处理。但是光化学烟雾并未明显地消散，有时候反而会更加严重。后来科学家发现，碳氢化合物同二氧化氮或空气中的其他成分，在太阳光主要是紫外线的照射下，会吸收阳光中的能量，随着吸收的能量增多，这些物质的化学状态变得不稳定，而产生新的化学物质，这一系列的化学反应即光化学反应产生了有毒烟雾。但此时，政府部门并没有仔细研究大气中的碳氢化合物的主要来源是什么，而只是简单地认为石油挥发物是造成光化学烟雾的罪魁祸首，因此对石油提炼行业采取防备措施，以减少石油挥发物的挥发。经过一段时间的观察，光化学烟雾仍未有效减少。

随后的深入研究科学家才发现，洛杉矶当时拥有的 250 余万辆汽车，每天消耗的大约 1100 吨石油，排出的 1000 多吨碳氢化合物、300 多吨氮氧化合物、700 多吨一氧化碳，才是造成污染的首要原因。与此同时，其他主要工业行业，主要以石油为燃料，也排放了大量的污染物，如加油站、炼油厂。

（三）洛杉矶光化学烟雾事件的解决

一是安装汽车排放系统催化装置。在新产的汽车中安装尾气排放转化系统并制定政府标准，对已使用的汽车进行改装，加上尾气催化装置。汽车排放的氮氧化合物在催化转化器中被转化为氮气，可以有效降低尾气中氮氧化合物的含量。

二是改进汽车燃料。对汽车燃料进行改进，控制燃料使用标准，提高燃油的燃烧效率。

三是改善城市交通结构。洛杉矶人口众多是美国第二大城市，为减少人们选择使用汽车出行的方式，洛杉矶增加公共交通线路，提倡公共交通出行。

四是颁布相关法律法规。《清洁空气法》正是在这一背景下产生的美国著名的环境保护法案。

五是发挥政府在治理污染上的主导作用,加强环境监管。增加基层公共服务部门的监管权力,划设空气质量管理区,加强执法力度。政府投入资金引导与环境保护有关的科研开发,对工业废气治理、汽车尾气治理等科研项目进行投资。设立严格的汽车尾气排放标准,以及各种工厂设备排污标准。随后,洛杉矶又将环保排污治理纳入市场化中,在市场中进行排污权交易,吸收资金,鼓励创新。

(四) 对中国的启示

中国经历了 30 多年的高速发展,各方面的环境压力巨大,每年全社会环保方面的投入规模为 6000 亿 ~ 8000 亿元,但是各种环境问题依然很多,肆虐中国东部地区的雾霾便是其中之一。以北京为例,按照国家新标准,2013 年,北京空气质量达五六级的重污染天数累计为 58 天,空气质量好于二级达标天数为 178 天。每到秋冬季节,污染和重污染天成为普遍现象。空气污染问题成为大众最关心的日常问题,政府部门也表示采取措施坚决治理空气污染问题。2014 年,在北京举行 APEC 会议,北京因此出现连续半个月的蓝天白云,被民众称为"APEC 蓝",让人民见到了空气污染改善的希望,也为中国政府提供了治理雾霾的经验。

APEC 会议期间,北京市在本地采取的环保措施包括:机动车限行与管控、燃煤和工业企业停限产、工地停工、加强道路保洁、调休放假等;周边省区市实施工业停限产、机动车单双号行驶等临时性减排措施,周边各省区市在会议期间实际停产企业 9298 家,限产企业 3900 家,停工工地 4 万余处。这些措施使得 11 月 1 日至 12 日的北京市空气中 PM 2.5、PM 10、二氧化硫、二氧化氮浓度分别为 43 微克/立方米、62 微克/立方米、8 微克/立方米和 46 微克/立方米,比上年同期分别下降 55%、44%、57% 和 31%,各项污染物浓度均达到近 5 年同期最低水平。2014 年 PM 2.5 一级优的天数增加了 22 天,重污染天数减少了 13 天。

结合洛杉矶在治理光化学烟雾事件时的措施与北京 APEC 会议期间政府保障空气质量的成功经验,可以总结出政府在治理城市空气污染尤其是雾霾方面的经验教训。

第一,加强对机动车汽车尾气的治理与管控。

一是大力开发汽车净化处理技术，安装防污处理设备和开发新型发动机，进行汽车三元催化器治理。

二是改用汽车燃油，包括：采用无铅汽油，以替代有铅汽油，可减少汽车尾气毒性物质的排放量；掺入添加剂，改变燃料成分；选用恰当的润滑添加剂、机械摩擦改进剂；采用绿色燃料同样可减少汽车有毒气体排放量；采用多种燃料作为汽车燃料来源；大力推广车用乙醇汽油。

三是大力发展电动汽车，鼓励新型电动汽车研发，利用税收优惠等政策，引导消费者购买电动汽车，推动电动汽车的市场普及，加快相关配套设施如充电桩的建设。

四是淘汰老旧机动车，加快研究国六机动车排放标准，提高机动车排放标准。

五是遇到重大事件时，利用行政手段对城市机动车进行单双号限行。

第二，加快公共交通网络建设，鼓励民众乘坐公共交通工具出门。

一是加快城市公交网络建设，推动城市公交车纯电动化，普及气电混合动力公交车、新能源公交车。

二是加快建设城市轨道交通，由于在城市运行的地铁、城铁等轨道交通已实现电动化，轨道交通的发展不仅有利于减少空气污染物的排放，而且有利于缓和城市道路拥堵状况。

第三，加快电能替代建设，优化终端能源消费结构。

一是冬季集中供暖，采用电采暖设备替代燃煤锅炉。

二是电炊具替代燃煤炉灶，从能效水平看，电炊具的终端利用效率可达90%以上，远远高于传统燃气灶仅55%左右的热效率水平。

第四，推进产业结构调整，不断优化产业格局。

一是淘汰高污染企业，大力发展新兴产业，促进新能源的广泛应用。

二是投入资金更新老旧工业设施，研发减污环保的工业设备。

三是出台相关法律法规，加大对污染企业惩处力度。

第五，大力植树造林，美化城市卫生。

一是在城市周边地区建设防护林，防止外部污染源对城市空气质量的影响。

二是对城市卫生进行网格化、社区化管理，下放管理权力，保持城市道路、社区卫生环保整洁。

五　福岛核泄漏[*]

2011 年 3 月 11 日，日本东北部大地震以后，福岛核电站发生 7 级核泄漏事故，与史上最严重的苏联切尔诺贝利核电站核泄漏事故同等级。核事故对福岛县的农业、工业、水产业、观光业等造成严重的影响，如福岛县的黄瓜与桃子的价格指数在核事故后均大幅度下降（见图 4－2）。日本福岛核事故的发生，让世界对核能的安全性有了新的认识，对各国的核能政策产生了不同的影响，敲响了各国加强对整个核燃料循环系统的安全研究的警钟，也让日本重新审视了核电产业的发展。

（一）核电站位置距离居民区较近

日本核电站大多沿海而建，多处于地震带上，且日本国土狭窄，人口密集，核电站大多距离居民区较近，导致福岛核事故发生后，当地居民受到了较大影响。日本环境省《环境·循环型社会·生物多样性白皮书（2013）》显示，截至 2013 年 3 月，政府指定的避难区域内避难者人数达到 10.9 万人。从福岛县全县来看，避难者人数大约 15.4 万人，其中福岛县内为 9.7 万人，福岛县外大约 5.7 万人。福岛核事故的辐射范围也逐渐扩大。

（二）过度依赖核能发电

目前，世界上关于核能安全技术的开发还不是十分成熟，尤其在第二代核电技术安全性相对较差的情况下，更加增加了福岛核事故发生的危险。而日本在核能安全技术还未能达到能够预防核事故发生的情况下，大力推进核能的普及（见表 4－9），使核能发电在发电能源中的占比从 1973 年的 2.6%上升到了 2010 年的 28.6%，并在福岛核事故发生之前，已经将核能发电的目标定为提高到总发电量的 50%。对核能发电的过度依赖，导致在核事故发生后一段时间内供电不足，打断了企业正常的生产与经营活动。此外，日

---

[*] 本节作者李贺，中国信息通信研究院经济学博士，中国社会科学院研究生院国际能源安全研究中心特聘研究员。

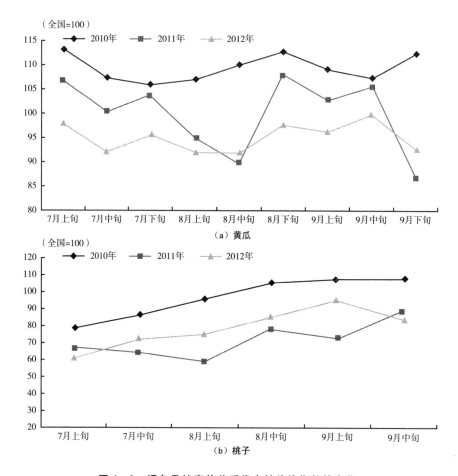

图 4 - 2 福岛县核事故前后代表性价格指数的变化

资料来源：日本环境省：《环境·循环型社会·生物多样性白皮书（2013）》。

本政府通过教育、广告等宣传手段，向市民灌输核能非常安全的理念，并使公众信服，从而使人们疏忽了核事故所带来的危害。

表 4 - 9 日本发电能源比例情况

单位：%

年度	煤炭	石油等	天然气	核能	水利	可再生能源
1973	4.7	73.2	2.4	2.6	17.2	0.03
2010	25.0	7.5	29.3	28.6	8.5	1.1
2013	30.3	14.9	43.2	1	8.5	2.2

资料来源：《日本经济产业省能源白皮书（2014）》。

（三）核电产业非理性发展

日本政府在发展核电时，忽略了核事故预防、核废料处理、运转年数等对核能发电成本的影响，低估了核能发电成本，造成了核电产业的盲目发展。"日本综合资源调查会公布的各种发电成本为：石油火力发电 10.7 日元/千瓦时、煤炭火力为 6.2 日元/千瓦时、液化天然气（LNG）为 5.7 日元/千瓦时、核电为 5.3 日元/千瓦时。但日本立命馆大学大岛坚一教授在考虑发电规模、设备利用率、运转年数、燃料费和财政补贴等因素重新计算出的发电成本为：水力发电 7.36 日元/千瓦时、火力发电 9.9 日元/千瓦时、核电 10.68 日元/千瓦时。按照大岛教授的算法，核电其实是非常昂贵的。另外，如果考虑核废料处理成本和潜在的核事故影响，核电的成本会更加高昂。"[1]

（四）政府监管不力

从表 4-10 可以看出，早在 1978 年，福岛核电站就发生了临界事故，而在 2005～2008 年的 4 年间，每年福岛核电站均有事故发生。虽然如此却仍然没有引起日本政府的高度重视，直至 2011 年才将核电站安全提上日程，可见日本政府对东京电力公司（以下简称东电公司）的监督存在问题，而且也缺少必要的法制措施和责任追究制度。为了提高本国能源自给率，保障核电的稳定供应，日本政府在电力公司、核电承建商和银行的影响下，放松了对核电安全的监管，并为了掩盖核电事故已发生的事实隐瞒多次事故，让市民放松了对核事故的警惕。据报道称，自福岛第一核电站建成 40 年以来，日本的核安全监管机构从未要求东电公司重新评估其安全性，尤其是遇到地震和海啸时的风险。

表 4-10　福岛核电站事故汇总

时间	事故
1978 年	福岛第一核电站曾经发生临界事故，但是事故一直被隐瞒至 2007 年才公之于众
2005 年 8 月	里氏 7.2 级地震导致福岛县两座核电站中存储核废料的池子部分池水外溢
2006 年	福岛第一核电站 6 号机组曾发生放射性物质泄漏事故

---

[1]　王宗帅、穆献中：《福岛核事故后日本能源战略及对中国的启示》，《商业经济》2014 年第 1 期。

时间	事故
2007 年	东京电力公司承认,从 1977 年起在对下属 3 家核电站总计 199 次定期检查中,这家公司曾篡改数据,隐瞒安全隐患。其中,福岛第一核电站 1 号机组反应堆主蒸汽管流量计测得的数据曾在 1979～1998 年先后被篡改 28 次。原东京电力公司董事长因此辞职
2008 年 6 月	福岛核电站核反应堆 5 加仑少量放射性冷却水泄漏。官员称这没有对环境和人员等造成损害
2011 年 3 月	9.0 级地震导致福岛县两座核电站反应堆发生故障,其中第一核电站中一座反应堆震后放射性物质泄漏

资料来源:作者根据百度百科整理。

(五) 东京电力公司处理不当

东京电力公司为了节省成本,在悲剧发生以前多次隐瞒核电设施的安全隐患,事故发生后又因为害怕损害对核电设施的长期投资而错过冷却的最佳时间,最后导致悲剧的发生,缺乏该有的社会责任感。2011 年 3 月 15 日的美国《纽约时报》指出,这次福岛核电站事故所用的美国通用电气公司(GE)制造的沸水堆早就被发现存在安全隐患,但东电公司因其造价相对低廉而一直使用。这个沸水堆最后一道防线的主要安全壳尺寸小、强度不够,在最极端的情况下,40 分钟就可能损毁。"根据日本有关法律,核电站大约每年进行一次自我安全检查。一旦发现细微损伤或是安全问题,需要关闭核反应炉进行维修。而对于东电公司来说,关闭核反应炉维修所造成的损失是很大的,核电站停止运营一天的损失将达 10 亿日元。利益驱动使得东电公司一再伪造和篡改安全检查记录。2007 年 1 月 31 日,东电公司在向经济产业省提交的调查报告书中承认,从 1977 年起至 2007 年间在对下属福岛第一核电站、福岛第二核电站和柏崎刈羽核电站的 13 座反应堆总计 199 次定期检查中,存在篡改数据,隐瞒安全隐患行为。"[①]

(六) 法规法规不健全

自 50 年代日本发展核能以来,先后成立了国家能源委员会,颁布了相

---

① 薛澜、沈华:《日本核危机事故应对过程及其启示》,《行政管理改革》2011 年 5 月。

关政策法规。例如，1979 年，日本政府修改相关法规，对核反应堆的设置、使用、排放等做出具体规定，同时批准民间参与核废燃料的回收再利用。2000 年发布《特定放射性废弃物最终处理法》，2005 年 10 月发布之后 10 年的核能政策基本方针，即《原子力政策大纲（关于原子力研究、开发及利用的长期计划）》，2010 年 12 月开始了关于重新修订的探讨。虽然如此，在相关法律法规里面仍然缺少对海啸事故的安全规定，以及发生事故后的责任追究等问题。此外，也缺少关于核电站使用寿命方面的法律，导致福岛第一核电站超期服役并最终酿成严重事故。

第五章 解决能源问题的先进经验

一 非常规能源的突破：美国页岩气革命[*]

2008 年以来，由技术突破带来的页岩气革命引发美国页岩油气产量大幅增长，带动美国油气总产量止降回升，能源对外依存度大幅下降，促进了美国经济复苏，并对国际能源格局产生重大影响。

（一）美国页岩气革命的历程

1. 美国页岩气资源分布情况

页岩气是指赋存于富有机质泥页岩及其夹层中，以依附或游离状态为主要存在方式的非常规天然气，成分以甲烷为主，是一种清洁、高效的能源资源。[①] 其成气特点是：在适当的外部条件出现时，泥页岩中的有机质以及已经生成的液态烃经过裂解或降解形成气态烃，或游离于孔隙和裂缝中，或吸附于有机质和黏土矿物表面，并在一定地质条件下聚集形成页岩气藏。与常规天然气藏不同，泥页岩既是页岩气生成的烃源岩，又是页岩气聚集和储藏的储层，这种"自生自储"的特点决定了页岩气所赋存的环境自然压力较

---

[*] 本节作者张茂荣，中国现代国际关系研究院世界经济研究所资源与环境研究室主任，副研究员。

[①] 国家发改委、财政部、国土资源部、国家能源局：《页岩气发展规划（2011~2015 年）》，2012 年 3 月 13 日。

轻，孔渗性能较差，开采难度大，技术要求高。

从近 10 年来迅猛发展的页岩气资源勘探看，美国页岩气资源不仅储量大，而且地质条件较好，探明程度高，易于经济开发。美国能源信息署（EIA）报告称，美国可开采页岩气储量达 665 万亿立方英尺，居世界第四位。[①] 鉴于丰富的页岩气资源，美国天然气可采储量年限从此前的 30 年延长到 100 年。[②]

美国页岩气的主产区和潜在产区主要分布在美国南部、中部和东部。著名的页岩气区块包括南部的马塞勒斯（Marcellus）、巴尼特（Barnett）、海恩斯维尔（Haynesville）、费耶特维尔（Fayetteville）页岩气区块以及位于东部、中东部的新奥尔巴尼（New Albany）和安特里姆（Antrim）页岩气区块等。马塞勒斯页岩气区块位于纽约西部、宾夕法尼亚州、俄亥俄州以及弗吉尼亚州西部，是美国页岩气储层面积最大的页岩，甚至超过希腊的国土面积。巴尼特页岩气区块位于得克萨斯的沃斯堡（Fort Worth）盆地中部，是美国最典型的页岩气开采基地，随着勘探技术的不断提高，其技术可采储量逐年增长。海恩斯维尔页岩气区块是前景十分乐观的页岩储层开发区，位于路易斯安那州北部以及得克萨斯州东部。海恩斯维尔页岩气区块虽然不是美国页岩气储量、面积最大的地区，但勘探结果显示，其很有可能是产量最高的页岩气藏之一。费耶特维尔页岩气区块位于阿肯色州阿科马（Arkoma）盆地，其页岩的分布范围尚未知晓，需要进一步研究，有望发现更多页岩气资源。新奥尔巴尼页岩气区块位于伊利诺伊州的南部、印第安纳州和肯塔基州。安特里姆页岩气区块是位于密歇根州的较浅的页岩气储层。

2. 美国页岩气产业的发展

美国是世界上最早从事页岩气勘探开发的国家。1627～1669 年，法国勘探人员和传教士就对美国阿拉巴契亚盆地富含有机质的黑色页岩进行过描述，他们所提到的油气资源现在被认为就是来自于纽约西部的泥盆系页岩。

---

① 美国能源信息署，http://www.eia.gov/analysis/studies/worldshalegas/，最后访问日期：2015 年 9 月 3 日。

② 美国国家情报委员会编《全球趋势 2030：变换的世界》，中国现代国际关系研究院美国研究所译，时事出版社，2013，第 6 页。

1821 年公认为美国页岩油气工业"元年"。这一年，米歇尔能源开发公司在美国纽约州沙托克瓦县（Chautauqua）泥盆纪德尔德克（Durdirk）页岩中钻探的第一口天然气生产井就是页岩气井。在井深 21 米处，从 8 米厚的页岩裂缝中产出天然气。这口井比北美第一口油井足足早了 38 年。19 世纪 80 年代，美国东部地区的泥盆纪页岩因临近天然气市场，在当时已经有相当大的产能规模。但此后，由于存在技术瓶颈且利润不高，页岩气开发一直不够活跃。

20 世纪 70 年代末，国际市场高油价和非常规油气概念的兴起，使对页岩气资源的研究备受重视，主要是对沃斯堡盆地巴尼特页岩的深入研究。水平钻井技术在这一时期开始得到探索和应用。米歇尔能源开发公司在该地区的浅层打井，产出少量气体，且产能下降很快，随后该公司逐渐将注意力转移到较深层的巴尼特页岩。1981 年，米歇尔能源开发公司在该地区完成了第一口取心评价井，并采用氮气泡沫压裂改造发现了巴尼特页岩气田，开始探索压裂技术。1986 年，米歇尔能源开发公司完成了巴尼特气田的地层剖面图，并对其孔隙度、渗透率、有机质含量和裂缝方向进行了详细研究。

进入 21 世纪，随着压裂技术逐渐成熟，大规模开采页岩气的条件逐渐具备。2001 年，戴文能源公司收购米歇尔能源开发公司，将其擅长的水平钻井技术与米歇尔能源开发公司的水力压裂技术相结合，突破了页岩气开采的技术瓶颈，成为该地区最大的公司作业者。2003 年，美国第一口页岩气钻完井技术在巴尼特页岩气田诞生，由此拉开了页岩气产业快速发展的序幕。2006 年之后，经过进一步实践和研究，美国在水平钻井技术的基础上，成功研发出水平井分段压裂、同步压裂以及深层地下爆破等多项页岩气开发技术。这些高端技术从面积和深度上拓展了页岩气可供开采的范围，降低了单位开采成本，页岩气开发技术开始在整个北美地区推广应用。[1] 与此同时，美国页岩气产量从 2007 年的 1.29 万亿立方英尺迅速提升到 2013 年的 11.42 万亿立方英尺（见图 5-1）。[2]

---

[1] U. S. Congressional Research Service, *Unconventional Gas Shales*: *Development*, *Technology*, *and Policy Issues*, 2009.

[2] 美国能源信息署，http://www.eia.gov/dnav/ng/ng_prod_shalegas_s1_a.htm，最后访问日期：2015 年 9 月 5 日。

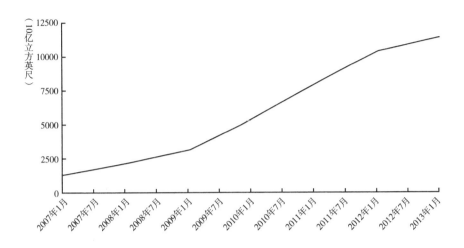

图 5 - 1　美国页岩气产量

资料来源：美国能源信息署，2014 年 12 月 4 日。

3. 美国页岩油大发展

以开发页岩气为目的的气井在生产中还可以在井口分离出伴生的凝析油，这是一种很好的轻质原油，颜色偏浅。因此，在 21 世纪初，伴随着页岩气产量的增长，美国以凝析油为主的页岩油（也称致密油）产量也在不断增加。

页岩气革命使美国的能源态势发生了巨大变化，突然增大的天然气供应导致气价大跌，较高的环境风险也困扰着页岩气产业的稳定发展。由于页岩气有与致密油共生的特点，页岩气开采技术逐渐向采油领域推广应用。而且，在近年美国国内能源价格环境下，油价大大高于气价，页岩气井数量下降，页岩油开采井数量大幅上升，页岩气开发商在低气价时采取"气亏油补"策略，以保证经营利润不下降。因此，页岩油成为美国能源领域新的增长点，页岩气革命开始由采气为主转向油气同采或专门采油。

气价大降迫使页岩气开采商将大量钻井转向页岩油后，美国原油产量迅速增长。2006～2008 年，美国原油产量到达底部，此后开始了历史性的转降为升。2009～2011 年的三年间，美国页岩油产量增长 2.6 倍，2011 年页岩油产量占美国石油总产量的 11.5%，成为美国原油产量增长的主要来源

（见图 5 - 2）。此后，在美国页岩油大幅增产的推动下，2014 年美国原油产量达到 872 万桶/日（见表 5 - 1）。

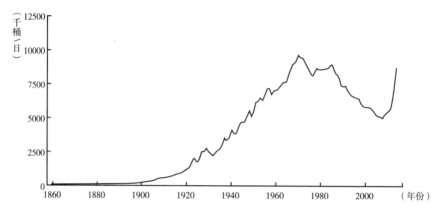

图 5 - 2　1859 ~ 2014 年美国原油产量

资料来源：美国能源信息署，2015 年 8 月 31 日。

表 5 - 1　2005 ~ 2014 年美国油气产量变化情况

年份	2005	2006	2007	2008	2009	2010	2011	2012	2013	2014
天然气（万亿立方英尺）	23.5	23.5	24.7	25.6	26.1	26.8	28.5	29.5	30.0	31.9
原油（万桶/日）	518	509	508	500	535	548	565	650	746	872

资料来源：EIA，*Monthly Energy Review*，July 2015。

自 2014 年下半年以来，国际油价大幅下跌，跌幅过半，对美国页岩油气开发带来了一定影响。但是，油价下跌也促使美国页岩油气行业进行整合，降低了成本。未来，随着页岩开发技术的进步和油价的止跌企稳乃至回升，美国页岩气革命仍将继续进行。据美国能源信息署预测，2040 年美国页岩气产量将达到 19.6 万亿立方英尺，在美国天然气总产量中的比重从 2012 年的 40% 上升到 55%。[①] 而在石油领域，花旗银行全

---

① U. S. Energy Information Administration，*Annual Energy Outlook 2015：With Projections to 2040*，April 2015，p. 20.

球商品研究部预计，美国石油产量（包括原油和成品油）在致密油生产的推动下，将在 2020 年前超越沙特，达到 1500 万桶/日左右。初步预测，从 2012 年到 2020 年，美国石油产量至少有 500 万桶/日的增长空间。[①]

（二）美国页岩气革命成功的背景

1. 建立规范的市场监管体系和维护输气管网运行的市场化公平准入机制

美国的能源监管权分属联邦和州两级，联邦监管标准较州的要求低，倘若两者冲突，则以联邦监管制度为准。1978 年，美国通过《天然气政策法案》，放松了对天然气价格的控制。在美国，天然气的开发监管政策与传统石油监管政策相似，联邦政府通过环境和管道进行有限介入，将勘探开发等方面的监管权下放至各州。而由于政府对天然气价格放松管制，这进一步促使天然气市场成为非常有竞争性的市场。

在产业模式上，美国采取天然气开采和管道运输业务垂直分离的模式，规定管道公司只能从事运输服务，避免垂直垄断型产业链出现。美国是世界上天然气管网最发达的国家，目前有 40 多万公里的天然气管道，这为页岩气入网销售、降低运输成本提供了便利。美国对天然气开发商和管道运输商进行不同的政策监管，在监管管道运输费用的同时放开天然气价格，保证天然气生产商和用户对管道拥有无歧视准入条件。从 1985 年美国联邦能源管理委员会（FERC）颁布 436 号法令，管网公司开放管道运输业务；到 1992 年 FERC 颁布 636 号法令，管网公司分离管输业务；再到 2000 年 FERC 颁布 637 号法令，改进管输市场效率，有效地促进了美国天然气市场公平竞争环境的形成，提高了天然气运输市场效率，更好地保护了市场参与者的利益。监管形式上，州内管道由州与地方法律监管和约束，州际管道则由 FERC、州、地方法律监管和约束，同时运输价格受到监管，市场运输准入受 FERC 监管。

政府规定天然气生产商和用户对天然气管网拥有公平的准入条件，中小型能源公司可以及时通过输气管网销售页岩气。这一政策促进了美国天然气

---

① Citigroup Global Commodities Research, *ENERGY 2020: North America, the New Middle East?* 20 March 2012.

市场公平竞争环境的形成，提高了天然气运输市场的效率，更好地保护了市场参与者的利益。

2. 对页岩气勘探开发和运输管道建设实行税收减免和财政补贴

20 世纪 70 年代末，美国政府就开始鼓励开发本土的非常规能源资源。政府将致密气、煤层气和页岩气统一划归为非常规天然气，并通过立法落实对非常规天然气的补贴政策。这些补贴政策最早开始于 1978 年的《天然气政策法案》，但在该法案中并没有明确说明对页岩气的具体补贴额度和年限。1980 年，美国国会通过《原油暴利税法》，其中第 29 条"非常规能源生产税收减免及财政补贴政策"明确规定：从 1980 年起，美国本土钻探的非常规天然气（煤层气和页岩气）可享受每桶油当量 3 美元的补贴。美国国会后来又将第 29 条法案的执行期两次延续至 1992 年。该政策有效地激励了非常规气井的钻探，引导一批在页岩气领域具有长远眼光的独立能源公司（如米歇尔能源开发公司）反复钻研和试验，使美国在 1980～1992 年非常规气井数量暴增，达新增矿井总数的 78%。

1992 年，美国国会再次对《原油暴利税法》第 29 条进行修订，对 1979～1999 年钻探、2003 年之前生产的页岩气实行税收减免的政策，减免幅度为 0.5 美元/千立方英尺（约 0.02 美元/立方米），而 1989 年美国的天然气价格仅为 1.75 美元/千立方英尺（约 0.07 美元/立方米）。美国对页岩气的税收减免政策前后共持续了 23 年。

在 1997 年颁布的《纳税人减负法案》中，美国政府依然延续对非常规能源实行税收减免的政策，直到 2006 年美国政府出台新的产业政策。新的产业政策规定：在 2006 年投入运营、用于生产非常规能源的油气井，可在 2006～2010 年享受每吨油当量 22.05 美元的补贴。此项政策使得美国非常规气探井数量大幅上升，天然气储量和产量也随之大幅增加。

在美国，除联邦政府出台的一系列产业政策外，拥有页岩气资源的得克萨斯州、俄亥俄州、宾夕法尼亚州的州政府也相继颁布一些鼓励政策，其中最具代表性的是得克萨斯州。1992 年以来，得克萨斯州政府对页岩气开发免征生产税，实行 3.5 美分/立方米的州政府补贴（占州政府全年税收收入的 7.5%）。这些补贴政策与联邦政府的政策并不冲突，在很大程度上鼓励了能源公司开发页岩气资源。

美国对管道公司也实行税收减免政策。1996 年，为了缓解能源供应紧张的状况，降低非常规天然气的开发成本，美国政府向管道公司征收的所得税率仅为 12.3%，远低于美国其他工业所得税率（美国平均工业所得税率为 21.3%）。2001 年，该项税率提高到 13.3%，但仍低于行业平均水平。美国还对一些地区的天然气管道建设采取激励措施。例如，在阿拉斯加的管网建设项目中，美国政府向当地管道建设公司提供贷款，为大容量的天然气处理装置提供 15% 的税收优惠，将人容量天然气管道折旧年限规定为 7 年。这些政策都降低了管道建设的风险。

3. 建立专项研究基金资助研究机构开展技术研发，提高整个行业的技术水平

20 世纪 70 年代初，美国天然气产量持续下降，造成本土天然气供应紧张。为了缓解能源供应紧张问题，美国政府积极推动本土非常规天然气的勘探开发，成立美国天然气研究院（GTI），旨在整合国内天然气领域的技术研究人才，开展非常规能源技术研究。GTI 作为非营利性机构，多年为美国能源行业提供技术支撑，在一定程度上支持了政府实现既定的产业政策。

1976 年，美国联邦政府启动"东部页岩气项目"。美国联邦能源管理委员会同时批准了 FERC 研究中心和 GTI 的研究预算。美国政府还邀请多所大学、研究机构和私营油气公司加入该项目，进行联合研究。同年，FERC 研究中心成功研发页岩气大型水力压裂技术，并获得该项技术的专利。1977 年，美国能源部率先向外界展示了该项技术。该技术对非常规天然气产业产生了深远影响，极大地提高了非常规能源的开发效率，许多中小型公司开始运用这一技术。

20 世纪 80 年代末至 90 年代初，美国能源部设立了很多专项基金，支持研究机构和中小型技术公司进行新技术的研究。在专项基金的资助下，美国能源部所属的桑迪亚（Sandia）国家实验室很快研发出包括微地震成图、页岩及煤层水力压裂等技术。1991 年，在美国能源部和 FERC 的共同资助下，米歇尔能源开发公司在得克萨斯州北部的巴尼特气田成功完钻第一口页岩气水平井，该项目主要技术支持由 GTI 提供。1998 年，同样在政府的资助下，米歇尔能源开发公司研发了具有经济效益的滑溜水压裂技术。直到今天，该技术仍作为核心技术被广泛运用于页岩气开发。2004 年，美国政府开始新一轮的基金资助，《美国能源法案》规定，政府将在未来 10 年内每年投资 4500 万美元用于包括页岩气在内的非常规天然气研发。

20 世纪 80 年代至今，美国能源部、美国联邦能源管理委员会等多个政府部门先后投入 60 多亿美元用于非常规天然气的勘探开发，其中用于培训和研究的费用近 20 亿美元，后来诸多技术突破都得益于这些研究。其间，美国政府资助研发的技术主要包括水平井钻井技术、水平井多段压裂技术、清水压裂技术和同步压裂技术等，这些先进技术的规模化应用提高了页岩气井的产量，降低了开采成本，使页岩气的生产进入工厂化、规模化开发阶段。[①]

4. 中小能源公司积极参与

从过去 20 年美国油气开发过程来看，中小石油公司在非常规油气资源开发中发挥了主要推动者的作用。当初，非常规能源难采、低渗和不经济的特征使得大型能源公司避而远之，结果为中小能源公司开发这些资源留下了较大的发展空间和潜在利益。迫于低回报、高成本的压力，这些公司不断进行技术革新，成为推动美国页岩气开采技术快速发展的主要动力。随着页岩气开采特有技术的不断进步和推广以及油气需求和赢利空间的扩大，这些中小能源公司逐步具备了开发这些难采资源的技术能力，也使原来难以赢利的项目成为赢利项目。以页岩气革命的先行者、希腊裔美国企业家乔治·米歇尔（George Mitchell）创立的米歇尔能源开发公司为例，该公司曾花费 17 年时间和数亿美元投资，先后钻了 30 多口试验井，测试了多种钻井和地层压裂方法以及压裂支撑剂的组合，终于把束缚在页岩中的天然气大规模开采出来并获得赢利。[②] 而且，米歇尔能源开发公司也从一家不起眼的小公司，变身为《财富》杂志世界 500 强之一。2010 年 6 月，米歇尔本人被授予美国天然气技术研究所终身成就奖。

不可否认，大批中小能源公司在技术革新上行动更快捷，为近年来美国页岩气产量增长做出重要贡献。但必须指出，非常规油气资源的持续开发需要更大规模和持续性的投资和规模化运作，大公司可以在这方面给予更多保证。因此，美国出现中小公司取得技术和产业突破，大公司则对中小公司进行收购和兼并的现象，丰富和完善了产业链，促进美国页岩气产业的快速发展。

---

① 王南等：《美国和加拿大页岩气产业政策借鉴》，《国际石油经济》2012 年第 9 期。
② 〔美〕丹尼尔·耶金著《能源重塑世界》（上），朱玉犇、阎志敏译，石油工业出版社，2012，第 289~292 页。

5. 制定完善的页岩气开发环保政策

页岩气开发对环境的影响，主要是水力压裂对地下水的潜在污染，另外还有空气污染、土地污染、噪声污染以及野生动物丧失栖息地的问题。但在页岩气开发初期，美国并未对页岩气开采采取任何环境监管措施。后来，随着开采规模不断扩大，在很多地区产生了环境污染问题。一些环保组织呼吁政府禁止水力压裂，因为该技术的运用会造成严重的地下水污染。为此，美国政府重新制定了相关的环保政策，加强了对页岩气开发过程中的环境监管。

1996 年，美国国会通过了《饮用水安全法》（SDWA）修正案，该法案规定，禁止油气运营商在河流、湖泊、水库和地下水水源附近进行页岩气水力压裂；未经美国环保局批准，不得向任何水源排放任何污染物。同年，美国国会还通过了《清洁空气法》（CAA），要求页岩气生产商必须控制压裂施工过程中返排液体中挥发性有机化合物的含量。美国环保局将派遣专员对页岩气开采活动进行监督，并对违反规定的石油公司进行严厉的处罚。美国还颁布了《职业安全与健康法》（OSHA），要求运营商必须将施工现场使用的危险化学品材料清单向政府备案。美国《综合环境责任与赔偿法》（CERCLA）规定，运营商必须提交危险化学品排放途径，并承诺对可能发生的泄漏事件承担全部责任。[1]

可见，在采取措施大力推进页岩油气开发的同时，美国政府在环保方面也出台了一系列法律法规，涵盖了从勘探、钻井、生产、废水处理以至旧井遗弃与封存等开发全过程，这些措施严密、细致、有效地保障了美国页岩油气发展过程中的环境保护。虽然环保人士仍有诸多质疑以致诉讼不绝，但事实证明关键问题均在可控范围内，不至于成为页岩油气发展的重大障碍。

（三）页岩气革命给美国带来巨大利益

1. 大大助推了美国的"能源独立"战略

自 20 世纪 80 年代以来至 21 世纪初，美国能源对外依赖度日益加深。1982～2005 年，美国一次能源自给率从 91.1% 持续下降至 69.2% 的历史最低点。[2] 2005 年，美国石油产量仅为 814 万桶/日，而国内石油消费量为

---

① 王南等：《美国和加拿大页岩气产业政策借鉴》，《国际石油经济》2012 年第 9 期。

② U. S. Energy Information Administration，*Monthly Energy Review*，May 2014，p. 3.

2080 万桶/日。①

此后，随着页岩油气开发规模不断扩大，美国国内油气供应能力大幅提升。而在国际金融危机的冲击下，美国石油消费于 2007 年后趋于下降，能源供需关系呈现出供应趋升、消费趋降、能效明显提升、能源结构逐渐优化的态势。其中，"能源独立"趋势（即能源自给率回升）成为二战以来1978 年第一个回升期后美国能源经济中的一大亮点。对此，美国总统奥巴马信心大增，2011 年 3 月他在一次公开演讲中阐述了他的"能源独立"战略："保证美国能源供应安全的唯一办法是永久性地减少对进口石油的依赖。这主要取决于两件事情：第一，在自己的国土上寻找和生产更多石油；第二，通过更清洁的替代燃料和更高的能源效率，全面减少对石油的依赖"。② 页岩气革命有力地支持了奥巴马提出的"第一件事情"。

2006 年以来，美国能源自给率逐渐提高，2011 年达到 80.5%，2014 年进一步升至 88.6%。③ 据美国能源信息署统计，美国天然气自给率已经由2000 年的 82.2% 上升到 2014 年的 95.9%，④ 2011 年，美国首次超越俄罗斯成为世界最大的天然气生产国。目前，美国已基本实现天然气自给自足，从此不必担忧产气国垄断天然气市场的威胁，甚至还可能对欧洲市场和东亚市场等输出液化天然气（LNG）。2005 年，美国石油自给率仅为 38.6%，2010年上升到 50.2%，自 1997 年以来首次回升至 50% 以上，2014 年进一步上升至 73.3%。美国石油净进口量已经从 2005 年的 1255 万桶/日降至 2014 年的504 万桶/日，降幅约 60%。⑤ 可见，美国"能源独立"战略取得了重大进展，已经彻底扭转了能源自给率下滑的态势。

2. 推动美国经济复苏

主要表现在以下几个方面。

第一，美国能源工业大发展，促进了美国就业、家庭收入和政府收入的增长。自 2008 年金融危机以来，美国经济经历了衰退和目前的温和复苏阶

---

① U. S. Energy Information Administration, *Annual Energy Review 2011*, September 2012, p. 140.

② Obama, "Blueprint for a Secure Energy Future," http：//www. whitehouse. gov/sites/default/files/blueprint_ secure_ energy_ future. pdf，最后访问日期：2015 年 9 月 10 日。

③ U. S. Energy Information Administration, *Monthly Energy Review*, July 2015, p. 3.

④ U. S. Energy Information Administration, *Monthly Energy Review*, July 2015, p. 79.

⑤ U. S. Energy Information Administration, *Monthly Energy Review*, July 2015, p. 45.

段，而能源行业在页岩气革命的推动下投资持续增长，带动了相关行业的发展与利润增长，部分对冲了金融危机的负面影响。几年前，许多美国能源公司还在规划修建 LNG 进口终端，但现在，大量资金正在投向将天然气液化并装船的出口设施。

第二，页岩气革命赋予美国巨大的竞争优势，为美国"再工业化"注入强大动力，推动了美国制造业的复兴和发展。2008 年金融危机以来，奥巴马政府在"再工业化"战略框架下提出"五年出口倍增计划""制造业促进法案""重振美国制造业政策框架"等一揽子计划，已经凸显出"美国制造"战略转向的轮廓。近年来，"页岩气革命"推动美国天然气价格直线下跌，由 2005 年的 8.8 美元/百万英热单位（BTU）降到 2012 年的 2.8 美元/百万英热单位。[1] 目前，美国天然气价格仅为欧洲的 1/2、亚洲的 1/4，发电成本大幅降低。受此影响，美国工业领域从化学制品到化肥、钢铁、塑料、玻璃的原料价格都在下降，制造业出现长期结构性改进的迹象，开始进入上升期。

第三，页岩气革命下，美国能源对外依存度的下降有利于降低贸易赤字。2008～2014 年，美国能源贸易赤字从 4158 亿美元下降至 1938 亿美元，降幅达 53.4%，其中，石油贸易赤字从 3882 亿美元下降至 1998 亿美元，降幅达 48.5%。[2] 到 2016 年，美国将首度实现 LNG 净出口；到 2018 年，美国将从天然气净进口国转变为净出口国；到 2035 年，美国天然气净出口量将达到 1060 亿立方英尺，LNG 净出口量将达到 1120 亿立方英尺。[3] 到 2035 年，美国石油进口量将降至 100 万桶/日，不到需求量的 10%。[4] 显然，随着能源对外依存度的降低，美国贸易赤字将大幅下降，经常账户收支状况将得到有效改善，这必然会对美元汇率形成有力支撑，有助于巩固今后美元的地位，并进一步引发全球资本回流美国。不过，在此过程中不应忽视投资约束、环保制约、水资源制约[5]、技术转让障碍以及社会对非常规资源开发的压力等不确定性因素和风险。

---

① BP, *BP Statistical Review of World Energy*, June 2015, p. 27.
② U. S. Energy Information Administration, *Monthly Energy Review*, July 2015, p. 13.
③ BP, *Energy Outlook* 2035, January 2014, p. 63.
④ BP, *Energy Outlook* 2035, January 2014, p. 39.
⑤ 国际能源署 2012 年发布的《世界能源展望》报告用一整个章节来论述水资源对能源的影响。该报告称，与水资源有关的油气开采增长迅猛，而水资源将成为进一步开采的制约因素，这对页岩油气开采尤其关键。

3. 美国将不断减少对不稳定地区和国家的石油进口比例

2001 年，美国从中东进口石油达到历史最高值 276.1 万桶/日，在总进口中的比重为 23.3%。此后，美国从中东进口的原油数量及占总进口的比重均呈下降趋势。2010 年，美国从中东进口的石油比例下降至 14.5%，10 年间下降近 9 个百分点。[①] 2013 年和 2014 年虽有反弹，但趋势不会改变。国际能源署甚至认为，在今后 10 年内美国可以几乎不从中东进口石油，90% 的中东石油将流向亚洲。[②] 同时，美国从委内瑞拉、利比亚等政局不稳定国家的石油进口比例也在逐步减少。2008~2014 年，美国自委内瑞拉石油进口量从 120 万桶/日下降到 80 万桶/日，自利比亚石油进口量从 10 万桶/日下降到 0.6 万桶/日。[③] 这一变化意味着今后美国与外部世界的石油依赖关系由区域向重点国家调整，即由原来与中东、非洲、美洲地区的区域依赖关系转向对少数稳定国家的重点依赖，石油进口主要倚重北美邻国（特别是加拿大）、南美国家（特别是巴西）以及沙特、尼日利亚等个别中东、非洲国家。这些变化必然促使美国调整对外能源政策，至少在处理中东事务上减少"石油负担"，使其外交政策不受中东产油国制约，从而使得美国的中东政策更具灵活性。

4. 美国全球经济战略的自由度进一步扩大

页岩气革命虽然使美国对中东石油进口的依存度降低，但并不意味着美国放弃对中东的战略控制，相反将使美国对中东的政策立场更趋强硬，并为美国加速战略东移、构建"太平洋新秩序"创造条件和空间。目前，美国试图以跨太平洋伙伴关系协定（TPP）主导亚太经济合作的未来，塑造以美国为中心的亚太区域经贸新秩序。这必将使亚洲各国的贸易和投资格局做出重大调整，由东盟主导、中国大力支持、将美国排除在外的区域全面经济伙伴关系（RCEP）模式与美国力推的 TPP 模式之间的竞争与互动将成为无法回避的焦点，从而对亚太乃至全球经贸战略布局造成重大影响。页岩气革命还为美国提供了在全球范围内加快重构区域经济合作网络的有效筹码，密切其与盟友的经济关系。1938 年，鉴于天然气的稀缺性和极端重要性且战争

---

① U. S. Energy Information Administration, *Annual Energy Review 2011*, September 2012, p. 127.

② International Energy Agency, *World Energy Outlook 2012*, November 2012.

③ http://www.eia.gov/dnav/pet/pet_move_impcus_a2_nus_ep00_im0_mbblpd_a.htm, 最后访问日期：2015 年 9 月 15 日。

爆发在即，美国出台法律规定出口天然气违反国家利益。据此，美国公司长久以来没有出口天然气的自由（除非获得美国能源部矿物能源局的批准）。在页岩气革命逆转了美国天然气供需形势以后，美国能源部已向同美国签订自贸协定（FTA）的国家发放了 LNG 出口许可，并对部分 LNG 项目发放了向非 FTA 国家的出口许可。前美国副国务卿阿米蒂奇和哈佛大学教授约瑟夫·奈曾联合向美国政府提议，修正阻碍向日本出口 LNG 的现行法律，建议把以正常价格向日本稳定供应天然气作为美日安保同盟关系的一部分。随着 2015 年拓宽巴拿马运河，这一建议具有了很强的可操作性。同样，若将来美国对欧洲国家出口天然气，将进一步密切大西洋两岸的经贸联系，欧洲国家天然气消费单一依赖俄罗斯的局面将发生实质性改变，北美地区将成为欧洲天然气供应多元化的重要来源。此外，天然气产量和消费量的大幅增加还增强了美国在气候变化谈判中的地位。目前，美国二氧化碳排放量降至 1992 年以来的最低水平，主要原因是天然气在发电中的比例大幅上升，火电发电量下降。据预测，到 2020 年天然气将成为美国能源组合中最主要的燃料。如此明显的减排效果将加强美国在全球气候变化谈判上的筹码，这对中国、印度等新兴大国构成了巨大压力。

5. 俄罗斯能源实力和影响力将大打折扣，美国等西方国家的制裁效果更显著

未来，美国油气产量超越俄罗斯和沙特之后，可能会发挥类似沙特阿拉伯的"机动国"作用，即在未来油气产量增减方面直接影响国际油价波动。俄罗斯一直依赖能源出口支持其脆弱的经济，并将其作为对欧洲和亚洲能源消费国的一种影响力。美国天然气自给有余将为欧洲 LNG 进口留出较大的全球资源空间，从而使后者减少对俄罗斯的依赖程度。俄罗斯天然气生产成本长期居高不下，今后其通过能源出口攫取超额利润将更加困难，因为美国天然气的出口可能会降低欧洲能源的价格，澳大利亚的天然气供应将降低亚洲能源的价格，这给俄罗斯总统普京打造"富庶安宁俄罗斯"的目标构成极大挑战。此外，加拿大的管道气和卡塔尔的液化气都在寻找新的买家，若它们进一步占领欧洲市场，俄罗斯能源出口环境将更加恶化。由于突然出现的充足气源，欧洲天然气价格已经大幅下滑。这一趋势将直接冲击全球天然气贸易与投资以及天然气定价模式。美国国内天然气市场供需关系的改变，使俄罗斯不得不改变其天然气的开发和出口计划。鉴于俄罗斯财政收入的60%来自能源出口，天然气价格低迷将会导致灾难性后果，苏联的崩溃和前俄罗斯总统叶利钦的垮台都与能源价格低迷密切相关。面对来自美国的"页岩气冲击"，加之与西方国家在"乌克兰危机"上的长期对立，在俄罗斯能源战略部署中，开拓亚洲市场已刻不容缓，中国将成为重中之重。从长远来看，天然气价格下跌、消费市场萎缩对俄罗斯国家复兴战略产生了重要影响，非常规油气的开采和美国能源地位的上升会对俄罗斯大国地位构成"致命一击"。可以大胆预测，新的能源秩序令俄罗斯在21世纪的衰落几成定局，这符合美国的战略利益。

二 可再生能源的大规模应用：德国实践[*]

德国可再生能源全球领先，其发展模式也一直备受推崇。20世纪90年代，德国《电力入网法》颁布后，德国风能和太阳能进入快速发展阶段。2000年《可再生能源法》实施以来，德国可再生能源发展更是进入了快车道，成为全球的榜样。其可再生能源占发电总量的比重从2000年的6%上升到2013年的约25%。然而，经历了2010~2012年高补贴带来的快速发展后，难以承受的补贴导致其高速发展不可持续。德国可再生能源的发展给中国相关行业的发展带来不少经验启示。

可再生能源就是可以再生、不断使用的能源类型，主要包括太阳能、风能、水电、生物质能、地热能、海洋能等（见表5-2）。可再生能源具有清洁、资源分布广泛、净排放低等优点，目前可再生能源主要用于发电、供热与制冷、交通三个部门。

表5-2 可再生能源技术

类别		电力	供热与制冷	交通
可再生能源	风能	海上风电 陆上风电		
	水电	小水电(<10兆瓦) 大中型水电(>10兆瓦)		

---

[*] 本节作者刘先云，中国社会科学院研究生院国际能源安全研究中心特聘研究员。

续表

类别		电力	供热与制冷	交通
可再生能源	太阳能	太阳能光伏发电（PV） 太阳能聚光发电	太阳热能	
	海洋能	波浪、潮汐、热能、盐差能		
	地热能	传统地热发电 增强地热系统（ECS） 超临界流体	直接使用 地源热泵	
	生物质能	生物质能 生物气	生物质能 生物气	生物燃料 （生物乙醇、生物柴油）

注：一般而言，小水电被认为是可再生能源，而大中型水电是不可再生能源。

资料来源：李严波：《欧盟可再生能源战略与政策研究》，中国税务出版社，2013。

（一）可再生能源发展的目标与成就

德国的可再生能源始于 1991 年 1 月颁布的第一部可再生能源法——《电力入网法》。该法对所有生产风电、太阳能等可再生能源电力的单位给予 20 年的价格担保和优先上网权利，确保新能源并网后能获得令人满意的回报，这极大地促进了风电产业的发展，奠定了德国可再生能源发展的基础。

2000 年德国开始实施《可再生能源法》，进一步明确了对可再生能源的扶持政策，可再生能源发展政策被提高到"基本国策"的战略高度，可再生能源的发展从此取得了令人瞩目的成绩。

2011 年日本福岛核事故加快了德国放弃核电的步伐。该事故后，德国发生反核大游行，原本支持核电的德国总理默克尔态度发生转变。政府随后通过了比之前更为急促的弃核计划，在一周内永久地关停 8 座核电站。5 月 29 日，默克尔总理做出了一个历史性决定——2022 年前关闭境内所有 17 座核电站，德国成为第一个明确弃核的国家。核电装机容量的下降，使德国不得不更加重视发展光伏、风电等可再生能源，用于弥补能源的缺口。

2012 年德国新修订的《可再生能源法》启动了一项雄心勃勃的可再生能源计划：逐步全面放弃核电，到 2020 年实现可再生能源在能源消费中的比例占到 35%，到 2030 年达到 50%，2040 年达到 65%，2050 年则超过 80%。

德国政府于 2011 年 6 月重新修订了 2010 年 9 月制定的《能源方案》。2010 年 9 月制定的方案包括对可再生能源的扩建、开发和促进措施,2011 年 6 月则添加了德国政府能源转型的详细目标。2010 年,德国还制定了《国家可再生能源行动计划》。这些文件构成了所谓的德国"能源转型"计划。"2011 年,德国的电力需求峰值高达 8200 万千瓦,其中一半靠煤,23% 靠核能,10% 靠天然气,17% 靠可再生能源,而这个雄心勃勃的计划意味着德国要在短短几十年内通过绿色技术替代 3/4 的传统能源"。①

德国政府将"能源转型"视为立足世界经济、引导世界潮流的一个前瞻性项目。其大力推进能源转型主要基于以下三大目标:培育经济新的增长点、积极促进就业;促进能源供给多元化、保障能源安全;应对气候变化、减少温室气体排放。

首先,对经济增长和促进就业作用明显。可再生能源行业投资大、产业链长,对经济增长拉动作用大。而且,可再生能源作为战略性新兴产业,一国一旦获得技术和市场优势地位,将扩大相关产品和服务的出口,并将在未来经济增长中占据制高点。杰里米·里夫金在《第三次工业革命》中预言,第三次工业革命将在新能源和信息技术等关键领域取得重大突破。

其次,对保障能源安全意义重大。作为世界第四大经济体、第二大出口国,德国化石能源十分匮乏。目前德国 97% 以上的原油和绝大部分天然气都依赖进口,能源供给对外依存度过高,已经成为德国经济和外交中的"软肋"。通过大力发展可再生能源保障能源自给水平,是德国确保能源安全的重要战略。

最后,对减少温室气体排放作用显著。德国一贯重视节能减排工作,提出的节能减排目标高于《京都议定书》和欧盟的相关要求。德国曾承诺到 2020 年其温室气体排放总量将在 1990 年 1.25 亿吨的水平上减少 40%。风能、太阳能这两大主力可再生能源基本可实现"零排放",尤其是德国等发达国家将可再生能源发展的重点集中在设备研发和应用环节,而把设备生产这一可能造成污染的环节留在了国外,通过国际贸易实现了污染转移。

过去 10 多年,德国无论在风能、太阳能、生物能还是地热等领域,都取得了令人瞩目的科研成果,许多成果都成功地从概念设计转化为商品开

---

① 《德国制订世界最大可再生能源规划能走多远》,《光明日报》2011 年 10 月 22 日。

发。得益于"能源转型"战略，德国可再生能源发展迅速步入世界前列，以风能和太阳能为主的可再生能源发电量十分喜人（见图 5 - 3）。德国联邦统计局最新数据显示，目前，可再生能源已经超过核能，成为德国第二大电力来源。

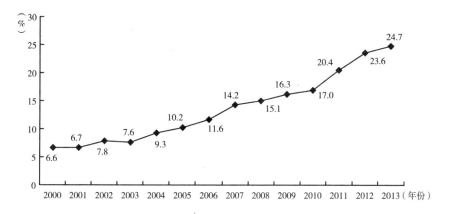

图 5 - 3 可再生能源在德国电力消耗中的比重

资料来源：郑春荣、伍慧萍主编《德国发展报告（2014）》，社会科学文献出版社，2014，第 113 页。

目前，德国发电量中可再生能源所占的比重已从 2000 年的 6.6% 上升到 2013 年的约 25%。资料显示，2014 年德国可再生能源发电量为 1560 亿千瓦时，已经占到全国发电量的 27.3%。以光伏为例，德国光伏发电经历了迅猛的发展，2012 年高达 7.6 吉瓦，2013 年末德国光伏装机总量已经达到 35.7 吉瓦。

（二）可再生能源发展的主要政策与经验

德国的生物质能、风能和太阳能光伏发电迅猛增长，其可再生能源整体发展获得了巨大成功。其成功的核心就在于过去 10 多年为投资者制定了稳定的政策框架，这个框架中最重要的部分就是 2000 年公布的《可再生能源法》，尤其是该法所规定的强制入网、优先购买、固定电价政策体系。这些扶持可再生能源发展的法律和政策大大提高了新能源发展的商业可行性。

《可再生能源法》包括以下要点：可再生能源的电力有优先上网权；可

再生能源产生的电力具有优先收购及输送权；每度电有固定收购价格，保持
20 年不变；影响入网收购电价的技术因素包括发电站的类型、大小以及系
统功效；根据技术和市场的发展趋势下调收购标准，即所谓"逐年递减
率"；在所有电网运营商和发电商之间建立平衡机制，以平衡可再生能源发
电的额外成本；根据该法律产生的补贴费用为独立于国家财政预算之外的开
支；定期监测及评议，进行广泛的研究与分析。①

　　根据该法，可再生能源不仅可获得强制入网、固定电价的支持，而且政
府还可为可再生能源投资提供 20%～45% 的投资补贴。德国《可再生能源
法》规定的电价补贴力度之大更是令人瞠目，根据其补贴方案，政府购买
太阳能发电的价格达到 0.574 欧元/度，是当时德国煤电价格的 10 倍以上。
上网电价补贴机制，保证了进入可再生能源领域投资者的收益，提升了投资
者对可再生能源的信心，吸引越来越多的投资者进入该领域。数据显示，
2014 年德国对于可再生能源的补贴总额约为 250 亿欧元，其中的 40% 用于
光伏行业。

　　为激励可再生能源发电商将生产的电力直接市场化，2012 年修订的
《可再生能源法》还引入了"市场溢价机制"——如果可再生能源发电商决
定放弃《可再生能源法》规定的收购电价，它们除了出售电力所得外，还
将额外获得一定的"市场溢价"。此外，该法修订后免去了储能系统的电网
使用费和可再生能源分摊费，以支持储能技术的开发应用。

　　2000 年以来，德国政府针对可再生能源采取了一系列措施，制定了相
关的政策和法规（见表 5 - 3）。

表 5 - 3　德国有关可再生能源的政策与法规一览

法律和政策	制定或生效时间
《可再生能源法》	2000 年制定并实施,2004 年、2009 年和 2012 年修订
《能源方案》	2010 年制定,并于 2011 年 6 月重新修订
《国家可再生能源行动计划》	2010 年制定
《可再生能源供热法》	2009 年制定,2011 年修订后于同年 5 月 1 日生效
《可再生能源市场刺激计划》	2011 年 5 月 11 日生效

---

① 郑春荣、伍慧萍主编《德国发展报告（2014）》，社会科学文献出版社，2014，第 119 页。

续表

法律和政策	制定或生效时间
《生物发动机燃料份额法》	2006 年 10 月 26 日制定,2007 年 1 月 1 日起实施,2009 年 7 月 15 日做重要修订
《生物发动机燃料可持续性规定》	2011 年 1 月 1 日生效
《输电网络开发计划》	2012 年首次制定草案,2013 年 6 月第一份草案修订,2013 年 9 月 13 日～10 月 25 日公示
《海上风电输电网络开发计划》	2013 年首次公布,2013 年 6 月第一份草案修订,2013 年 9 月 13 日～10 月 25 日公示

资料来源：郑春荣、伍慧萍主编《德国发展报告（2014）》,社会科学文献出版社,2014。

德国政府于 1998 年启动实施了"10 万屋顶计划",鼓励家庭分布式光伏发展。不少城市还颁布条例或出台鼓励政策,要求所有屋顶或供热改造都必须安装太阳能装置。根据相关规定,国家公用电网供电商有义务收购个人或机构利用装置生产的电力。目前德国光伏发电的收购平均价格是 56 欧分/度,对于建于建筑物上的太阳能装置,其收购电价比光伏发电的收购平均价格还高,这极大地促进了分布式光伏电站的发展。

德国出台了名目繁多的补贴政策,补贴范围涵盖技术研发者、生产者、经营者和使用者等各类市场主体,降低了发展可再生能源的成本。在德国,无论是节能建筑材料、太阳能设备,还是生物质发电、生物质柴油,只要符合政府对可再生能源的相关要求和标准,都能享受相关补贴。

此外,德国还多次调整生态税,对化石能源在征收销售税外又加征生态税,鼓励开发和利用清洁能源,对使用风能、太阳能等可再生能源发电则免征生态税。同时,针对不同能源产品和行业实行差别税率,对一些赢利能力较差的环保行业给予税收优惠。[1]

德国政府不遗余力地给予可再生能源企业各种形式的财税支持,包括补贴、免税、税制改革、转移支付等在内的各种支持手段,为可再生能源产业的发展产生了良好的激励作用。当然,为了促进技术进步和持续降低成本,提高补贴资金利用效率,德国政府对补贴还实行了递减制度。一般补贴的固定期限为 20 年,政府根据不同的技术类型会对补贴做出相应调减。比如,

[1]　王楠、王悦:《管窥德国可再生能源政策》,《中国石油企业》2009 年第 10 期。

新安装的小型水电厂每年减少1%，建筑物采用的集成光伏系统每年减少5%。

除了财税支持外，德国探索出了通过商业银行和政策性银行扶持风能、太阳能项目的模式，金融成为撬动可再生能源发展的重要杠杆。2004年起，德国政府制定了市场刺激可再生能源发展的措施，通过优惠贷款扶助可再生能源。德国商业银行积极探索，尝试开展行业专业化金融服务。与此同时，德国还通过政策性银行对新能源发展给予融资倾斜政策。德国政府支持国家政策性银行——德国复兴信贷银行，运用资本市场和商业银行来实施对环境项目的金融补贴政策，最大限度地发挥政府补贴资金的效用。

李华友、杨姝影、李黎等人的研究显示，德国政策性银行扶持新能源行业的运作模式是：德国复兴信贷银行在国际资本市场上进行融资，德国政府负责对其融资资金进行贴息并打捆形成绿色信贷产品。德国复兴信贷银行测算出盈利率和优惠利率，将从资本市场融来的资金开发成长期、低息的金融产品销售给各商业银行，商业银行获取低息金融产品后根据微利的原则再适度调整利率，然后以优惠的利息和贷款期为终端客户提供支持环保、节能和温室气体减排的绿色金融产品和服务（见图5-4）。[①]

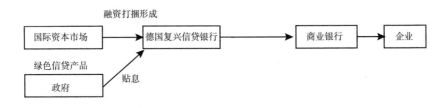

图5-4 德国政策性银行绿色信贷模式

2011年，德国复兴信贷银行集团宣布，未来5年将提供超过1000亿欧元的资金用于支持德国能源转型，缓解德国由核能向可再生能源过渡的压力。该银行估计，到2020年前德国在能源转型中需要投资约2500亿欧元。

由于德国的可再生能源投资回报稳定且回报率较高，德国的银行等金融机构也纷纷开发出支持可再生能源行业发展的金融产品，大量项目获得了融

---

① 李华友、杨姝影、李黎：《绿色信贷加快德国转入绿色发展轨道》，《环境保护》2010年第7期。

资支持，大大加快了可再生能源的推广应用进程。

总之，德国将发展可再生能源提到战略高度，完善可再生能源立法，大力发展可再生能源技术的成功经验值得中国学习和借鉴。德国形成了较为完善的促进可再生能源发展的法律体系，其中明确包括政府管理部门、可再生能源总量目标、可再生能源发电的电价款、可再生能源发电装置运营方、电网运营方（购电方）等各类参与者的职责、权利、义务。

（三）可再生能源发展遇到的瓶颈和教训

德国政府的可再生能源政策对于吸引各类资本投资可再生能源领域是相当成功的，但是随着政策的推进，政府干预过多、市场力量不足的弊端开始显现。随着可再生能源的快速发展，财税补贴的增长和不断上涨的电价成为人们质疑德国可再生能源政策的主要原因。有关能源转型计划导致电力供应不足、推高电价，甚至扼杀德国工业的言论充斥着德国能源市场和公众呼声。"更少政府、更多市场"成为公众对能源转型的强烈呼吁。

首先，配套电网的建设跟不上，可再生能源发电无法正常输送。由于大部分风电场与光伏电站距离即将关闭的核电站较远，可再生能源富集区与能源消费区分离，铺设跨区域高压输电线路成为发展可再生能源的关键，这就是被称为"能源高速公路"的宏伟计划。"然而，电网建设的进程却差强人意，原计划到2022年铺设4000千米的电网目前只建成不到300千米。民众的反对是工程落后的主要原因，他们虽力挺关闭核电站，但却反对在自家后院新建输电网。另外，各州之间缺乏有效合作，各股政治势力不断介入也导致项目难以推进。24个电网扩建项目中有15个落后原计划7年之久"。[1]

其次，可再生能源的间断性也给电力调度带来难题，并影响了其节能减排的成效。风能和太阳能发电的不稳定性是其最大的"软肋"，而大容量储能设备还处在研发阶段，所以德国仍然需要以化石能源发电作为可控电力备用。由于可再生能源发电站已在建设中，加之上网优先，天然气电厂无法与之竞争，只有运营成本低廉的火电厂才可以勉强生存。结果出现了一个尴尬的现象：阳光灿烂时，德国要亏本向欧洲出售过剩的电力，因为政府要支付给可再生能源生产商固定补贴；阴天的日子里，德国却要依赖褐煤发电，碳

---

① 张琪：《德国能源转型进行时》，《中国能源报》2013年7月15日，第8版。

排放也是有增无减。①

再次，风能本身带来的噪声和环境破坏问题也受到了关注和质疑。一些社区和环保团体认为涡轮风机影响当地的景观和部分鸟类迁徙，风力涡轮机产生的噪声也有危害。越来越多的德国人反对继续扩大风力发电设施，这导致一些陆上低成本的理想场所用来开发风电的计划搁浅，而部分优质风电场资源已经被开发，接近饱和。德国被迫更多地发展成本更高的海上风电项目。

最后，最重要的还是不断上涨的电费让消费者日益不满。由于德国政府采取用固定上网电价强制收购的方法给予补贴，但补贴的费用不是从联邦政府预算中拨付，而主要由"可再生能源分摊费"支出，最终由电力消费者承担。这导致了随着可再生能源的增加，可再生能源补贴成本的快速上升而导致消费者不能承受。居民零售电价中的可再生能源分摊费从 2009 年的 1.31 欧分增加到 2014 年的 6.24 欧分。电力零售价从 2000 年的 14 欧分/千瓦时上升到 2013 年的约 29 欧分/千瓦时。在 2013 年平均约 29 欧分/千瓦时的居民零售电价中，可再生分摊费达到 5.39 欧分/千瓦时。不断推高的电价，侵蚀了公众对可再生能源支持的基础。

报告显示，截至 2013 年，德国民众承担的可再生能源附加费总计高达约 3170 亿欧元。2014 年的可再生能源附加费可能高达 230 亿欧元，预计到 2022 年要达到 680 亿欧元。"一方面，政府对于清洁能源的投入已超过实际发展水平，财政补贴造成了可再生能源的'虚假'繁荣，更成为政府的沉重包袱；另一方面，由于政府财力有限，中小企业以及普通用户最终为电费上涨买单。过去 3 年，德国家庭电费平均上涨了 1/4，高出欧盟平均水平 40%～50%，而且担保价格合同为期 20 年，随着更多的可再生能源投入，这种矛盾将日益显现"。②

近年，在公众反对情绪高涨的同时，德国的天然气、煤炭、石油和电力等传统能源行业的企业家们也联合起来反对政府购买昂贵的可再生能源设备，反对政府给予可再生能源生产者补贴，这导致一些非常好的项目投资失败，还有一些可再生能源产业项目放缓建设投资。

---

① 张琪：《德国能源转型进行时》，《中国能源报》2013 年 7 月 15 日，第 8 版。
② 张琪：《德国能源转型进行时》，《中国能源报》2013 年 7 月 15 日，第 8 版。

对此，德国也开始重新审视和调整可再生能源发展的相关政策。德国政府意识到，能否有效控制补贴增长和电价上涨，将直接影响德国能源转型的成败。2013 年再次赢得大选后，德国新的大联合政府提出了平衡能源政策目标的"三角关系"，即生态环境承受力、能源供应安全和能源可支付能力。控制成本和保障能源供应安全、环境保护一起，成为能源转型改革方案的主要目的。

2009 年以来，德国对可再生能源政策进行逐步调整。2009 年引入"增长通道"的概念，即将补贴的递减率和装机容量挂钩。2012 年进一步收窄通道，将太阳能每年的装机容量限定在 2.5 ~ 3.5 吉瓦（而 2010 ~ 2012 年 3 年间增长了 7 吉瓦）。在补贴每月递减的基础上，根据装机容量再调整可变的递减率。此次改革实际上是对德国过快的能源转型的"刹车"。数据显示，2013 年德国太阳能的装机容量由上一年的 7.6 吉瓦降至 3.5 吉瓦。

2014 年 6 月，德国通过"可再生能源改革计划"，更是对此前的可再生能源政策进行了大幅改革。2014 年改革的核心内容有以下三个特点。

一是减少补贴的力度和范围。对可再生能源的平均补贴水平，从当前的 17 欧分/千瓦时下降到 2015 年的 12 欧分/千瓦时。最迟在 2017 年，德国将采用竞价而不是补贴的方式支持可再生能源发展。该计划要求，从 2014 年 8 月开始，所有新增 500 千瓦以上的可再生能源电力都必须通过电力交易所直销，到 2017 年适用范围将扩大到所有新增的 100 千瓦以上的设备。相应的，对发电方的补贴也将从固定电价补贴转变为以市场补贴金形式完成。这样可再生能源企业在发电时，就必须考虑这些电是不是市场所需要的，从而提高可再生能源发电与市场的整合度。

二是发电主体自用的发电部分也交纳可再生能源附加费。新开发的工业企业自用的电力（规模在 10 千瓦以上，或者是规模在 10 千瓦以下但是自用电量超过 10 兆瓦的部分），也需要交纳可再生能源附加费。非可再生能源，且非高效的热电联产（CHP）的传统发电企业，要为其自用的发电部分全额缴纳可再生能源分摊费，可再生能源单位的自用发电最多只缴纳 40% 的分摊费。这标志着德国可再生能源扶持政策向集中式可再生能源项目倾斜，更好地维护了大企业的利益。

三是"增长通道"进一步强化。继 2012 年削减太阳能光伏补贴后，政府又削减了对风能的补贴，尤其是减少了对陆上风电发电的促进措施。太阳能和陆地风电每年装机容量各不超过 2.5 吉瓦。同时，海洋风电的发展目标也被大幅度降低：2020 年和 2035 年的目标从 10 吉瓦和 25 吉瓦分别被降低到 6.5 吉瓦和 15 吉瓦。此外，生物质能设备仅限制在垃圾及废物利用方面，将生物质能降格为"废物利用技术"。

总而言之，德国经历了 2010～2012 年可再生能源的快速发展之后，已经着手大幅调整了可再生能源政策，由"过度支持"向适度发展转变，由政府主导为主向加快市场化转变。不仅如此，德国能源转型的减速，还产生了巨大的"溢出效应"——"两头在外"，即设备研发和销售依赖外部市场的状况。

（四）德国可再生能源发展实践对中国的启示

尽管目前德国对可再生能源的补贴和扶持政策让政府和民众有些不堪重负，政府正在减小补贴力度和范围，但这些政策已经使德国的新能源发展取得长足进步。随着技术的成熟，风能、太阳能组件价格的持续下降，风能、太阳能项目的商业可持续性也在逐步增加，德国在新能源领域的技术开发走在了世界前列，有望引领新一轮的技术和工业革命。

总体上看，可再生能源行业作为战略性新兴产业和幼稚产业，政府对其进行干预是必要的。充分发挥市场机制的作用，给予信贷等金融支持也是很重要的政策工具。但是，可再生能源发展并不是多多益善、越早越好，"更多市场、更少政府"已经成为公众对德国能源转型的呼声。正确处理好政府和市场的关系、制定合理的产业政策、协调好产业政策和竞争政策的关系，仍是把握这一行业政策的关键。

德国可再生能源的发展经验和政策调整，对中国可再生能源发展主要带来以下几点启示。

第一，政府继续完善促进可再生能源发展的立法，支持可再生能源优先上网，继续对风能、太阳能发电给予财政补贴。在适当提高补贴标准的基础上，国家以立法形式明确补贴期限，增强补贴政策的稳定性，并确保补贴及时拨付到位，给投资者稳定的市场预期。在国家统一扶持政策外，可允许可再生能源自然条件较好的省份自主出台相关的促进政策。在选择资源种类和开发技术的优先级的时候，要考虑成本优势。在有多种选择的情况下，应该优先发展低成本的资源。

第二，在确定补贴额度过程中，政府要把握好补贴的度。过高的补贴虽然短期内会促进行业的投资，但是从中长期来说，过度投资带来的产能过剩会挫伤投资者的积极性，最终危及可再生能源行业的可持续发展。政府要制定合理的可再生能源发展目标，避免新能源发展大起大落。该目标可以和政策挂钩，并根据发展进度对政策进行调整。如果调整的步伐不能和可再生能源成本下降的步伐保持一致，可能会导致过高的利润，从而使得可再生能源的发展失控，而这种失控会让消费者承担不合理的负担，最终也会危及可再生能源的可持续发展。

第三，国家要加强配套的电网建设，确保可再生能源发电的输送。大规模接入可再生能源可能导致不可预料的后果，包括高电价、对传统能源的挤出效应，从而威胁电力系统的可靠性。可再生能源的快速发展，可能阻碍甚至危及作为必要补充的传统电力生产能力的发展，进而危及电力系统的可靠性。国家要加大对可再生能源科技创新和研发支持力度，加大配套电网建设力度，对新能源设备、智能电网、储能设施等方面的研发也要给予全方位的支持。

第四，国家要进一步提高煤电发电的环保标准和执法力度，并推动碳排放交易，将传统化石能源与可再生能源的外部成本显性化。目前，等量的发电成本煤电明显低于天然气以及风能、太阳能。究其原因，一方面是煤炭价格较低，煤电发电成本优势明显；另一方面，煤电在排放处理不到位的情况下，其外部性没有纳入成本核算。对可再生能源的优惠、鼓励措施，应该通过对传统污染严重能源的成本外部化和对可再生能源的成本内部化，体现"污染者付费"的原则，实现两者成本的趋同，从而提高可再生能源的竞争力，使可再生能源成为市场的自主选择。因此，政府必须加强对传统化石能源生产、运输和消费环节环保的执法工作，加大对违法违规排放的处罚力度，才能为可再生能源电力市场的培育营造良好的市场环境和空间，否则会出现"劣币驱逐良币"的现象。

第五，国家要探索可再生能源发展的融资模式。目前中国集中式风能、太阳能项目的年投资回报率已经达到10%左右，这已经为商业银行业和政策性银行支持新能源项目开拓了较大的空间。如果银行能对可再生能源项目融资给予基准利率或者一定幅度的下浮，集中式风能、太阳能项目的投资商在承担融资成本后，还有一定的赢利空间，投资的积极性就会大为提高。

2010 年 9 月，国务院常务会议审议并原则通过的《关于加快培育和发展战略性新兴产业的决定》，明确选择节能环保、新一代信息技术、生物、高端装备制造、新能源、新材料和新能源汽车七大产业作为战略性新兴产业，集中力量加快推进其发展，并鼓励金融机构加大信贷支持。目前对可再生能源行业的绿色信贷支持政策有待进一步细化和明确。2014 年以来，央行不断实施定向降准调控新举措，这一货币调控举措也有必要向可再生能源等战略性新兴产业倾斜。此外，还要拓展可再生能源行业直接融资的渠道，鼓励风险投资、产业投资基金投入可再生能源行业，对可再生能源行业上市融资、发行债券融资给予必要的支持。

总而言之，在通过政策促进可再生能源发展的过程中，政府要从政策的效益、效率、公平性、可持续性等多方面出发，及时做好政策的评估，既要保持政策一定的稳定性，也要根据实际情况对政策做出适当调整。发展可再生能源既不能搞"大跃进"，也不能离开配套的措施和基础设施搞"单兵冒进"。在中国当前光伏、风电等设备生产产能过剩的背景下，政策还应继续向研发和应用环节倾斜。通过加大对核心技术的研发、提高国产化水平，进一步降低设备成本；通过开拓国内应用、开启国内市场，进一步化解国内产能过剩。

三 核能大规模应用解决能源供给问题：法国经验[*]

（一）法国核能发展的背景

法国自然资源非常匮乏，尽管其国内能源品种较为齐全，但化石能源储量仅占世界的 0.02%。煤炭产业曾经是法国能源的支柱产业，但是经过对煤炭资源的长期开采，具有开采价值的煤炭剩余可采储量已经不多。石油是法国能源中最为匮乏的一种，20 世纪 70 年代探明的可采储量只有 0.06 亿吨，该储量仅高于自然资源匮乏的日本，处于西欧国家最低之列。随着开采规模的不断扩大，石油储量在不断减少，产量也在不断下降，有的地区油源

---

* 本节作者宋梅，中国矿业大学教授，博士生导师，中国社会科学院研究生院国际能源安全研究中心特聘研究员。

已近枯竭。天然气方面，法国已探明的天然气储量仅为1400亿立方米，部分气田储量不断衰减。

对非化石能源而言，法国的水力资源相当丰富，可开发的水力资源量约有1500万千瓦。但是由于法国水力资源的利用率已高达95%，基本处于饱和状态，仅次于瑞士的98%，进一步开发水力资源的潜力已经很有限。

法国的铀矿资源十分丰富，据20世纪70年代初探明的储量，法国本土的铀矿探明储量约为13.7万吨，再加上在非洲取得特许开采权所获得的铀矿储量，共计14.5万吨，占西方国家全部铀储量的7%，居西欧国家首位。因此，法国利用铀发展核电是破解能源瓶颈的明智选择。[①]

从1973年石油危机开始，法国就将核能研发放到提高能源自给率和能源发展的核心位置。目前，法国核电比例已经占全国电力总量的75%以上，成为世界上核电占能源供给总量比例最高的国家，很大程度上解决了国内能源的供给问题。法国的能源自给率已由1973年的22%提高到目前的50%以上。[②]

法国大规模发展核电后，减少了对石油和天然气的进口依赖。法国核工业发展迅速，已经形成了完整的核能工业体系。根据国际能源署公布的数据，早在2001年，法国全部58个核反应堆的发电总量就已达到394万亿度，占全球核电总量的15.5%，成为仅次于美国的世界第二个核电大国。而且法国2001年的核发电量占全国当年发电总量的76%，高居全球第一。

由表5-4可见截至2013年6月各国的核电情况，美国、法国和俄罗斯是全球核电最多的国家，这三个国家的核电总量占全球核电总量近60%。其中，美国核发电为770.7万亿度，占全球核发电总量近三成，法国核发电量为407.4万亿度，俄罗斯核发电量为166.3万亿度。如图5-5显示，2012年，核发电量在全国总发电量中的份额超过20%的国家共14个，其中法国的核电份额最高，为74.8%。从表5-5可以看出在全球核发电量最高的前25台核电机组中，法国就占其中六个席位。[③]

---

① 黄文杰：《法国的能源问题与政府的能源政策》，《世界经济》1988年第8期。
② 刘静：《法国新能源政策的调整之路》，北极星智能电网，http://www.sxcoal.com/energy/3073372/articlenew.html。
③ 伍浩松：《世界核电现状》，《国外核新闻》2013年第6期。

表 5 - 4　各国核电现状

国家	核发电量 (2012 年)		运行中机组		在建机组		计划中机组		拟建机组		铀需求 (2013 年)
	THh	% e[5]	数量 (台)	净装机容量 (MWe)	数量 (台)	总装机容量 (MWe)	数量 (台)	总装机容量 (MWe)	数量 (台)	总装机容量 (MWe)	tU
美　国	770.7	19	102	101060	3	3618	9	10860	15	24000	18983
法　国	407.4	74.8	58	63130	1	1720	1	1720	1	1100	9254
俄罗斯	166.3	17.8	33	24164	10	9160	24	24180	20	20000	5073
韩　国	143.5	30.4	23	20787	4	5415	6	8730	0	0	3769
德　国	94.1	16.1	9	12003	0	0	0	0	0	0	1934
中　国	92.7	2	17	13842	28	30550	49	56020	120	123000	5999
加拿大	89.1	15.3	19	13553	0	0	2	1500	3	3800	1906
乌克兰	84.9	46.2	15	13168	0	0	2	1900	11	12000	2356
英　国	64	18.1	16	10038	0	0	4	6680	9	12000	1775
瑞　典	61.5	38.1	10	9388	0	0	0	0	0	0	1469
西班牙	58.7	20.5	7	7002	0	0	0	0	0	0	1355

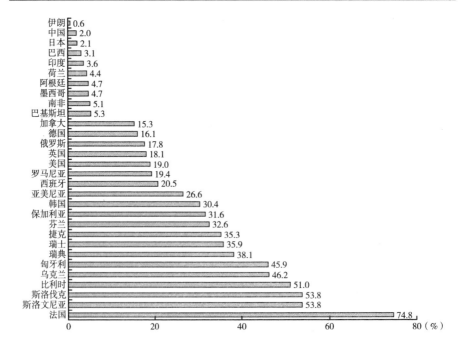

图 5 - 5　2012 年世界各国核电份额

资料来源：世界核协会、国际原子能机构、《核评论》（*The Nuclear Review*）2013 年 4 月刊等。

表 5－5　2012 年全球核电发电量最高的前 25 台核电机组

国家	机组	堆形	净装机容量（MWe）	2012 年容量因子(%)	2012 年发电量（TWh）
法国	舒兹 B1	压水堆	1500	95	12.967
法国	西沃 1 号	压水堆	1495	88	12.115
美国	帕洛弗迪 1 号	压水堆	1311	97	12.11
德国	伊萨尔 2 号	压水堆	1400	93	12.082
德国	格罗恩德	压水堆	1360	93	11.692
德国	埃姆斯兰	压水堆	1329	93	11.431
美国	米尔斯通 3 号	压水堆	1218	106	11.186
德国	内卡 2 号	压水堆	1310	90	11.127
美国	帕洛弗迪 2 号	压水堆	1314	87	10.946
美国	佩里	沸水堆	1240	94	10.928
法国	贝尔维尔 2 号	压水堆	1310	91	10.922
法国	彭里 1 号	压水堆	1330	90	10.9
美国	科曼奇峰 2 号	压水堆	1197	99	10.826
法国	弗拉芒维尔 2 号	压水堆	1330	89	10.796
德国	菲利普斯堡 2 号	压水堆	1402	84	10.779
德国	布罗克多夫	压水堆	1410	83	10.768
美国	帕洛弗迪 3 号	压水堆	1312	85	10.672
巴西	安格拉 2 号	压水堆	1275	90	10.645
德国	贡德雷明根 C	沸水堆	1288	90	10.613
德国	格拉芬莱因菲尔德	压水堆	1275	90	10.602
美国	麦克圭尔 1 号	压水堆	1129	91	10.485
美国	拉萨尔 2 号	沸水堆	1140	99	10.461
美国	桃花谷 3 号	沸水堆	1138	101	10.434
法国	诺让塞纳河畔 2 号	压水堆	1140	86	10.258
美国	卡勒韦	压水堆	1215	100	10.227

资料来源：世界核协会、国际原子能机构、《核评论》（*The Nuclear Review*）2013 年 4 月刊等。

（二）法国核能发展概况

法国对核电具有很强的依赖性。目前法国有 19 座核电厂，总共 58 台机组，年核电发电量为 407438 千兆瓦时。其中，5 座核电厂共 18 台机组位于西部沿海，14 座核电厂共 40 台核电机组位于内陆地区，位于内陆的核电机组占法国核电机组的 69%，这些机组至今总共有约 1000 堆年的运行经验。

法国七条主要河流两岸都建有核电站。其中流入加龙河沿岸的建有 1 座，总共 2 台核电机组；塞纳河建有 1 座，总共 2 台核电机组；莫泽尔河建有 1 座，总共 4 台核电机组；维埃纳河建有 1 座，总共 2 台核电机组；默兹河建有 1 座，共 2 台核电机组；卢瓦尔河建有 5 座，总共 14 台机组；罗纳河建有 4 座，总共 14 台机组。其中，比热（Bugey）核电厂（4 机组 × 900MWe）、圣莫里斯（St. Maurice）核电厂（2 机组 × 1300MWe）、克吕阿（Cruas）核电厂（4 机组 × 900MWe）、特里卡斯坦（Tricastin）核电厂（4 机组 × 900MWe）是罗纳河流域规模较大的核电厂。

法国在跨国河流上也建有核电厂，包括：莱茵河上游在瑞士境内，沿岸建有 4 座核电厂（共 5 台机组）；在法国境内沿岸建有费瑟南（Fessenheim）核电厂；下游进入德国境内，在其沿岸还有至今尚在运行的比布利斯（Biblis）核电厂。

法国核电分布广泛，不仅分布在西部沿海，大量的核电机组还建在内陆沿河地区。由于靠近负荷中心，核电站所发电量直接输送给附近的居民、工厂和企业，减少了电能在运输途中的损耗，为居民生活用电和地区经济发展提供了有效的能源保障。①

法国环境部长塞格林·罗雅尔（Ségolène Royale）表示，核能仍将在该国能源生产结构中处于关键位置。② 一方面，与邻国德国和意大利相比，法国核能发电的价格在欧洲具有极强的竞争力；另一方面，目前世界上都很难找到其他清洁能源能够在价格低廉的同时又不污染环境，更何况是在自然资源匮乏的法国。

此外，法国核能领域带动的就业人口大约为 50 万人，占就业总人口的 2%。同时，法国还是一个核电技术出口大国，一直以来都将核电技术出口作为保持国家竞争力的措施，特别是在最高安全等级上研发的欧洲第三代先进压水堆，这是法国同美国和日本竞争的重要筹码。

尽管 2012 年法国政府曾表示，该国核电发电容量将不再增加，到 2025

---

① 王静：《世界内陆核电概览》，2014 年 4 月 11 日，人民网，http：//www.cec.org.cn/guojidianli/2014 - 04 - 11/120015.html。

② 李振华：《核能仍将保持法国主要能源来源》，2014 年 8 月 14 日，环球网，http：//china.huanqiu.com/News/mofcom/2014 - 08/5105251.html。

年核电份额将控制在 50% 以下。但该政策将极大地削弱法国工业的整体竞争力，放弃核电意味着法国放弃核电科技上的竞争优势。[①] 另据法国电力联合会预计，如果该项政策实施，2012～2030 年，从核电过渡到其他可再生新能源的"过渡政策"将耗资约 5900 亿欧元，对原本就困难重重的法国工业而言，无异于雪上加霜。[②]

在短期内，法国一次能源消费结构会有细微的变化，核能比重将保持现有比例，石油进口量仍继续加大，石油进口结构将由主要从中东地区进口转向依赖从非洲和欧洲进口。[③]

综上所述，法国能源政策的发展历程和趋势是：积极研发新技术，提高核能发电效率；坚定不移地发展核电；加强可再生新能源技术的研发与利用，逐步增加新能源可再生能源的份额；鼓励以电动汽车为代表的"清洁汽车"的发展。[④]

1. 积极应用核能新技术，提高核能发电效率

1960～1968 年，法国政府进行各种核堆芯试验，并建立了若干座核电站，大幅提高了核能发电的能力，使核发电功率接近 700 兆瓦。在此基础上，法国政府积极推行新的核能政策，放弃被称为"法国堆芯"的天然铀 - 石墨 - 煤气堆芯技术，改为发展更有效的美国加压水冷反应堆和沸水反应堆。新政策的实施使得法国核能发电获得新的发展，法国核能发电量由 1960 年占发电总量的不到 1%，增加为 1973 年的 8%。

2. 坚定不移地发展核电，核电建设平稳推进

在德斯坦任总统的 1974～1981 年，法国核电站建设和核能发展都达到了高峰。这段时期，在美国、意大利和德国纷纷削减核能计划的时候，法国却加速发展核电和加快建设核电站。法国在 1975 年制订的十年核能发展长期计划中，目标是到 1985 年建成 40 座核电站，提供的核电量将达到 6000 万吨原油当量，占法国电能总量的 55% 和能源总需求量的 25%。法国在

---

① 陈婧：《法国试图摆脱核能依赖》，《新闻晨报》，http：//news. ifeng. com/a/20140903/41838172_0. shtml。

② 刘静：《法国新能源政策的调整之路》，北极星智能电网，http：//www. sxcoal. com/energy/3073372/articlenew. html。

③ 黄文杰：《法国的能源问题与政府的能源政策》，《世界经济》1988 年第 8 期。

④ 刘静：《法国新能源政策的调整之路》，北极星智能电网，http：//www. sxcoal. com/energy/3073372/articlenew. html。

1980年制订的十年新核能发展计划中，核能发展目标是到1990年核电站总电容量将达到4500万千瓦，提供的核电量将达到7300万吨原油当量，分别占法国电能总量和能源总需求量的70%和30%。在德斯坦总统的带领下，核能计划实施顺利，而且成效显著。根据1983年日本《经济学家》杂志的材料，1974~1981年，法国兴建的核电站总共达42座，发电总容量约为4200万千瓦。仅1982年一年，法国核电站装机容量就增加了2270万千瓦，首次超过日本，位居世界第二；核电站发电量占世界总发电量的38.7%，首次超过瑞士，位居世界第一。

因美国三哩岛核电站事故的影响，从1981年5月起法国政府调整核能计划，实行核能"有控制的发展"政策。自此，法国政府采取了放慢核电站建设速度的措施。1981年10月把年建核电站数由以前的5~6座减为3座；1983年7月又决定到1985年的年建核电站数由3座减为2座，其间共建5座。尽管法国政府采取了控制政策，但是核能发展速度依然十分迅速，核电站建设的数量虽然在减少，但是核电生产在电能生产总量中的比重却在逐步提高，核电占比从1982年的38.7%上升到了1984年的58.7%。[①]

（三）法国核能发展的经验

1. 法国政府和企业坚持捍卫核电工业

法国是一个自然资源极其匮乏的国家，加上经历几次石油危机，大部分法国民众对发展核电表示支持。然而，继1986年苏联切尔诺贝利核泄漏事故、2011年日本福岛核泄漏事故和同年法国南部马库勒核电站附属核废料中心的爆炸事件后，一时间，核能的存废问题在欧洲引起激烈的争论，废除核电的呼声不断高涨，大多数欧洲国家不得不放弃核能。法国的反核组织也开始走上街头，抗议政府大规模使用核能，要求立即停止使用核能。但是，法国政府拟通过强化核安全设施，继续捍卫自己的核电工业。据法国媒体报道，法国拟投资100亿欧元用于强化核安全。一直以来，法国发展核能注重信息公开，尽可能消除公众对核能的担忧。例如，法国电力公司经常组织媒体和民众参观核电站和核电设施，向民众普及核电知识，并介绍核电独特的优势和安全性，从而赢得大部分法国民众的支持。

---

① 黄文杰：《法国的能源问题与政府的能源政策》，《世界经济》1988年第8期。

2. 积极研发核电新技术，保障核电安全

核电安全处于核电发展的核心位置，"零风险"是民众最关心的问题。法国原子能委员会主席贝尔纳·毕戈认为，法国自主研发的新一代核反应堆EPR技术可以满足安全方面的需要，法国现在也正极力推荐自己研发的第三代核反应堆技术。法国著名企业海珐集团也表示，核反应堆EPR技术有足够的安全保障，即便是出现了堆芯熔化这种最坏的情况，核破坏也只是限制在核电站内部，并不会外泄。正是由于有一整套严密的运行机制，并且严格按照《核安全公约》的要求，采取了标准化、系列化的管理方式，法国核电站才能安全运行至今，一直未发生过核安全事故。[①]

3. 完善核电和核安全管理体制

（1）完善核能监管机构

法国核电有一整套相互制衡、职责分明的监管机制。法国对于核电的管制既有高级别的官方政府机构，又有很多的非政府组织。法国的核外交政策理事会是由首相与各部部长组成的，是对国家重大能源事项做出决定的政府机构。法国核管制理事与核安全和放射性保护总理事，主要负责核安全政策的研究和执行。法国工业部长则具体负责制定并且执行能源政策，而且授权监督国有能源公司。同时，这些机构在法国首次面临石油危机的背景下，使法国民众了解到能源独立的重要性，并增强了对法国政府和法国核能科学技术水平的信心。法国公众能够有这样的认知水平是与完善的监管体系分不开的。[②]

（2）全程化的核电安全监管

核电安全处于核电发展的核心位置，也是人们关切的重点。法国作为核电大国，目前运转的民用核反应堆有58个，它们平均投入使用的时间为25年。为了确保核电安全，法国制定了一整套严密的制度，对核电站采取了标准化和系列化的管理。法国有从核电站选址、设计、制造、调试、运行直到退役的一套全程化监管机制，并且通过核安全许可证制度来对核材料、核电设施和辐射安全等进行监管。根据法律规定，核安全局要求每隔10年对核电机组进行一次全面的安全检查。检查包括合规性审查和安全保障性审查。在核设施集中的地区都设置有地方监督站，负责向核电站派遣核安全监督

---

① 李晓明：《法国电力将投资100亿欧元强化核电站安全》，《电站信息》2012年第2期。

② 陈维春：《法国核电法律制度对中国的启示》，《研究与探讨》2007年第29卷第8期。

员，及时掌握核电站的运行情况，进一步加强对核安全的监管。法国核安全局总共有 11 个派出机构，分别对 11 个区实施核安全监督，每个核电站都派有安全监督员。2011 年日本福岛核事故发生后，法国政府立即决定对所有核电站进行安全检查，并且关闭没有通过欧盟标准测试的核电站。

（3）放射性废物的妥善管理

随着核电的发展，产生的放射性核废料不断增加。1991 年，法国议会就核电所产生的放射性废物管理问题通过了一项专门法律——《巴塔伊法》（Bataille），该法对核电放射性废物管理做出了详尽的规定。同年，根据该法组建了放射性废物管理局，负责对法国放射性废物进行长期的监管。2002年，法国政府重组了核安全与辐射防护总局，负责核电放射性废物政策的制定和实施。管理部门根据放射性废物的类别，依照《放射性物质和放射性废物长期管理法》中关于核辐射防护和核安全的规定，对核废物进行处理。国家放射性废物管理局对法国 1991 年以后产生的核废物进行了统计，并且自 2004 年以后，每年都需要公布核废物的地理分布清单，并预测法国今后10 年乃至更长时间内需要处理核废物的数量。

（4）核安全信息公开

核电大国法国在核安全信息方面有着很好的经验，就是加强宣传，宣传应急处理方案，提高信息透明度，增强公众的应急响应能力和参与水平。法国在其核电起步之初，就已经建立了一整套以信息公开为基础的管理体制和面向民众的宣传体系。核安全与辐射防护总局的主要职责之一就是核安全信息公开。核安全管理局负责向公众发布信息，包括向公众通报核电站的监管情况以及紧急情况下的信息发布。在紧急情况下，除了核安全管理局负责向公众提供建议外，还有法国电力公司面向公众和媒体进行核电和核安全的宣传。

推进核电发展的前提是保障核电的安全，法国核安全管理体制，对于中国核安全管理体制的构建具有重要的借鉴意义。[①]

（四）法国核能发展的启示

1. 核电管理机构

法国于 1976 年创立了核外交政策理事会，负责对有关核技术、设备和

---

① 罗艺：《法国核安全管理体制简评》，《世界环境》2014 年第 3 期。

敏感的核材料的出口政策做出决定。该理事会由首相和工业部、外贸部、外交部、科技部、国防部、财政部和能源部的部长，以及原子能委员会执行主席组成。另外一个法国的核电管理机构是核电工业管理系统，该系统是在军用原子能研究成立的原子能机构（CEA）的基础上发展起来的。CEA 的核工业集团，国家控股约95%，私营控股约5%，主要负责控制法国核工业界的战略方向。CEA 对外代表法国政府，参加国际原子能机构活动，签署多边协议；对内以资产为纽带，控股或参股一些核工业企业集团，通过董事会贯彻国家的主要方针政策。重大战略决策基本上由国家行政做出，但按公司企业方式运营。可以说法国核电工业管理系统是由法国政府直接控制，而中国对于核电的管制机构——核安全局级别较低，设在环境保护总局内，国防科学技术工业委员会则主要负责军事核问题。现在虽然有了国务院能源领导小组这样一个级别较高的政府机构，但是与法国的核外交政策理事会相比，差距还是相当大的，它不能像法国核外交政策理事会那样应对核外交政策与核电的国际合作。

2. 核电政策

法国能源政策的概念比大多数欧洲国家具有更强的综合性。法国政府注重能源的多样化和平衡性，注重保持能源的安全性和独立性，注重可再生新能源的开发和能源的合理使用。法国政府在制定能源发展政策时，始终遵循以下原则：有利于经济持续发展；确保能源的连续性和稳定性；尽可能减少对环境的污染。法国此项能源政策与欧盟的能源政策目标一致，这也是法国大规模发展核电的主线。这些政策的实施在 1974 年石油危机发生后又得到了进一步加强。

20 世纪 80 年代，中国决定建设广东大亚湾核电厂和秦山核电厂，这标志着核电工业开始在中国发展。进入 21 世纪，中国核电已从过去的缓慢发展变成了加速发展。核电发展对于解决中国的能源和环境问题具有重要意义，这也是中国建设环境友好型和资源节约型社会的必然要求。中国大规模的核电建设能够逐步改变以煤为主的能源结构，可视为解决环境与能源"瓶颈"的一种手段。但是，核电发展的风险性与相关政策体系尚未完善，使得中国核电的发展受到质疑。国家应将核电发展的环境保护和核安全问题放在首位，建议设立较高级别的国务院核安全政策部门，完善相关的规章和政策文件。中国的核电发展也存在同经济发展一样的地域性问题，国家未来经济发展的重点扶持区域将是西部与中部地区。但是，中国的核电站目前都建在东部沿海地区，内陆地区的核电站建设应该加强。

3. 核电法律

法国在核电站的建设中，形成了比较完善而且有效的法律体系，该体系覆盖范围广泛，涉及放射性防护、核设施监督、核废料管理及核事故应急等方面。同时，法国的《水污染防治法》、《环境保护法》、《大气污染防治法》和《公共卫生法》中都对核电利用做出了相关规定。不仅如此，法国还签订了一系列的核国际公约，如《核材料实物保护公约》、《核安全公约》、《核事故或辐射紧急情况援助公约》和《及早通报核事故公约》等。此外，法国还颁布了一系列法律，如《信息透明与核电安全法》和《能源白皮书》等，为核电的建设与发展提供了法律上的支持，从而铸造了现在法国核电的伟大成就。

中国核电的发展一直受到严格的控制，导致核电的规制主要是通过行政手段，而并非法律手段。这也是中国核电法规落后于其他法律法规的重要原因。目前，中国核电领域尚未制定核能法或原子能法。核电方面的法律法规主要由国务院的核安全局的行政法规、技术规范与部门规章组成，如《核电厂核事故应急管理条例》《中华人民共和国核材料管制条例》《中华人民共和国民用核设施安全监督管理条例》《放射性污染防治法》等。近几年来，中国加强了核电的法制建设，如 2005 年 12 月 1 日施行的《放射性同位素与射线装置安全和防护条例》，2006 年 3 月 1 日起实施的《放射性同位素与射线装置安全许可管理办法》，包括《放射性物质安全运输管理条例》《重要核设备安全监督管理条例》都已经完成初稿，这些核电安全法规体系已经通过了核安全与环境专家委员会的审议。但面对核电高速发展的趋势，鉴于核电利用的巨大安全风险性，现行的规章法律制度已经不能满足现实的需要，中国必须加快完善核电法律法规制度体系的建设。通过完善核电法律制度体系来推动核电多方面的应用，促进核电的发展，这将有利于保障中国能源的供应，改善以煤为主的能源结构，减少二氧化碳等燃煤污染物的排放。

从成熟的法国核电法律制度体系可以看出中国核电法律法规体系存在着一些亟待解决的问题。其一，加快核电部门法的制定工作，弥补由于缺少核电部门的基本法律规范——核能法或原子能法——带来的缺陷；其二，加强核电的建设、生产与核废料处置等方面配套的法律法规制定工作，中国在发展核电的过程中缺少一系列必要的法律规范，如核辐照加工、放射性材料管理、第三方核责任、核贸易出口和核废料管理；其三，现行的核电法律法规制度制定较早，无法满足当前核电发展的需要；其四，尽管中国已经签署了《核材料实物保护公约》、《核安全公约》、《核事故或辐射紧急情况援助公约》和《及早通报核事故公约》等核管制国际公约，但这些公约在国内法律法规中体现得还不够充分。另外，中国还没有签署关于《核电方面第三方责任公约》和《核损害民事责任维也纳公约》等核损害方面的国际公约，这都将影响中国充分利用国际资源、开展国际核电合作，为中国核电发展提供较高发展平台的目标。①

---

① 陈维春：《法国核电法律制度对中国的启示》，《研究与探讨》2007 年第 29 卷第 8 期。

第六章　中国能源问题的突围方向

一　供给：国际合作与加强内部基础设施建设[*]

（一）积极参与全球能源市场，提升中国的话语权与市场定价权

2015 年 1 月中国石油经济技术研究院发布的《2014 年国内外油气行业发展报告》显示：2014 年，中国能源消费总量估计达 38.5 亿吨标准煤，比上年增加 1 亿吨标准煤，增长 2.7%，增速逐年放缓。其中，全年煤炭消费估计达 24.6 亿吨标准煤，同比下降 0.5%，为 21 世纪以来的首次下降。

2014 年，国内石油消费延续低速增长态势，估计全年石油表观消费量为 5.18 亿吨。剔除库存增量，实际石油消费增速约为 2.8%，与 2013 年基本持平。全年净进口石油 3.08 亿吨（见表 6 - 1），石油对外依存度达到 59.5%，比上年上升 1.1 个百分点。全年天然气表观消费量为 1830 亿立方米，同比增长 8.9%，增速为近 10 年的低点。其中，天然气进口量为 590 亿立方米，同比增长 11.5%，对外依存度上升至 32.3%。

---

　　[*] 本节作者刘先云，中国社会科学院研究生院国际能源安全研究中心特聘研究员。

表 6 - 1　2011～2014 年原油进口量

年份	进口量（吨）	同比（%）
2011 年	253779549	6.05
2012 年	271019327	6.79
2013 年	281952206	4.03
2014 年	308374104	9.45

资料来源：中国海关总署。

报告还显示，2014 年中国新能源及可再生能源继续快速增长，能源消费结构明显改善。煤炭消费占一次能源消费的比重比上年下降 2.1%，达到 63.9%；天然气消费所占比重上升 0.5%，达到 6.3%；石油消费基本保持不变，仍为 18.5%；非化石能源消费所占的比重则上升 1.5%，达到 11.3%。

中国石油对外依存度已接近 60%，天然气对外依存度突破 30%，且二者仍在持续升高。油气资源对外依存度过高使中国能源安全形势不容乐观，加大对外合作力度，充分开拓国际国内两个市场、两种资源是保障中国能源安全的必然选择。

能源安全理论提出一个"3A 原则"，即一国的能源安全状况取决于能源的可获得性（Availability）、能源通道的安全性（Access）和能源价格的可接受性（Affordability）。也就是说，确保一国能源安全，需要保障充足稳定的能源供应、能源运输通道的安全，并以可接受的价格获得。本节将围绕能源供给、能源定价两方面，分别阐述中国应当如何积极参与全球能源市场，以提升中国能源安全保障水平和定价话语权；能源通道建设问题则在下一节进行阐述。

1. 全方位加强国际合作，有效利用国际资源

2014 年 6 月 13 日习近平总书记主持召开中央财经领导小组第六次会议时提出："全方位加强国际合作，实现开放条件下能源安全。在主要立足国内的前提条件下，在能源生产和消费革命所涉及的各个方面加强国际合作，有效利用国际资源"。"务实推进'一带一路'能源合作，加大中亚、中东、美洲、非洲等油气的合作力度"。中国必须不遗余力地推进能源特别是油气进口的来源多元化，降低对中东、北非等单一市场的依赖度，才能更好地确保中国能源的安全稳定供给。

中亚地区拥有丰富的能源资源，其中哈萨克斯坦石油探明储量为 39 亿吨，土库曼斯坦石油探明储量为 1 亿吨，占全球石油探明储量的 9.4%；土库曼斯坦天然气探明储量为 17.5 万亿立方米，占全球天然气探明储量的 9.4%；哈萨克斯坦还拥有十分丰富的铀矿资源。同时，中亚国家与中国在地缘上相邻，无疑是中国重要的能源战略伙伴之一。20 世纪 90 年代末，中国对哈萨克斯坦油气资源开发进行投资开启了中哈双边贸易的新局面，推动了中国与中亚五国能源合作全面展开，开通了中国—中亚内陆能源新通道。目前，哈萨克斯坦已成为中国重要的石油进口来源国，2014 年中国从哈萨克斯坦进口原油 568.6 万吨，占中国原油进口总量 1.84%。土库曼斯坦和乌兹别克斯坦则是中国重要的天然气进口来源国，其中土库曼斯坦出口的天然气已占中国天然气进口总量的一半以上。中国—中亚能源合作的快速推进，提高了中国能源保障能力，并推动了中国与俄罗斯等相关国家和地区的能源合作。

但是，中国—中亚能源合作也存在非传统安全因素、大国地缘政治、里海资源权属划分不明等不利因素。中国与中亚边境地区的恐怖活动有所抬头，给油气运输通道带来了一定的安全隐患。同时，中亚地区重要的地缘战略地位和丰富的能源资源，也使其成为世界主要力量角逐的重要地区，而中亚国家也积极利用能源作为工具，奉行"大国平衡"战略，促进能源出口多元化。中国与中亚地区的能源合作，需要平衡与其他大国的关系，营造良好的国际环境。里海的国际地位待定，围绕里海的资源纷争也制约了中国与中亚地区的能源合作。未来，随着里海相关的国际纷争的解决和里海资源的开发，中国与中亚能源合作的潜力还将十分巨大。此外，中亚拥有丰富的风能、太阳能、生物能和水能等可再生能源资源。中亚地区沙漠广阔，日照时间长，适于建大型太阳能电站和风能电站；中亚地区水力资源也十分可观，阿姆河的源头河流喷赤河和瓦赫什河都源于塔吉克斯坦境内海拔 4500 米以上的帕米尔高原冰川，穿流于深山峡谷，落入克尔基漫滩，在其流域内积蓄了 6400 万千瓦的水电潜力，特别是吉尔吉斯斯坦境内水力资源的开发潜力巨大。[①] 加大与中亚国家在可再生能源领域的合作，也是中国—中亚未来能源合作的重要方向。

---

① 张宁：《吉尔吉斯斯坦能源简介》，2015 年 2 月 23 日，http://www.mlr.gov.cn/zljc/201008/t20100828_ 754253. htm。

近年，中国与拉美地区能源合作快速升温。巴西海上油田的发现、委内瑞拉重油等油气资源的开发，以及墨西哥能源体制市场化改革，使拉美地区油气产量快速增长，拉美日益成为全球重要的油气生产区。根据 BP 公司的《世界能源统计年鉴 2012》，截至 2011 年底，拉美地区已探明石油储量 3254亿桶，占全球探明储量的 19.7%。拉美地区油气剩余产能增加，拉美资源国与中国开展能源合作的意愿日益加强，并试图以此打破美国对拉美油气出口的垄断。

中拉能源合作前景好、潜力大，但面临的难题也不少。第一，中拉地理距离较远，油气运输成本非常高。特别是液化天然气（LNG），其输送需要使用特殊的船舶，并在 −161℃ 条件下储存，远距离运输经济性非常差。第二，拉美作为美国的"后院"，对美国的能源战略意义不言而喻，中拉合作加强可能对美国政治经济利益造成一定的影响，提升中拉能源合作需要中美之间达成某种默契。第三，拉美地区非常规油气开发技术难度较大、开发成本较高，当前国际油价下行，更不利于其开发利用。第四，委内瑞拉的重油资源丰富，但目前中国相应的炼化能力有限。第五，拉美国家的法治与市场环境未完全成熟。部分国家还存在资源民族主义和贸易保护主义的做法。此外，社会风险不容忽视。尽管拉美地区政局相对稳定，但社会治安状况不容乐观。长期以来拉美的公共安全问题根深蒂固，加上近年来经济增长下滑，贫困人口数量出现反弹，社会治安形势改善难度加大。当然，由于历史、文化、地域等因素以及国内局势的影响，中国企业与拉美国家进行合作，必须密切关注其国内政策变化，并选择合适的合作方式。建立完善的风险防范机制是成功"走出去"的可靠保证。①

目前，中东、非洲仍是中国石油进口的主要来源地，2014 年中国从中东进口的原油仍占原油进口总量的 51.1%，从非洲进口的原油占 22%（见表 6−2）。稳定和加强与中东、非洲地区的能源合作仍很重要。中东、北非地区政局不稳、恐怖活动有所增多等地缘政治问题，是中国油气企业进行能源资源投资与贸易需要高度警惕的问题，企业对该地区的投资应该增加对政治风险的考量，并做好安全保障工作。近些年，中国与非洲的能源资源合作遭到一些国际舆论和反对党人士的批评，被指责为"新殖民主义"。中国企

---

① 黄晓勇：《提升中拉能源合作还有多道槛》，《中国能源报》2015 年 1 月 12 日，第 4 版。

业还应更好地保护当地的生态环境、雇用更多的当地劳工，做好舆论应对工作。

表 6-2 2014 年度中国进口原油来源情况

国家	数量（吨）	比例（%）	国家	数量（吨）	比例（%）
沙特阿拉伯	49665924	16.11	蒙古	1030843	0.33
安哥拉	40649034	13.18	越南	1482481	0.48
俄罗斯联邦	33106943	10.74	加拿大	201616	0.07
阿曼	29743576	9.65	澳大利亚	2727150	0.88
伊朗	27462540	8.91	墨西哥	682302	0.22
伊拉克	28578213	9.27	阿根廷	322332	0.10
科威特	13786231	3.44	阿鲁巴岛	277716	0.09
委内瑞拉	10618772	4.47	巴布亚新几内亚	77279	0.03
巴西	7019138	2.28	玻利维亚	237440	0.08
刚果（布）	7050981	2.29	卡塔尔	360995	0.12
哥伦比亚	10091321	3.27	阿尔及利亚	898397	0.29
阿联酋	11652132	3.78	乍得	143130	0.05
赤道几内亚	3249057	1.05	印度尼西亚	375457	0.12
南苏丹	6443655	2.09	马来西亚	217328	0.07
哈萨克斯坦	5686422	1.84	巴基斯坦	16031	0.01
也门共和国	2499508	0.81	英国	1219394	0.40
埃及	946020	0.31	挪威	145999	0.05
加蓬	1554808	0.50	阿塞拜疆	222003	0.07
尼日利亚	1996445	0.65	文莱	81933	0.03
厄瓜多尔	746635	0.24	利比亚	965547	0.31
苏丹	1773902	0.58	刚果（金）	968183	0.31
加纳	879553	0.29	世界总计	308374104	100
喀麦隆	519737	0.17			

资料来源：中国海关总署。

　　2014 年中俄能源合作力度加强尤其引人注目。2014 年 5 月 21 日，习近平和普京共同见证中俄东线天然气合作协议签署。中俄双方商定，从 2018 年起，俄罗斯开始通过中俄天然气管道东线向中国供气，输气量逐年增长，最终达到每年 380 亿立方米，累计输送 30 年。2014 年 11 月 9 日，习近平与普京共同见证中俄西线天然气协议签署。俄方将从西伯利亚西部通过阿尔泰管道向中国每年额外供应 300 亿立方米的天然气，为期 30 年。未来，俄罗斯将向中国东北和西北两个方向同时供气，年供应量达到 680 亿立方米，相当于中国 2014 年天然气表观消费量的 37%。这对保障中国能源安全、优化能源结构都有十分积极的意义。

BP 公司的《世界能源统计年鉴 2012》显示，2012 年俄罗斯是全球第一大原油生产国，已探明储量为 882 亿桶，占世界储量的 5.3%；2012 年俄罗斯已探明天然气储量为 44.6 万亿立方米，占世界天然气储量的 21.6%。中俄两国能源合作互补性极强，且中俄两国是邻国，具有地缘政治优势，2014 年以来中俄关系进入历史最好时期，这为中俄能源合作创造了重要契机。同时，美国和欧盟部分国家对俄罗斯采取了诸多经济制裁，限制了对俄能源开发的投资和技术出口，这也为中俄在能源领域的全面合作创造了机遇。

尽管全球油气供需格局和地缘政治变化有利于推进中俄油气领域的合作，但是，中俄能源合作仍然需要增强互信，切实落实已达成的协议。俄罗斯法治体系尚不完善，加上俄罗斯东部资源的储量情况还不是特别明朗，而且未来俄罗斯油气开发的资金、技术可能都存在短缺，俄罗斯能否履约还存在一定变数。随着油气市场供需的变化，中俄双方是否会就油气价格产生争议，也存在一定变数。因此，在推进与俄罗斯的能源合作中，中国企业还需要深入考察和规避潜在的政策和市场风险，政府层面也要加大协调力度。

总之，中国需要务实推进与"一带一路"沿线国家和地区的能源合作，加大与中亚、中东、美洲、非洲等油气资源国的合作力度。当前，中国拥有近 4 万亿美元的外汇储备，中国应当发挥强大的资金优势，以及中国不断提升的能源设备制造能力和能源开发技术，加大"走出去"的力度。2014 年 11 月 8 日中国宣布出资 400 亿美元成立丝路基金，首期资本金 100 亿美元。丝路基金将采用以股权为主的多种市场化方式，主要投资于基础设施、资源开发、产业合作、金融合作等领域。丝路基金已于 2014 年 12 月 29 日在北京注册成立，这将为中国企业"走出去"开展能源资源领域的全方位合作提供更多融资支持。

2. 加快中国原油期货市场建设，争夺全球石油定价权

在目前主要的化石能源品种——煤炭、石油、天然气当中，由于煤炭热值低、运输成本高，并未形成全球市场和全球价格，只有石油和天然气形成了全球性市场。因此，本节仅探讨原油和天然气期货市场建设，以及争夺其定价权问题。

21 世纪以来，不断攀升的国际油价使作为石油进口大国的中国深受其苦。作为最大的需求国之一，中国却并没有定价的话语权。中国的石油和天然气进口价格已经显著高于美国和欧洲地区，出现明显的"亚洲溢价"现象。中国天然气进口价格甚至相当于美国国内天然气价格的 4 倍。在全球油气市场中，中国相关期货市场建设滞后、外汇政策开放度不够，以及国内市场结构和定价机制不合理等，已经成为制约中国争夺国际油气定价权的重要因素。由于石油和天然气的物理特性、市场结构、国内政策等方面存在差异，本节将分别阐述石油和天然气定价权问题。

原国家能源局局长张国宝认为，世界石油消费主要集中在北美、欧洲和亚太三大区域。[①] 其中，北美和欧洲都已度过石油消费高峰期，近 6 年消费总量呈现持续下降的态势，从 2006 年的 20.92 亿吨下降到 2012 年的 19 亿吨，降低约 2 亿吨，对全球能源市场的影响力已大不如前。然而，受国际市场交易传统等因素影响，纽约商品交易所的西得克萨斯中间基原油（WTI）和伦敦洲际交易所的布伦特（Brent）原油期货仍是全球石油交易的价格基准。

张国宝还认为，中国是全球第二大经济体，工业化、城镇化加速推进，经济发展仍呈现出资源依赖型特征，石油、天然气需求刚性增长的状态仍将持续。但是，由于中国的市场体系尚待完善，很多能源数据透明度低，中国政府有关部门发布的石油消费、进出口数据会成为国际炒家炒作国际油价的因素，"中国能源威胁论"也经常成为美欧媒体攻击中国能源"走出去"的口实。虽然中国已经是国际石油市场的重要净进口国，但对国际石油市场的影响力依然很弱，进口原油价格不得不被动、单向依赖国际市场。国际原油价格每上涨 1 美元，中国的进口成本将会增加约 20 亿美元。创造一个稳定、透明、合理的世界石油市场符合中国的经济利益。

张国宝还指出，近年来，随着以中国为代表的亚太国家经济崛起，亚太

---

① 张国宝：《建设原油期货市场推进原油流通体制市场化改革》，《人民日报》2013 年 10 月 8 日，第 8 版。

市场在世界石油消费总量中所占的比例越来越大，在消费增量中所占的份额最大，不应该仅由北美和欧洲的油价代表"国际"油价，美欧市场油价已很难客观反映亚太地区的供需关系。中国作为全球第二大石油消费国，却没有相对独立的原油和成品油价格形成机制，参照市场原油价格来调整国内的原油炼制活动和成品油价格，虽然价格水平与国际接轨，但往往无法反映国内市场的供求关系、消费习惯、季节性变化，不利于指导国内成品油的生产、消费和贸易活动。有时国内市场相对过剩却不得不参照国际原油市场调高油价，有时国际市场过剩但国内由于价格不到位却出现"油荒"现象，价格信号扰乱正常的资源配置，甚至陷入资源错配和逆向调节的怪圈。

推进中国的原油期货市场建设，形成反映中国石油市场供求关系的价格体系，已经成为社会各界的共识。目前，全球石油消费的三大区域北美、欧洲和亚太之中，北美和欧洲都已形成非常权威的价格基准，即北美地区的WTI和欧洲地区的布伦特，亚太地区则普遍以迪拜和阿曼原油均价作为原油贸易的价格基准，但后者与前两者有非常明显的差别：一是北美和欧洲是以期货价格作为基准价，亚洲还是以现货的评估价作为基准价；二是北美和欧洲的价格基准在消费方，而亚洲的定位基准在生产方。出现这种现象的一个重要原因，是亚太地区目前还没有权威的原油期货市场。中国加快推进原油期货，建立起基于中国需求、以人民币计价的原油期货市场，不仅有助于提高中国的石油定价权，也有利于加快人民币的国际化进程。二战后美元成为最重要的国际储备和结算货币，其最重要的纽带也是"石油美元"，即以美元作为全球石油结算和交易的货币。

张国宝认为，中国是亚太地区唯一的既是原油生产大国、消费大国，也是原油进口贸易大国，这是中国建设原油期货市场的基本条件。但中国原油产业的市场化程度不高，市场参与主体缺乏、原油流通受限，这一现状使原油期货市场建设在未来可能还会受到制约。中国国内的原油市场基本由中石油、中石化主导，现货市场主体缺乏，这是中国发展原油期货市场面临的现实。随着中国经济市场化和国际化程度不断提高，经济发展方式改革和经济结构调整不断向深层次推进，原有的石油定价机制和石油流通体制，因其市场化程度低，将越来越不符合市场规律和发展趋势，到了下决心探索培育新机制的时刻。

2014年12月，中国证监会已正式批准上海期货交易所在其国际能源交易中心开展原油期货交易。这意味着原油期货上市工作步入了实质性推进阶段，要进行石油行业体制改革，放开市场，让更多的民营石油企业参与，吸引国内外市场参与者交易，形成多元主体竞争的局面。总之，原油期货交易市场的建立和完善，必须与国内油气流通体制改革相结合，才能取得预期成效。

推进原油期货建设中，中国必须大力推动石油期货合约和人民币国际化的进程。目前，俄罗斯、伊朗等国在与他国的石油交易中都在寻求非美元化。而本币尚不能自由兑换的中国，则只能承受石油成本加大和人民币升值的双重压力。"从交易量来讲，石油价格是全球最大宗的资源型商品，其最重要的特点是，全球石油交易的绝大部分采用美元来计价。甚至可以说，石油取代黄金，是布雷顿森林体系解体之后世界货币体系的基础"。[①] 因此，中国争取石油定价权的过程可以与人民币国际化战略更紧密地结合起来，逐步有序地推进人民币资本账户开放。

此外，中国还应利用外汇储备优势，进一步增加中国石油的战略储备和商业储备。在必要的时候，通过石油储备调节石油市场供需、平抑价格波动，这既能使中国过多的外汇储备向实物资源转化，也能使中国在国际石油定价中拥有更多的话语权。

2015 年 1 月，国家发展和改革委员会发布了《关于加强原油加工企业商业原油库存运行管理的指导意见》，要求原油加工企业建立最低商业原油库存制度，所有以原油为原料生产各类石油产品的原油加工企业，均应储存不低于 15 天设计日均加工量的原油。即便如此，中国的原油储备也只有 30 天左右，仍远低于国际能源署设定的 90 天的安全标准。

总之，增加石油战略和商业储备，提高中国石油供给和平抑市场价格的能力，是保障中国能源安全、提升中国石油定价权的重要手段。在争夺石油定价权的过程中，中国仍应加大原油期货市场建设、改革国内石油市场、增加石油储备。

3. 加快中国天然气期货市场建设，理顺国内价格机制

在天然气定价方面，由于全球天然气市场发展受限于地理区域的分

---

① 黄晓勇：《国际油价暴跌背后隐现金融资本身影》，2015 年 2 月 24 日，人民网，http://finance. people. com. cn/n/2015/0205/c1004 – 26512850. html。

割，国际天然气贸易大多是通过管线或船运达成交易，地理上的限制与昂贵的运输费用（长途国际管道建设和液化天然气船运费用）都在不同程度上限制了区域之间的天然气贸易。这使天然气市场与全球性的石油市场不大一样，具有明确的区域特性。目前，全球形成了四个相对独立的天然气市场和定价体系：一是北美形成了以亨利交易枢纽（Henry Hub）为核心的定价系统，用户能够在众多供应商中自由选择，不同气源之间竞争定价；二是欧洲大陆实行与油价挂钩的定价政策；三是东北亚地区与日本进口原油加权平均价格挂钩的定价政策；四是俄罗斯与中亚地区的双边垄断的定价模式。

由于四大区域市场相互之间交易极少，竞争关系并不明显，各区域市场的价格有极明显的差异。2013 年，东北亚三国遵循的天然气贸易体系基础价格——日本液化天然气平均到岸价格为 16.17 美元/百万英热单位，约是德国、英国天然气进口价格的 1.5 倍，是美国亨利交易枢纽天然气中心价格的 6 倍。"亚洲溢价"现象在天然气市场上表现得比在石油市场上更加突出。亚洲作为全球重要的天然气进口地区，在国际天然气市场定价权方面的话语权严重缺乏。

随着全球天然气开采区域与天然气消费区域的变化，以上形成的天然气价格模式已经开始变革。源于北美的"页岩气革命"，从美国南部到加拿大都确认了丰富的储量，而且低成本开采技术让这一地区天然气的供应量转瞬之间增加。这造成了天然气供应市场与消费市场价格的两极分化。美国已是全球第一大天然气生产国，其产量的大幅上升直接使市场供应充分。欧洲北海地区的天然气生产也为欧盟国家本土进行大量供应，为其在与俄罗斯的谈判中提供了议价筹码。另外，页岩气的大发展不仅促使原本出口到美国的液化天然气转向其他市场，美国自身也将成为天然气的出口国，并通过液化天然气形式向东亚国家出口。2012 年和 2013 年，韩国、印度和日本的公司分别与美国签订进口液化天然气的合同。尽管这些合同的贸易量不大，但都是采取美国亨利交易枢纽的市场价格定价，这将对传统的东亚天然气定价机制产生冲击。[①]

---

① 《全球天然气定价规则一览》，中国电力新闻网，http://www.cpnn.com.cn/sd/gj/201403/t20140319_663530.html。

无论是石油天然气表观消费量、生产能力还是管网储运设施，在中国建立国际性天然气交易中心的条件已日趋成熟，未来中国有望成为包括中国、日本、韩国、俄罗斯在内的东北亚地区性天然气交易中心。

首先，天然气管道建设的完善使天然气交易市场交割较为便利。"中国已经形成了超过 10 万公里的天然气主干管网，3460 万吨/年的液化天然气接收终端总运营能力。而且近年在石油天然气管网和 LNG 接收站的投资大幅上升，管输能力和 LNG 接收能力正在不断提升。这为在中国建立国际性天然气交易中心提供了较好的基础设施条件"。[①] 未来，随着俄罗斯面向中国、日本、韩国出口天然气的增加，俄罗斯石油、天然气进入中国油气管网后，只需要修建从中国山东通往韩国和日本的海底油气管道，就可以实现中、日、韩油气管网互联互通。在此基础上，中、日、韩可以形成共同的天然气期货市场，从而提高对全球能源价格的定价权。由于中国具有强大的陆上进口优势，以及更为庞大的消费市场规划，这是其他国家所无法比拟的，中国建立这一交易市场无疑具有更大的优势。

其次，中国国内天然气价格改革逐步到位，市场供求主体日益丰富，避险需求增加，开展天然气期货交易的条件日趋成熟。以往市场交易主体不足，导致市场交易难以大规模开展。近年来，供求主体逐步增多，市场发育条件逐步具备。"从供应方面看，我国天然气来源主体趋于多元化，市场参与主体层次丰富，竞争日益充分，开展天然气交易的条件已经具备。从需求方面看，国内石油天然气消费结构变化明显，化工用气、城市燃气（居民和工商业用气）、发电用气增长都较为迅速"。[②] 天然气市场主体的日益丰富，使得市场避险和套期保值需求增加，迫切需要一个更加公开透明的天然气期货交易市场。

正在组建中的上海石油天然气交易中心，其目标是建成与美国亨利交易枢纽天然气中心和英国天然气国家平衡点并驾齐驱的、亚太区域性的天然气交易中心。但是，中国天然气期货市场建设仍然面临不少难题。第一，在国内油气市场上游仍处于垄断的格局下，如何吸引多方主体参与交易，这是中国天然气期货市场建设面临的最大障碍。第二，国内天然气价格机制仍未完全理顺，进

---

① 《上海石油天然气交易中心正式开始组建》，《中国证券报》2015 年 1 月 6 日。
② 《上海石油天然气交易中心正式开始组建》，《中国证券报》2015 年 1 月 6 日。

口价格与国内价格倒挂造成进口天然气经营企业持续亏损，相关配套改革有待继续深入。第三，中国天然气输配管网尚不完善，不能完全适应天然气安全保障供应的需要；地下储气库等调峰设施建设滞后，季节性调峰能力不足。

未来，中国应以网运分开、放开竞争为突破口，推进天然气市场改革。通过立法，要求管输业务及相关储气、液化天然气接收站等基础设施向第三方开放。允许和鼓励多元投资主体进入天然气领域。通过建立充分竞争的天然气市场，全面提高天然气的供给能力。在此基础上，推进东北亚区域性天然气期货交易市场建设。

（二）加强国内油气网络安全建设，加强国际合作，保障能源安全

1. 加大国内管网和输电网络建设和安全保障

管道运输是用管道作为运输工具的一种长距离输送液体和气体物资的方式，是一种专门由生产地向市场输送石油、煤和化学产品的运输方式，是统一运输网中干线运输的特殊组成部分。管道运输作为五大运输方式之一，广泛用于石油、天然气的远距离运输。目前国内约 70% 的原油和 99% 的天然气都通过管道输送。管道运输相比铁路、公路等运输方式，具有安全、经济、环保等特点。油气管道作为中国重要的基础设施，在保障中国能源安全方面意义重大。

2014 年，中国大力推进油气能源战略通道建设，完成管道焊接里程 2000 公里，中亚天然气管道 C 线和呼包鄂成品油管道等 33 个重大项目建成投产。至此，中国陆上油气管道总里程超过 12 万公里，覆盖 31 个省（区、市），近 10 亿人受益，在保障国家能源安全方面发挥重要作用。[①]

根据能源"十二五"规划，在石油管道建设方面，中国将加快西北（中哈）、东北（中俄）和西南（中缅）三大陆路原油进口通道建设，加强配套干线管道建设；适应海运原油进口需要，加强沿海大型原油接卸码头及陆上配套管道建设；加强西北、东北成品油外输管道建设，完善华北、华东、华南、华中和西南等主要消费地区的区域管网。"十二五"时期，新增原油管道 8400 公里，新增成品油管道 2.1 万公里，成品油年输送能力新增

[①] 《我国油气骨干管网保障格局基本形成》，《中国石油报》2015 年 1 月 23 日。

1.9 亿吨。

根据规划，在天然气管道建设方面，"十二五"期间，中国将加快建设西北（中国—中亚）、东北（中俄）、西南（中缅）和海上四大进口通道，形成以西气东输、川气东送、陕京输气管道为大动脉，连接主要生产区、消费区和储气库的骨干管网。统筹沿海液化天然气接收站、跨省联络线、配气管网及地下储气库建设，完善长三角、环渤海、川渝地区天然气管网，基本建成东北、珠三角、中南地区等区域管网。"十二五"时期，新增天然气管道 4.4 万公里；沿海液化天然气年接收能力新增 5000 万吨以上。

中国油气管网日益完善的同时，暴露的安全隐患也比较突出，不仅影响油气输送安全，也对公共安全构成一定威胁。2013 年 11 月 22 日凌晨 3 点，位于青岛市黄岛区秦皇岛路与斋堂岛路交会处的中石化输油储运公司潍坊分公司输油管线破裂。当日上午 10 点 30 分许，黄岛区沿海河路和斋堂岛路交会处发生爆燃，同时在入海口被油污染的海面上发生爆燃。这起重大的责任事故共造成 62 人遇难，136 人受伤，直接经济损失达 7.5 亿元。2010 年 7 月 16 日，大连中石油国际储运有限公司原油库输油管道发生爆炸，引发大火并造成大量原油泄漏，导致部分原油、管道和设备烧损，另有部分泄漏原油流入附近海域造成污染。事故造成作业人员 1 人轻伤、1 人失踪；在灭火过程中，消防战士 1 人牺牲、1 人重伤。据统计，事故造成的直接财产损失为 2.23 亿元。

多年来，影响中国油气管道安全的事故时有发生。当前，危及管道安全的事件主要有三种：第一种来源于蓄意破坏，如打孔盗油、打孔盗气。第二种是管道违章占压和第三方施工破坏问题，目前这已经占到相当的比例。第三种是恐怖袭击的现实威胁也在增加。[①] 此外，中国油气管道老化、腐蚀等问题也日益严重。

打孔盗油盗气现象在中国仍然十分猖獗。2014 年仅吉林省就打掉盗油团伙 11 个，团伙成员 40 人；全省涉油刑事立案 117 起，破案 94 起。各地也侦破了大量的相关案件。对疯狂违法的"油耗子"，中国必须进一步加大打击力度，做好油气管道沿线巡防，对沿线出租房屋及废弃、闲置厂房加强清理清查。一方面，既要落实油气管道企业的主体责任，强化涉油企业内部

---

① 苏苗军：《美国石油天然气管道保护立法及其监管管理》，《公民与法》2010 年第 7 期。

安全防范，健全内部安保责任体系，做好应急处置预案；另一方面，公安、法院、安全监管等部门也要加强配合，加大相关案件的侦破力度。对这类威胁公共安全的盗窃行为，部分法律人士主张不能简单地以"盗窃罪"论处，而应以"破坏易燃易爆设施罪"从重处罚。

随着中国城镇化的加速，违章占压和第三方施工破坏已经成为管道安全的重要隐患。目前由于地下管网的情况复杂，一些施工单位未经严格程序就占地和施工，给管道造成很大破坏。各地还应进一步明确地方管网的数据，施工单位在占地和施工过程中，必须经过法定程序，了解地下管网情况方可施工。对违法施工造成安全事故的企业要加大处罚和赔偿力度。目前法律上虽然明确了对第三方施工造成的管道安全事故，管道企业在完成抢修后维修费用可向第三方施工单位追偿，但实践中追偿往往十分困难。这不仅损害了管道企业的权益，也造成了违法施工现象屡禁不止。

虽然中国油气管道遭遇恐怖袭击的案例较为鲜见，但随着暴力恐怖活动有所抬头，其潜在威胁不容忽视。中国油气管道企业和相关管理部门要全面收集相关信息，比如，对设施资产感兴趣的敌对势力及其运作历史、方法、可能的计划和动机等，管理层必须根据评估情况，选择最适合的方法，做出与风险相对应的安全管理决策。在做好安全评估的基础上，要做好突发情况处置的预案。

此外，针对中国油气管网存在的腐蚀老化、标准不统一、布局不合理等诸多问题，需要油气企业和相关部门加大对管道重大安全隐患的排查力度，及时摸清"家底"，并采取果断的整改措施，该停产的停产、该关闭的关闭、该搬迁的搬迁，全面提升油气管道的应急处置能力，避免油气泄漏、爆炸等安全生产事故发生。

2. 加强国际合作，加大海上和陆上通道建设

能源供给关系到中国能不能获得充足、稳定的能源资源，而通道建设则关系到中国从国际市场获得的能源能否安全运回来。近年来，中国加大与中亚地区的能源合作，并取得突破性进展。中国与中亚各国之间，共设计有 4 条天然气管道线路，其中 A、B、C 三线已建成投产。2014 年习近平主席访问中亚期间，就与塔吉克斯坦总统拉赫蒙共同出席中国—中亚天然气管道 D 线的开工仪式。2013 年中缅油气管道建成，中国形成了继中亚油气管道、中俄原油管道、海上通道之后的第四大能源进口通道。

西北、东北、东部沿海和西南这四大能源进口通道的形成，对加强中国能源通道建设、确保能源安全意义重大。但总体看，中国的能源通道，特别是海上能源通道仍存在较大风险隐患，通道安全已经成为制约能源安全的"软肋"。中国必须加大能源通道基础设施建设，并切实维护通道安全。

目前，中国石油进口的 90% 左右通过海上运输，其中向西经印度洋的海上航线尤为重要，关系中国总体的经济安全。中国石油的 51.1% 来自中东地区，22% 来自非洲，区域集中度较高，而且来自这两个区域的油气资源都必经马六甲海峡，毗邻伊朗的霍尔木兹海峡等也是重要的海上通道。马六甲海峡与霍尔木兹海峡这两条狭窄的通道，像两把"锁链"扼住了中国的能源运输通道。

马六甲海峡是全球最繁忙的海上通道，位于马来半岛同印度尼西亚苏门答腊之间，最窄处仅 37 公里，被誉为海上的"咽喉"。这里不仅容易遭到海盗的袭击，而且这里也被美国、欧洲国家和印度海军军事力量所控制，容易遭受潜在的军事威胁。

霍尔木兹海峡等区域不仅存在海盗威胁，也容易受到政治局势和战争的影响。20 世纪 80 年代伊朗、伊拉克之间围绕边境之争等矛盾爆发了为期八年的"两伊战争"（也称"第一次海湾战争"），其间伊朗封锁了霍尔木兹海峡，对全球石油供给造成较大震荡。尽管伊朗这一做法遭到了美国的"教训"，但这也告诉我们，这一区域的确存在潜在的地缘政治风险。在近年伊朗核问题中，面对美国的强硬立场，伊朗也曾多次威胁要封锁霍尔木兹海峡。

2009 年，亚丁湾的索马里海域海盗日益猖獗，作案数量逐年递增。2009 年初至 11 月，有 40 多艘船只被索马里海盗劫持，涉及船员 600 多人。2009 年前 11 个月，中国就有 1265 艘次商船通过这条航线，20% 遭到过海盗袭击。针对亚丁湾、索马里海域的海盗行为，联合国安理会先后通过了 4 项决议，呼吁和授权世界各国到亚丁湾海域打击海盗。2008 年底开始，根据联合国安理会有关决议，中国海军舰艇编队赴亚丁湾索马里海域执行护航任务。编队的主要任务是保护中国航经亚丁湾、索马里海域的船舶和人员安全，保护世界粮食计划署等国际组织运送人道主义物资船舶的安全。截至 2014 年底，中国已派出第十九批海军护航编队，每批驻扎约三个月。每批派出两艘海军主力战舰和一艘综合补给舰。海军护航编队的派出，为保障中国海上运输通道安全发挥了十分积极的作用。

从长远看，保障中国海上能源通道安全，还应进一步加强中国海上军事力量的建设。作为一个海陆兼备的国家，国防建设中"重陆轻海"的思维一直占据主导地位。中国海上军事力量不仅武器装备落后，与中国的大国地位不相匹配，而且海权发展的外部环境也不容乐观。"中国虽然拥有漫长的海岸线，但除了台湾东海岸以外，却少有能直通大洋的通道。西太平洋上的'第一、第二岛链'[①] 成为中国军事力量从近海出入大洋的障碍，战时，这些岛屿链将如同锁链一样封住中国通向大洋的一切通道。更棘手的是，美日等对中国海权发展持质疑态度的力量控制了几乎所有重要的岛屿和其附属的重要海域，黄海、东海和南海实际上成了近乎封闭的内海"。[②]

近年，美国利用中国与东亚其他国家的矛盾，加大对东亚事务的介入。除了继续利用台湾问题和朝鲜半岛危机（包括朝核危机）拉拢日本、韩国制约中国，美国还介入了中国与东南亚国家在南海的主权之争。美国借此增强了在亚太区域的军事力量，保持和扩大了在日本、东南亚的军事力量，提升了在东海、南海等海域的影响。这不仅关系到中国在东海、南海等海域的油气资源开发，也关系到中国海上通道的安全。特别是南海处于中国海外贸易的交通要塞，关系到中国的海上通道安全。对此，不少专家主张，中国应该加强海军航空母舰与常规舰队建设，确保中国在南海地区拥有一定的制海权，能够有效管理、控制部分海域，成为地区性的海上优势力量。中国对南海少数国家的挑衅行为要给予必要的威慑。当然，中国海军军备建设是为了更好地维护中国贸易通道安全，更好地保障中国经济利益，这一过程中要化解美、日、印等大国的过度猜测和担忧，避免各大国之间陷入"安全困境"[③]。

在海上通道安全建设过程中，中国还应加强海洋运输能力建设。根据相

---

① 第一岛链北起朝鲜半岛南端，经九州岛、琉球群岛、台湾岛、菲律宾群岛至马来半岛南端；第二岛链北起日本群岛，经小笠原群岛、马里亚纳群岛、帕劳群岛至印度尼西亚马鲁吉群岛北端。

② 黄波：《中国海权策》，新华出版社，2012。

③ "安全困境"又称"安全两难"，在国际政治的现实主义理论中，它是指一个国家为了保障自身安全而采取的措施，会降低其他国家的安全感，从而导致该国自身更加不安全的现象。一个国家即使出于防御目的增强军备，也会被其他国家视为需要做出反应的威胁，这样一种相互作用的过程是国家难以摆脱的困境。

关媒体报道显示，中国每年进口的约 3 亿吨原油，绝大部分是依靠国外油轮运输，两大石油进口商——中石油和中石化并没有自己控制的油轮船队。这种局面一方面造成当全球海洋运输能力不足时，对方漫天要价；另一方面，也给中国海上油气运输安全带来隐患。一旦遇到突发情况，外国船运公司拒绝运输，中国海洋运输能力不足的弱点就会暴露。对此，中国必须建立自己的超级油轮船队，化解国际海运巨头乘机垄断海运价格的风险，以此降低海外资源进口成本。

建立自己的超级油轮船队，对中国石油进口还有着特殊的安全意义。中国政府可以在局势危急时，理直气壮地进行武装护航，更可以在发生问题后及时进行危机处理，避免因外租油轮而造成的种种认证、问责环节，从而更妥善地保护中国企业的利益和能源运输通道的安全。

除了加大海上通道安全建设外，加大陆上通道建设也十分必要。目前，中国已在陆上建设了中国—中亚油气管道、中俄石油管道和中缅油气管道，由此形成了西北、东北、西南三大陆上进口通道。未来中国与中亚和俄罗斯的油气管道建设仍会加强，油气输送量将进一步加大。陆上通道建设的完善可大大降低中国油气资源进口的成本，还可以部分化解中国海上通道的安全困局。

但是，中国陆上通道存在的安全隐患也不容忽视。以中国首条跨境原油运输管道中哈石油管道为例，目前该管道就受到了大国博弈、"三股势力"的破坏、中亚各国内部局势动荡等因素的共同影响。受大国博弈因素影响，哈萨克斯坦的油气出口平衡了中国、美国、欧洲、俄罗斯等多方利益。目前除了中哈石油管道外，哈萨克斯坦向西有里海管道财团管道，向北有阿特劳—萨马拉管道。未来中哈石油管道的输送量能否达到年输油 2000 万吨的设计能力，以及是否可以稳定、持续地保持输送量仍值得关注。受恐怖主义、分裂主义和极端主义抬头的影响，该油气管道仍存在一定非传统安全风险。

再以中缅油气管道为例。该管道始于缅甸西海岸的若开邦皎漂市，向东北斜穿缅甸全境，从南坎进入中国云南边境口岸瑞丽，负有纾解"马六甲困局"的重任。因不具备可控、足量的上游资源，中缅油气管道项目目前很难满负荷运转。除了前期应对复杂地貌而投入的巨资外，中石油还将面对投运后每年不菲的过境费，这些都对项目的营利性构成挑战。最大的风险是缅甸政局的不确定性。中缅油气管道动工开始，就遭到缅甸一些非政府组织和当地居民的强烈反对。除了环保方面的指责，非政府组织和当地居民的另一不满是项目沿途地区的多数居民未能从油气资源中获益。诸多阻力背后的原因在于中国对缅甸政局变动的战略误判。因为对缅战略执行"上层路线"，中国企业对缅甸社会变局和公民诉求缺乏了解，对缅甸政局走势缺乏准确预判，在缅甸政局不稳的 2007～2008 年，中国企业仍大规模进入缅甸，并在中国电力投资集团公司（简称中电投）"密松水坝"事件后，坚持扩大投资。①

此外，中缅油气管道的起点皎漂市所在的若开邦，不断发生佛教徒与穆斯林的冲突。更危险的是，管道还须穿越至今仍处在内战中的克钦邦。如何既能实现国家战略，又能具备商业价值，成为中缅油气管道的命门。

跨境油气管道安全建设涉及经济、安全、外交等领域，更是反映国家间关系的晴雨表。中国维护跨国管道安全，必须立足于他国特殊的投资环境，探索实现"双赢"的合作模式。对于处于社会转型期、经济社会制度等还不完善的过境国，中国与之进行能源合作的过程中，应深入了解其历史、文化、政治、投资环境、法律体系等背景。在项目开展前期，应充分考虑对方的市场风险、地质风险、政治风险、合作风险和税收等因素，尽可能减少国家利益的损失。

中国已经提出"一带一路"战略，中国能源运输通道也可以搭上这趟"便车"。"一带一路"沿线许多国家与中国能源资源领域的互补性很强，加强中国与周边国家陆地与海上互连互通基础设施的建设，将推动中国资源能源进口通道建设，对实现能源进口渠道多样化将起到十分积极的作用。要落实这一战略，仍有许多细致的工作要做。

3. 加强输电网络和煤炭运输通道建设

中国煤炭、水电等能源的生产和消费空间布局分离，我们必须建立完善和强大的电网系统，加强电力远距离输送能力。由于电网建设相对滞后，中国中西部部分电力无法远距离输送，造成较大浪费。四川水电无法满负荷外送，甘肃、内蒙古等地的风能、太阳能也不能完全外送，电网建设滞后造成了这些地区典型的弃水弃风限电等浪费现象，使大量清洁能源无法得到有效利用。山西、陕西、内蒙古等煤炭富集地区也要加强电网建设，促进煤电一体化项目建设，也可以减少煤炭大运量、远距离运输带来的能耗和环境污染

---

① 李毅、王宇、杨悦：《重审中缅油气管道》，《财经》2013 年 6 月 17 日。

问题。因此，电网建设不仅关系中国能源输送的安全，也关系中国节能减排目标的实现。

"绝大多数清洁能源只有转化为电能才能够高效利用。而电能作为优质、清洁、高效的二次能源，能够替代绝大多数能源需求，是未来最重要的终端能源。从世界能源发展趋势和资源禀赋特征看，实施以清洁替代和电能替代为重要内容的'两个替代'是世界能源可持续发展的重要方向"。[①]

中国能源"十二五"规划提出，要坚持输煤输电并举，逐步提高输电比重。结合大型能源基地建设，采用特高压等大容量、高效率、远距离先进输电技术，稳步推进西南能源基地向华东、华中地区和广东省输电通道建设，鄂尔多斯盆地、山西、锡林郭勒盟能源基地向华北、华中、华东地区输电通道。加快区域和省级超高压主网架建设，重点实施电力送出地区和受端地区骨干网架及省域联网工程，完善输、配电网结构，提高分区、分层供电能力。加快实施城乡配电网建设和改造工程，推进配电智能化改造，全面提高综合供电能力和可靠性。到 2015 年，建成 330 千伏及以上输电线路 20 万公里，跨省区输电容量达到 2 亿千瓦。

随着技术进步，世界电网呈现出联网规模从小到大、自动化水平由弱到强的发展规律。智能电网已成为全球电网建设的新潮流，也被称为"电网2.0"。百度百科将智能电网定义为："建立在集成的、高速双向通信网络的基础上，通过先进的传感和测量技术、先进的设备技术、先进的控制方法以及先进的决策支持系统技术的应用，实现电网的可靠、安全、经济、高效、环境友好和使用安全的目标，其主要特征包括自愈、激励和包括用户、抵御攻击、提供满足用户需求的电能质量、容许各种不同发电形式的接入、启动电力市场以及资产的优化高效运行"。

当前中国应加快智能电网建设，着力增强电网对新能源发电、分布式能源、电动汽车等能源利用方式的承载和适应能力，实现电力系统与用户互动，推动电力系统各环节、各要素升级转型，提高电力系统安全水平和综合效率。

电网的安全管理关系到电力输送安全，其安全保障工作也有待加强。一方面，电力调度作为电网安全运行的基础，电网企业要合理组织；另一方面，电网企业还要防止违章建房、种树等外部破坏行为对电网安全的影响，

---

① 刘振亚：《全球能源互联网》，中国电力出版社，2015。

确保电网的安全稳定运行。

目前虽然中国在建在运特高压超过 1 万公里，到 2015 年将建成"三华"（华北、华东、华中）特高压电网，形成"三纵三横一环网"，但特高压建设在业界和学界所引发的争议仍未停息。国家电网公司极力主张大规模建设特高压电网，以此实现"煤从空中飞"，并将大量中西部清洁能源输送到东部能源消费地区，这一思路遭到不少专家的反对。部分专家对特高压电网的经济性、环保性、安全性提出质疑。未来中国还应深化对特高压电网的认识，在此基础上谨慎推进特高压电网建设。

煤炭运力不足是长期制约中国煤炭外送的瓶颈，影响了中国煤炭行业的发展和国家能源安全。特别是 21 世纪前 10 年，经济高速增长导致煤炭消费快速增长，而煤炭运力不足进一步加剧了煤炭资源短缺的局面，煤炭价格也一路攀升。近年，随着铁路建设完善，煤炭消费增速放缓，2014 年甚至出现了新世纪以来消费量的首次下降，中国煤炭运力不足的问题也逐步得到缓解。

根据能源"十二五"规划，中国将加快既有铁路干线扩能改造和新建铁路煤运通道建设，提高煤炭跨区运输能力。重点建设内蒙古西部地区至华中地区的北煤南运战略通道，优化煤炭跨区流向；建成山西、陕西和内蒙古西部地区至唐山地区港口、山西中南部至山东沿海港口西煤东运新通道，缓解现有通道压力；结合兰新铁路扩能改造和兰渝铁路建设，形成疆煤外运新通道。建设沿海配套港口码头，完善内河水运通道。

"十二五"时期，中国能源输送通道建设的重点如表 6-3 所示。

表 6-3　"十二五"时期能源输送通道建设重点

原 油	中哈原油管道二期、中缅原油管道、独山子—乌鲁木齐、兰州—成都、大庆—铁岭、瑞丽—昆明等干线管道
天然气	中亚天然气管道 C 线和 D 线，西气东输二线东段及香港支线，西气东输三线、四线、五线，中缅天然气管道；陕京四线、鄂尔多斯—安平输气管线、东北天然气管网、中卫—贵阳天然气管道、青藏天然气管道（适时建设）、冀宁联络线复线、宁鲁联络线；南疆天然气利民工程；适时启动新疆煤制气外输管线、中俄东线天然气管道、萨哈林天然气管道
电 力	水电外送：金沙江溪洛渡送电浙江，广东、雅砻江锦屏等电站送电江苏，四川水电送电华中，糯扎渡等电站送电广东，云南水电送电广西 煤电和风电外送：蒙西送电华北及华中，锡林郭勒盟送电华北及华东，陕北送电华北，山西送电华北及华中，淮南送电上海及浙江，新疆送电华中，宁东送电浙江，陕西送电重庆

资料来源：《国务院关于印发能源发展"十二五"规划的通知》。

4. 加大能源储备设施建设，完善能源应急体系和能力建设

在加强油气供应和运输安全保障的同时，中国还需加大油气储备，完善应急体系。目前中国石油年消费量超过 5 亿吨，国内大庆、胜利、华北等大型油田稳产增产的压力都在不断加大，中国石油产量已经接近峰值。与此同时，2014 年中国石油对外依存度已接近 60%，未来还将呈现不断上升态势。加上海上石油运输通道存在一定风险，中国能源安全还存在较大脆弱性。中国迫切需要建立健全多层次的石油存储体系，确保国内石油市场的稳定供应。

黄晓勇认为，"一个国家的能源储备主要分为国家战略储备和商业储备。战略储备是一种由政府控制的资源，只在战争或严重自然灾害造成石油供给短缺时才会投放。而商业储备则是指石油生产流通或相关企业根据有关法律法规，为承担社会责任而必须保有的最低库存量，用以保障国家能源安全和平抑价格剧烈波动。在国内石油供应因自然灾害、突发事件等出现紧张状况时，国家可依法统一调度商业原油库存"。[①]

目前中国石油战略储备仍处于较低水平。中国从 2003 年开始筹建石油战略储备基地，规划用 15 年时间分三期完成油库等硬件设施的建设。2014 年底国家统计局发布的消息显示，国家石油储备一期工程建成投用，包括舟山、镇海、大连和黄岛等四个国家石油储备基地，总储备库容 1640 万立方米，储备原油 1243 万吨。

2014 年中国石油天然气股份有限公司发布的报告显示，截至 2013 年底，中国战略原油储备能力达 1.41 亿桶。按中国 2013 年每天消耗石油 139 万吨的规模静态计算，中国战略原油储备只够使用 8.9 天，商业原油储备可用 13.8 天，全国原油储备的静态能力总共约为 22.7 天。此次要求企业增加商业储备，中国原油储备也只有 30 天左右。中国石油储备能力仍远低于国际能源署设定的 90 天安全标准。

能源"十二五"规划提出，中国应优化储备布局和结构，建成国家石油储备基地二期工程，启动三期工程，推进石油储备方式多元化。积极推进成品油应急调节储备，研究建立企业义务储备；加快华北、西北、西南及东南沿海地区天然气地下储气库和液化天然气储备库建设，加快城市调峰储气设施建设。

---

① 冉永平：《为什么要搞石油商业储备》，《人民日报》2015 年 2 月 2 日，第 2 版。

在煤炭储备建设方面，能源"十二五"规划提出，中国应加快在沿海、沿江港口及华东、华中、西南等地区建设国家煤炭应急储备，鼓励重点厂矿企业提高仓储能力，稳步推进地方储备应急能力建设，逐步构建科学、有序、规范的煤炭应急储备体系。

作为第一大能源消费国，中国迫切需要完善能源储备方面的法律和政策体系。法律需要明确各类石油储备主体的权利和义务，只有明确在什么条件下才能动用国家战略石油储备和商业储备，才能为政府的决策提供依据，给市场主体明确的预期。同时，中国要健全能源应急组织系统，加强系统演练，完善应急保障预案，确保国家能够依法采取能源生产运输紧急调度、储备动用和价格干预等措施。

（三）加强资源勘探与勘探技术进步，提升资源保障能力

1. 加快常规油气勘探开发

根据能源"十二五"规划，中国按照稳定东部、加快西部、发展南方、开拓海域的原则，围绕新油气田规模高效开发和老油气田采收率提高两条主线，鼓励低品位资源开发，推进原油增储稳产、天然气快速发展。挖掘东部潜力，加强老区精细勘探，拓展外围盆地资源；加快西部重点盆地勘探开发，增加油气储量和产量；加大南方海相区域勘探开发力度，创新地质理论，突破关键勘探开发技术；推进塔里木盆地、准噶尔盆地、松辽盆地、鄂尔多斯盆地、渤海湾盆地、四川盆地等陆上油气生产基地的稳产或增产；加快海上油气资源勘探开发，坚持储近用远原则，重点提高深水资源勘探开发能力。到 2015 年，国家新增石油探明地质储量 65 亿吨以上，产量稳定在 2 亿吨左右；新增常规天然气探明地质储量 3.5 万亿立方米，产量超过 1300 亿立方米。

目前对常规资源的勘探，中国还存在地质勘查经费不足的问题，导致中国前期地质工作投入不足。"地勘队伍属地化后，国家资金大量退出矿产勘查领域，但市场资本没有大规模进入。地质工作投资规模不适应新形势的需要。具体表现为由于我国风险勘查资本市场没有形成，在很大程度上影响了外商、个人和企业等社会资金矿产勘查。我国国有矿山企业没有形成资源再生产补偿机制，导致矿山企业缺乏资源补充能力；大量民营资本、国外资本对矿产勘查市场深感兴趣，但由于勘查投资环境差、资源质量差，担心利益得不到保障而不投入矿产勘查。因此，矿产勘查资本远远没达到应有水平。尤其是

非油气矿产勘探的投入呈现相对减弱态势，前期地质工作投入不足"。[1]

对此，中国必须完善地质勘查投入机制，加大地质勘探力度。一方面要建立起中央和地方共同投资开展公益性地质工作的新机制，确保公益性地质工作的投入合理增长，通过加大公益性投入降低商业矿产勘查的自然风险。另一方面，加强矿业市场主体建设，明确商业性地质勘探属于竞争性领域，除法律、法规规定不允许民营企业、自然人和外资企业进入的领域外，鼓励社会资本投资进行矿产资源开发。在鼓励社会资本投入的过程中，要制定出合理的、可操作性的政策体系，既确保勘探市场主体的合理利益，也要维护好国家利益和公共利益。

2. 大力开发非常规天然气资源

非常规天然气包括可燃冰、页岩气、煤层气、致密砂岩气（深盆气）、浅层生物气、水溶气、无机成因气等。可燃冰又称天然气水合物，具有储量丰富、能量密度大、燃烧利用污染少等优点，通常分布在海洋大陆架外的陆坡、深海、深湖及永久冻土带上。据估算，全球可燃冰资源总量约为 20000 万亿立方米。全球页岩气主要分布在亚洲、北美洲等地区（见表 6 - 4），技术可开发量约为 207 万亿立方米。[2]

表 6 - 4 2013 年页岩气技术可开发量居前五位的国家

单位：万亿立方米

排名	国家	技术可开发量	排名	国家	技术可开发量
1	中国	32	4	美国	19
2	阿根廷	23	5	加拿大	16
3	阿尔及利亚	20			

资料来源：美国能源部能源信息管理局。

依照规划，中国将根据资源前景和发展基础，重点加大煤层气和页岩气的勘探开发力度。中国将建设沁水盆地和鄂尔多斯盆地东缘煤层气产业基地，继续推进河北、安徽、山东、河南、陕西、甘肃、宁夏等地煤层气勘探开发

---

[1] 尤孝才、张润丽、成金华：《我国公共财政体制下地勘费投入与运行机制探讨》，《中国国土资源经济》2007 年第 7 期。

[2] 刘振亚：《全球能源互联网》，中国电力出版社，2015。

试验，加快开展新疆低阶煤盆地、中部地区低渗透性煤层和西南高应力区煤层气勘查与开发评价。中国还应加快全国页岩气资源调查与评价，在保护生态环境和合理利用水资源的前提下，优选一批页岩气远景区和有利目标区。

页岩气与传统天然气一样，是清洁、高效、低碳的优质能源。加强页岩气资源勘查开发是增加中国清洁能源供应、促进节能减排的有效途径。中国页岩气资源类型多、分布广、潜力大。

目前，中国页岩气勘探开发在政策上还存在不少障碍和壁垒。

第一，市场开放程度不够。一方面，页岩气矿业权配置存在障碍。中国传统石油、天然气的探矿权和采矿权主要以申请在先方式获得，经国土资源部审批后登记。油气矿业权大部分由中石油、中石化和中海油三大石油公司获得，陕西延长石油（集团）有限责任公司（延长石油）、中联煤层气有限责任公司（中联公司）、河南省煤层气开发利用有限公司拥有少量矿权。[①] 由于页岩气近80％的分布区和常规天然气分布区重叠，第一次和第二次拿出来招标的区块都避开了重叠区。目前的问题是，页岩气矿业权配置如沿用传统的审批登记方式，将限制多种所有制经济进入这一领域。如果按照现在这种方式招标，虽然避免了矛盾，但也避开了资源富集区，大部分页岩气区块将无法靠竞争方式出让。另外，天然气管网不开放。中国天然气骨干网的建设与运营均由三大国有石油公司掌握。这种模式有利于将集中开采的天然气输送到消费终端，但不利于页岩气这种小规模、广分布的燃气资源的开发、输送。

第二，开发收益分配政策不明朗，导致地方政府和企业开发的积极性不高。中国矿产资源属国家所有，但对资源开发征收的税费比率较低，政府相关的税收体系和分成制度没有建立起来，导致开发企业获利的空间较大。如果页岩气开发向各类所有制企业开放，却没有合理的分配制度，就有可能像煤炭等资源行业一样放开后出现炒作探矿权和采矿权现象，产生少数企业和个人获取超额利润的问题，甚至引发社会矛盾。所以目前各地对各类所有制企业放开勘探权的同时，对开发权并未放开，导致获得探矿权的企业，预期收益并不明朗，这严重抑制了企业参与探矿的积极性。反之，如果页岩气勘探仍由少数国有企业作为勘探和开发主体，地方政府只能获得少量的税收，多数税收上缴上级政府，也将影响地方政府的发展积极性。目前世界上多数

---

① 《用新思路开发新矿种》，《中国煤炭报》2012 年 8 月 24 日。

资源富集国，通过征收可观的资源税费和签订开发合同，使国家获取油气资源的收益最大化，同时把开发企业的收益控制在合理范围。

第三，地质勘探难以满足发展需要。中国虽然具备页岩气大规模成藏的基本条件，但由于地质勘查投入不足，对油气商业地勘实行特殊准入规定社会资本很难涉足，以及地质资料行业内无法共享等原因，尚未系统地开展全国范围内页岩气的调查和普查，资源总量和分布情况没有完全掌握。

第四，中国页岩气勘探开发技术还不成熟。目前美国页岩气勘探开发使用的水平井分段压裂等技术，中国尚未完全掌握。如完全依靠自主研发，将需要花费较长的时间和投入更多资金。此外，中国页岩气开发的地质条件较为复杂。"我国陆相和海陆交互相页岩气发育，页岩气类型多样、赋存地质条件复杂。页岩气普遍埋藏较深，主要富集地区地表地形复杂，人口密集，水资源缺乏，开采难度较美国更大，生态环境保护要求更高。到目前为止，我国页岩气资源评价尚不系统，对资源的认识程度较低，需要进一步加强资源调查评价和有利目标区优选，摸清页岩气资源'家底'"。[①]

页岩气是新矿种，专业分工要求高、创新驱动强，中国对此必须实施新的勘探开发和利益分享机制。在页岩气开发制度安排上，中国应进一步大胆探索。首先，进一步放宽市场准入门槛，运用市场机制配置页岩气矿业权。今后所有页岩气矿业权都应通过公开招标出让，实行"价高者得"的原则。由于页岩气是新矿种，对页岩气与已登记常规石油天然气重叠的区域，国家可以设置新的页岩气矿业权，各类企业通过平等竞争获得。放宽页岩气的市场准入，投标单位不限于已有的油气开发企业，不宜设置过高的资质要求，要向各种所有制企业开放，为资本市场的参与留出空间。同时，国家应适时启动天然气管网改革，建立独立运营的天然气管网公司，实行"网运分开"，接入和建设向所有用户开放。其次，合理分配页岩气开发收益。为了保证国家作为资源所有者的权益，可以借鉴国外的做法，由国土资源部与开发企业签订分成合同，分成收益建立专门基金，作为财政性资金进行管理。在基金中提取一部分充实公益性地质勘探基金，专项用于页岩气地质勘探。最后，政府要鼓励技术创新，突破页岩气勘探开发关键技术。中国应对页岩气基础研发

---

① 景东升、魏东：《我国页岩气勘探开发现状及政策思考》，《中国石油化工经济分析》2012年第 7 期。

给予一定的财政补贴和税收优惠,支持和鼓励企业对国外相关技术的引进吸收再创新。同时,选择一些资源条件好的地区开展示范工程项目建设。

根据规划,在页岩气开发方面,"十二五"期间中国将重点加快四川、重庆、云南、贵州、湖北、陕西、山西等省市页岩气勘探开发,建设长宁、威远、昭通、富顺—永川、鄂西渝东、川西—阆中、川东北、延安等页岩气勘探开发区,初步实现规模化商业生产,为页岩气快速发展奠定坚实基础。到2015年,煤层气、页岩气探明地质储量分别增加1万亿立方米和6000亿立方米,商品量分别达到200亿立方米和65亿立方米,非常规天然气成为天然气供应的重要增长极。

二 经济:推动生产革命和技术进步*

(一) 推动能源生产革命,提高国内保障能力,开发新能源,改善能源供给结构

中国能源结构的突出特点是"富煤贫油少气"。当前,无论是从保障能源供给安全的角度,还是从保障生态安全的角度出发,推进能源供给的多元化都非常必要。中国能源结构以煤为主,煤炭占能源消费近70%。同时煤炭开发利用方式粗放,资源环境压力加大。数据显示,目前主要经济体中煤炭在能源消费中占比超过50%的,只有中国和印度。经过长期发展,中国已成为世界上最大的能源生产国,形成了煤炭、石油、天然气、电力、新能源、可再生能源多元发展的能源供给体系,技术装备水平明显提高,生产生活用能条件显著改善。但是,中国仍面临着能源需求压力巨大、能源供给制约较多、能源生产和消费对生态环境损害严重、能源技术水平总体落后等挑战。为此,必须推动能源生产革命,立足国内多元供应保障安全,大力推进煤炭清洁高效利用,着力发展非煤能源,形成煤炭、石油、天然气、核电、新能源、可再生能源多轮驱动的能源供应体系,同步加强能源输配网络和储备设施建设。

---

* 本节作者牛犁,国家信息中心经济预测部宏观经济研究室主任,副研究员,研究方向为国内外宏观经济、能源问题等;陈彬,国家信息中心经济预测部宏观经济研究室助理研究员,研究方向为能源与资源环境经济等。

1. 立足国内，加强能源供应能力建设，不断提高自主控制能源对外依存度的能力

中国作为发展中大国，随着"新四化"的深入推进和人民生活的改善，未来一个时期能源需求还会增长。国家主席习近平指出，要善于运用底线思维的方法，凡事从坏处准备，这样才能有备无患、遇事不慌。要立足国内，着力提高能源供应能力，加大陆上、海洋油气勘探开发力度，创新体制机制，促进页岩气、页岩油、煤层气、致密气等非常规油气资源开发，掌握发展的主动权。

（1）稳步提高国内石油产量

中国应坚持陆上和海上并重，巩固老油田，开发新油田，突破海上油田，大力支持低品位资源开发，建设大庆、辽河、新疆、塔里木、胜利、长庆、渤海、南海、延长等9个千万吨级大油田。一是稳定东部老油田产量。以松辽盆地、渤海湾盆地为重点，深化精细勘探开发，积极发展先进采油技术，努力增储挖潜，提高原油采收率，保持产量基本稳定。二是实现西部增储上产。以塔里木盆地、鄂尔多斯盆地、准噶尔盆地、柴达木盆地为重点，加大油气资源勘探开发力度，推广应用先进技术，努力探明更多优质储量，提高石油产量。加大羌塘盆地等新区油气地质调查研究和勘探开发技术攻关力度，拓展新的储量和产量增长区域。三是加快海洋石油开发。按照以近养远、远近结合，自主开发与对外合作并举的方针，加强渤海、东海和南海等海域近海油气勘探开发，加强南海深水油气勘探开发形势跟踪分析，积极推进深海对外招标和合作，尽快增强深海采油技术和装备的自主制造能力，大力提升海洋油气产量。四是大力支持低品位资源开发。开展低品位资源开发示范工程建设，鼓励难动用储量和濒临枯竭油田的开发及市场化转让，支持采用技术服务、工程总承包等方式开发低品位资源。

（2）大力发展天然气

按照陆地与海域并举、常规与非常规并重的原则，中国应加快常规天然气增储上产，尽快突破非常规天然气发展瓶颈，促进天然气储量产量快速增长。一是加快常规天然气勘探开发。以四川盆地、鄂尔多斯盆地、塔里木盆地和南海为重点，加强西部低品位、东部深层、海域深水三大领域的科技攻关，加大勘探开发力度，力争获得大突破、大发现，努力建设8个年产量百亿立方米级以上的大型天然气生产基地。到2020年，累计新增常规天然气探明地质储量 5.5 万亿立方米，年产常规天然气 1850 亿立方米。二是重点突破页岩气和煤层气开发。加强页岩气地质调查研究，加快"工厂化""成套化"技术研发和应用，探索形成先进适用的页岩气勘探开发技术模式和商业模式，培育自主创新和装备制造能力。着力提高四川长宁—威远、重庆涪陵、云南昭通、陕西延安等国家级示范区的储量和产量规模，同时争取在湘鄂、云贵和苏皖等地区实现突破。到 2020 年，页岩气产量力争超过 300亿立方米。以沁水盆地、鄂尔多斯盆地东缘为重点，加大支持力度，加快煤层气勘探开采步伐。到 2020 年，煤层气产量力争达到 300 亿立方米。三是积极推进天然气水合物资源勘查与评价。加大天然气水合物勘探开发技术的攻关力度，开发具有自主知识产权的核心技术，积极推进试采工程。

（3）积极发展能源替代

中国应坚持煤基替代、生物质替代和交通替代并举的方针，科学发展石油替代。到 2020 年，形成石油替代能力 4000 万吨以上。一是稳妥实施煤制油、煤制气示范工程。按照清洁高效、量水而行、科学布局、突出示范、自主创新的原则，以新疆、内蒙古、陕西、山西等地为重点，稳妥推进煤制油、煤制气技术研发和产业化升级示范工程，掌握核心技术，严格控制能耗、水耗和污染物排放，形成适度规模的煤基燃料替代能力。二是积极发展交通燃油替代。加强先进生物质能技术攻关和示范，重点发展新一代非粮燃料乙醇和生物柴油，超前部署微藻制油技术研发和示范。加快发展纯电动汽车、混合动力汽车和船舶、天然气汽车和船舶，扩大交通燃油替代规模。

（4）加强储备应急能力建设

中国应完善能源储备制度，建立国家储备与企业储备相结合、战略储备与生产运行储备并举的储备体系，建立健全国家能源应急保障体系，提高能源安全保障能力。一是扩大石油储备规模。加快推动国家石油储备工程建设，鼓励民间资本参与储备建设，建立企业义务储备，鼓励发展商业储备。利用国际油价大幅回落的有利时机，努力提高国家战略石油储备水平。二是提高天然气储备能力。加快天然气储气库建设，鼓励发展企业商业储备，支持天然气生产企业参与调峰，提高储气规模和应急调峰能力。三是建立煤炭稀缺品种资源储备。鼓励优质、稀缺煤炭资源进口，支持企业在缺煤地区和煤炭集散地建设中转储运设施，完善煤炭应急储备体系。四是完善能源应急体系。加强能源安全信息化保障和决策支持能力建设，逐步建立重点能源品种、能源通道应急指挥和综合管理系统，提升预测预警和防范应对水平。

2. 积极发展天然气、核电、可再生能源等清洁能源，降低煤炭消费比重，推动能源结构持续优化

大幅度优化能源供应结构。大力发展非化石能源，确保实现 2020 年非化石能源占能源消费总量 15% 的目标。2030 年，非化石能源比重进一步提高到 20% 甚至更高的比例。加大非常规天然气勘探开发力度，提高天然气在能源生产和消费中的比重，2020 年和 2030 年占能源消费的比重分别达到 10% 和 15%。显著降低煤炭消费比例，2020 年下降到 60% 左右，2030 年进一步下降到 50% 以下。

（1）大幅增加天然气供应比重

坚持增加供应与提高能效相结合，加强供气设施建设，扩大天然气进口，有序拓展天然气城镇燃气应用。到 2020 年，天然气在一次能源消费中的比重提高到 10% 以上，2030 年进一步提高至 15% 左右。一是实施气化城市民生工程。新增天然气应优先保障居民生活和替代分散燃煤，组织实施城镇居民用能清洁化计划，到 2020 年，城镇居民基本用上天然气。二是稳步发展天然气交通运输。结合国家天然气发展规划布局，制订天然气交通发展中长期规划，加快天然气加气站设施建设，以城市出租车、公交车为重点，积极有序地发展液化天然气汽车和压缩天然气汽车，稳妥发展天然气家庭轿车、城际客车、重型卡车和轮船。三是适度发展天然气发电。在京津冀鲁、长三角、珠三角等大气污染重点防控区，有序发展天然气调峰电站，结合热负荷需求适度发展燃气—蒸汽联合循环热电联产。四是加快天然气管网和储气设施建设。按照西气东输、北气南下、海气登陆的供气格局，加快天然气管道及储气设施建设，形成进口通道、主要生产区和消费区相连接的全国天然气主干管网。到 2020 年，天然气主干管道里程达到 12 万公里以上。

（2）安全发展核电

在采用国际最高安全标准、确保安全的前提下，在东部沿海地区推动新的核电项目建设，研究论证内陆核电建设。坚持引进消化吸收再创新，重点推进 AP 1000、CAP 1400、高温气冷堆、快堆及后处理技术的攻关。加快国内自主技术工程验证，重点建设大型先进压水堆、高温气冷堆重大专项示范工程。积极推进核电基础理论研究、核安全技术研究的开发设计和工程建设，完善核燃料循环体系。积极推进核电"走出去"。加强核电科普和核安全知识宣传。到 2020 年，核电装机容量达到 5800 万千瓦，在建容量达到 3000 万千瓦以上。

（3）大力发展可再生能源

按照输出与就地消纳利用并重、集中式与分布式发展并举的原则，加快发展可再生能源。到 2020 年，非化石能源占一次能源消费的比重达到 15%。一是积极开发水电。在做好生态环境保护和移民安置的前提下，以西南地区金沙江、雅砻江、大渡河、澜沧江等河流为重点，积极有序地推进大型水电基地建设。因地制宜发展中小型电站，开展抽水蓄能电站规划和建设，加强水资源综合利用。到 2020 年，力争常规水电装机达到 3.5 亿千瓦左右。二是大力发展风电。重点规划建设酒泉、内蒙古西部、内蒙古东部、冀北、吉林、黑龙江、山东、新疆哈密、江苏等 9 个大型现代风电基地以及配套送出工程。以南方和中东部地区为重点，大力发展分散式风电，稳步发展海上风电。到 2020 年，风电装机达到 2 亿千瓦，风电与煤电上网电价相当。三是加快发展太阳能发电。有序推进光伏基地建设，同步做好就地消纳利用和集中送出通道建设。加快建设分布式光伏发电应用示范区，稳步实施太阳能发电示范工程。加强太阳能发电并网服务。鼓励大型公共建筑及公用设施、工业园区等建设屋顶分布式光伏发电。到 2020 年，光伏装机达到 1 亿千瓦左右，光伏发电与电网销售电价相当。四是积极发展地热能、生物质能和海洋能。坚持统筹兼顾、因地制宜、多元发展的方针，有序开展地热能、海洋能资源普查，制订生物质能和地热能开发利用规划，积极推动地热能、生物质和海洋能的清洁高效利用，推广生物质能和地热供热，开展地热发电和海洋能发电示范工程。到 2020 年，地热能利用规模达到 5000 万吨标准煤。

（4）降低煤炭消费比重

加快清洁能源供应，控制重点地区、重点领域煤炭消费总量，推进减量替代，降低煤炭消费，到 2020 年，全国煤炭消费比重降至 60% 以内。一是削减京津冀鲁、长江三角洲和珠江三角洲等区域煤炭消费总量。加大高耗能产业落后产能淘汰力度，扩大外来电、天然气及非化石能源供应规模，耗煤项目实现煤炭减量替代。到 2020 年，京津冀鲁四省市煤炭消费比 2012 年净削减 1 亿吨，长江三角洲和珠江三角洲地区煤炭消费总量负增长。二是控制重点用煤领域煤炭消费。以经济发达地区和大中城市为重点，有序推进重点用煤领域"煤改气"工程，加强余热、余压利用，加快淘汰分散燃煤小锅炉，到2017年，基本完成重点地区燃煤锅炉、工业窑炉等天然气替代改造任务。结合城中村、城乡接合部、棚户区改造，扩大城市无煤区范围，逐步由城市建成区扩展到近郊，大幅减少城市煤炭分散使用。

（二）推动能源消费革命，实现绿色低碳消费，控制能源消费总量

目前，中国的发展方式依然粗放，能源密集型产业比重偏大，钢铁、有色金属、建材、化工四大高耗能产业用能约占一半。中国人均能源消费已达到世界平均水平，但人均GDP仅为世界平均水平的一半，单位GDP能耗不仅远高于发达国家，也高于巴西、墨西哥等发展中国家。较低的能效水平，与中国所处的发展阶段和国际产业分工格局有关，但也反映了中国的发展方式粗放、产业结构不合理，这迫切需要实行能源消费强度和消费总量双控，形成"倒逼机制"。在欧美等发达国家，节能被看作一种重要的能源利用形式，甚至被称作为"第五燃料"。各国积极推动智能电网、电动汽车、智能交通等新技术的开发，旨在以先进技术提高能效。为此，中国必须推动能源消费革命，抑制不合理能源消费。坚决控制能源消费总量，有效落实节能优先方针，把节能贯穿于经济社会发展的全过程和各领域，坚定调整产业结构，高度重视城镇化节能，树立勤俭节约的消费观，加快建设能源节约型社会。

1. 严格控制能源消费过快增长

展望未来，"十三五"期间，中国工业化将由中期向后期过渡，城镇化快速推进，中国经济将处于中高速增长阶段，在建党100周年前后，基本实现工业化，实现第一个百年梦想——全面建成小康社会；2021～2030年，中国工业化基本趋于稳定，城镇化继续较快推进，中国经济将处于中速增长阶段，到2030年基本完成工业化。在经济社会发展推动下，我国能源消费总量将继续上升。因此，中国必须彻底改变以往敞开口子供应能源的思路，按照差别化原则，结合区域和行业用能特点，严格控制能源消费过快增长，切实转变能源开发和利用方式。力争将2020年和2030年中国能源消费总量分别控制在50亿吨标准煤左右和60亿吨标准煤左右。

一是推行"一挂双控"措施。将能源消费与经济增长挂钩，对高耗能产业和产能过剩行业实行能源消费总量控制强约束，其他产业按先进能效标

准实行强约束，现有产能能效要限期达标，新增产能必须符合国内先进能效标准。

二是推行区域差别化能源政策。在能源资源丰富的西部地区，根据水资源和生态环境承载能力，在节水节能环保、技术先进的前提下，合理加大能源开发力度，增强跨区调出能力。合理控制中部地区能源开发强度。大力优化东部地区的能源结构，鼓励其发展有竞争力的新能源和可再生能源。

三是控制煤炭、石油等主要化石能源消费总量。实施针对煤炭、石油等主要化石能源的消费总量控制，力争到 2020 年煤炭消费总量达到峰值，不突破 42 亿吨原煤，力争将 2020 年石油消费量控制在 5.5 亿吨，2030 年控制在 6.5 亿吨左右。

2. 着力实施能效提升计划

坚持节能优先，以工业、建筑和交通领域为重点，创新发展方式，形成节能型生产和消费模式。能耗强度主要取决于节能技术与人们的能源消费行为。这要求中国在大力开发和推广先进节能技术的同时，要通过标准和管理引导人们合理地消费能源。尤其要大力促进工业、建筑、交通等重点领域的节能工作。继续制定节能约束性目标，进一步提高能源效率，力争实现 2020 年单位 GDP 能耗比 2010 年下降 35%，2030 年单位 GDP 能耗比 2020 年再下降 30%。

一是要完善节能环保法规标准，加大淘汰落后产能力度，并强化对地方政府能耗的考核。推进能耗和污染物排放在线监测系统建设，加强运行监测，强化统计预警。近年来，国家发改委按月公布各地节能减排"晴雨表"，对各地节能工作起到一定的约束作用。

二是要利用经济手段和市场化机制，激励市场主体积极参与节能。中国可借鉴国外的能效领跑者制度，定期发布领跑者目录。进一步推进碳排放权、节能量和排污权交易制度，开展项目节能量交易。同时，推行和完善能效标识和节能低碳产品认证。

三是实施煤电升级改造行动计划。实施老旧煤电机组节能减排升级改造工程，现役 60 万千瓦（风冷机组除外）及以上机组力争 5 年内供电煤耗降至每千瓦时 300 克标准煤左右。

四是实施工业节能行动计划。严格限制高耗能产业和过剩产业扩张，加快淘汰落后产能，实施十大重点节能工程，深入开展万家企业节能低碳行动。实施电机、内燃机、锅炉等重点用能设备能效提升计划，推进工业企业余热余压利用。深入推进工业领域需求侧管理，积极发展高效锅炉和高效电机，推进终端用能产品能效提升和重点用能行业能效水平达标。认真开展新建项目环境影响评价和节能评估审查。

五是实施绿色建筑行动计划。加强建筑用能规划，实施建筑能效提升工程，尽快推行75%的居住建筑节能设计标准，加快绿色建筑建设和既有建筑改造，推行公共建筑能耗限额和绿色建筑评级与标识制度，大力推广节能电器和绿色照明，积极推进新能源城市建设。大力发展低碳生态城市和绿色生态城区，到2020年，城镇绿色建筑占新建建筑的比例达到50%。加快推进供热计量改革，新建建筑和经供热计量改造的既有建筑实行供热计量收费。

六是实行绿色交通行动计划。完善综合交通运输体系规划，加快推进综合交通运输体系建设。积极推进清洁能源汽车和船舶产业化步伐，提高车用燃油经济性标准和环保标准。加快发展轨道交通和水运等资源节约型、环境友好型运输方式，推进主要城市群内城际铁路建设。大力发展城市公共交通，加强城市步行和自行车交通系统建设，提高公共出行和非机动车出行比例。

3. 推动城乡用能方式变革

按照城乡发展一体化和新型城镇化的总体要求，坚持集中与分散供能相结合，因地制宜建设城乡供能设施，推进城乡用能方式转变，提高城乡用能水平和效率。

一是实施新城镇、新能源、新生活行动计划。科学编制城镇规划，优化城镇空间布局，推动信息化、低碳化与城镇化深度融合，建设低碳智能城镇。制订城镇综合能源规划，大力发展分布式能源，科学发展热电联产，鼓励有条件的地区发展热电冷联供，发展风能、太阳能、生物质能、地热能供暖。

二是加快农村用能方式变革。抓紧研究制定长效政策措施，推进绿色能源县、乡、村建设，大力发展农村小水电，加强水电新农村电气化县和小水电代燃料生态保护工程建设，因地制宜发展农村可再生能源，推动非商品能源的清洁高效利用，加强农村节能工作。

三是开展全民节能行动。实施全民节能行动计划，加强宣传教育，普及节能知识，推广节能新技术、新产品，大力提倡绿色生活方式，引导居民科学合理用能，使节约用能成为全社会的自觉行动。

（三）推动能源技术革命，带动产业升级

国际金融危机爆发以来，世界各国尤其是欧美发达国家投入巨资推动能源技术革命，积极抢占绿色能源技术的制高点。近年来的实践日益表明，以绿色低碳为方向的能源技术革命最有可能引发新工业革命。实际上，新一轮能源技术革命已经出现。从供给侧看，页岩气、海洋油气资源开发、可燃冰、电动汽车、智能电网等关键技术不断突破；从需求侧看，分布式能源、能源互联网等领域的创新意味着消费者与能源生产环节的紧密结合，能源利用效率不断提高则保障了能源的可持续发展。整体而言，新的能源技术革命以绿色低碳为发展理念和方向，它在带动能源生产和消费方式革命的同时，也将促进社会各个领域生产消费模式的重大转变，并产生许多新的需求。

从中国的实际看，需求侧对能源技术革命更显急切。比如，在东部治理雾霾的背景下，为满足东部的能源需求，尤其是电力需求，需要核电和西部的电力支持，因此，核电技术和特高压输电技术的发展具有现实的紧迫性；而治理全国性的环境污染，洁净煤技术、煤炭替代方案也是急需的技术突破选项。此外，需求侧"软性"的技术革命，如合理配置能源资源从而实现能源节约，对提高能源利用效率也具有重要意义。当然，推动能源技术革命，要立足中国国情，同时也要紧跟国际能源技术革命新趋势。我们要放宽视野，不能闭门造车，也不能只是"拿来主义"。汲取国际成熟的技术和经验，可以减少不必要的重复开发和浪费，同时实践也反复证明，任何关键、核心的技术都不是舶来品，自主创新才是最终的落脚点。

因此，推动能源技术革命，带动产业升级，要立足中国国情，紧跟国际能源技术革命新趋势，以绿色低碳为方向，分类推动技术创新、产业创新、商业模式创新，并同其他领域高新技术紧密结合，把能源技术及其关联产业培育成带动中国产业升级的新的增长点。

1. 明确能源科技创新战略方向和重点

抓住能源绿色、低碳、智能发展的战略方向，围绕保障安全、优化结构和节能减排等长期目标，确立非常规油气及深海油气勘探开发、煤炭清洁高

效利用、分布式能源、智能电网、新一代核电、先进可再生能源、节能节水、储能、基础材料等9个重点创新领域，明确页岩气、煤层气、页岩油、深海油气、煤炭深加工、高参数节能环保燃煤发电、整体煤气化联合循环发电、燃气轮机、现代电网、先进核电、光伏、太阳能热发电、风电、生物燃料、地热能利用、海洋能发电、天然气水合物、大容量储能、氢能与燃料电池、能源基础材料等20个重点创新方向，相应开展页岩气、煤层气、深水油气开发等重大示范工程。

2. 抓好科技重大专项

推动技术创新，要以重大科技专项攻关为抓手，力争突破一批核心技术。加快实施大型油气田及煤层气开发国家科技重大专项；加强大型先进压水堆及高温气冷堆核电站国家科技重大专项建设；加强技术攻关，力争页岩气、深海油气、天然气水合物、新一代核电等核心技术取得重大突破。科技决定能源未来，科技创造未来能源。这一批重大科技专项是能源发展的重中之重，必然要集中一切力量破解核心技术难题。

3. 依托重大工程带动自主创新

自主创新，推动能源装备国产化、产业化，对于保障国家能源战略安全、优化能源结构、转变能源生产与消费方式等具有十分重要的意义。近年来，中国重大能源装备国产化大步迈进，百万千瓦核电、重型燃气轮机、特高压输变电、大型压缩机、高端阀门等关键设备实现国产化突破，重大能源装备自主化水平稳步提升，国产化水平显著提高。依托海洋油气和非常规油气勘探开发、煤炭高效清洁利用、先进核电、可再生能源开发、智能电网等重大能源工程，加快科技成果转化，加快能源装备制造创新平台建设，支持先进能源技术装备"走出去"，形成有国际竞争力的能源装备工业体系。

4. 加快能源科技创新体系建设

加快能源科技创新体系建设，需要制度、政策、市场相互作用、协同推进。国家层面，相关部门制定国家能源科技创新及能源装备发展战略；企业、市场层面，要以企业为主体、市场为导向、政产学研相结合，鼓励建立多元化的能源科技风险投资基金；人才培养层面，加强能源人才队伍建设，鼓励引进高端人才，培育一批能源科技领军人才。

5. 推动能源装备等相关产业加快发展

能源技术的突破不仅需要技术创新，也需要相关产业的创新、商业模式的创新。当前，中国能源自主创新能力不足，能源装备制造整体水平与国际先进水平相比仍有较大差距，关键核心技术和先进大型装备对外依赖程度较高。因此，要积极推动绿色能源产业和相关产业协同发展，这将有助于形成带动产业升级的新增长点，并对经济的可持续发展产生深远影响。

（四）推动能源体制革命，建立更为高效、竞争充分的能源市场

当前，中国能源行业体制约束日益显现，深化改革势在必行。能源产业行政垄断、市场垄断和无序竞争现象并存，价格机制不完善。这迫切需要坚持深化改革、充分发挥市场作用，理顺价格机制，构建有利于能源可持续发展的体制机制。为此，要坚定不移地推进能源体制革命，打通能源发展的快车道，还原能源的商品属性，构建有效竞争的市场结构和市场体系，形成主要由市场决定能源价格的机制，转变政府对能源的监管方式，建立健全能源法治体系。

1. 明确能源体制机制市场化改革的方向

国际能源变革的实践经验表明，推动能源市场化改革是解决能源经济运行中一系列矛盾的根本要求，是提高能源利用效率、合理控制能源消费总量、转变经济发展方式的必然要求。中国能源体制改革的方向肯定是市场化改革。但鉴于能源自身的特殊性、复杂性及其在经济社会发展中的基础性、重要性，再加上市场自身的失灵，市场化改革并不是说放弃政府干预，所以中国能源体制改革的核心原则是"市场的归市场，政府的归政府"，最大限度地减少政府对市场的干预，为市场机制在能源资源的配置中起到决定性作用创造先决条件。要放开竞争性业务，鼓励各类投资主体有序进入能源开发领域，进行公平竞争；加快电力体制改革步伐，推动供求双方直接交易，提供更加经济、优质的电力保障；加快推进油气领域改革，创新勘探开发机制，促进油气管网公平接入和开放；推进清费立税，深化煤炭资源税改革；进一步简政放权，加强事中、事后监管，放管并重，放而不乱；对保留的行政审批事项，优化程序，简化条件，推进阳光审批，接受社会监督。

2. 还原能源的商品性、可竞争性和能源安全分摊性

（1）能源的商品性

能源虽然是关系国家安全的战略性资源，但也是商品，具有一般商品的基本属性，受价值规律和供求关系的调节，可通过竞争优化配置资源，由供

求决定价格，由契约规范交易。自 20 世纪 70 年代以来，回归能源的商品属性，推进能源领域的市场化改革成为全球性趋势。无论是成熟的市场经济国家还是体制转轨国家，大都转变理念，对能源领域实行放松管制、打破垄断、引入竞争，大大提高了能源的供给能力和利用效率。

（2）能源的可竞争性

推动能源体制市场化改革的前提是将这些行业中的竞争性业务与非竞争性业务分开。属于竞争性领域的完全放给市场，引入多元投资主体，扩大对外开放，让供求关系决定价格，竞争优化资源配置，由契约规范交易。属于非竞争性领域的业务实行公平接入，提高普遍的服务水平，加强政府对其经营业务、效率、成本和收入的监管。与此同时，改进政府管理方式，对市场作用失灵的领域，应切实履行宏观管理、市场监管和公共服务职能。

（3）能源安全的可分摊性

国家能源安全涉及生产、流通和消费三大领域，涵盖经济社会生活的方方面面，需要动员全社会广泛参与、共同担当。因此，必须树立新的能源安全理念，充分认识到能源安全的可分摊性，切实改变歧视和排斥能源非公企业、只靠国有能源企业保障供应、稳定市场的老思路，敞开市场大门，不问国有、民营，不论企业大小，不管哪个产业链环节，让有意愿、有能力的企业都参与进来，各展所长，互利共赢，共同增加国内能源市场的有效供应。

3. 搭建多层次的能源市场化交易平台

建立和完善公开、公平、公正的能源现货及中远期合约市场，逐步建立现代能源期货市场。进一步加强和完善能源市场基本交易制度建设，积极推进电子交易市场建设。同时，有序开放中国能源期货市场，逐步形成具有国际影响力的区域能源市场中心。可以考虑在能源生产或消费重点区域建立煤炭、天然气和石油等交易中心或期货交易市场中心；电力交易市场可考虑建立一个独立于电网、全国统一的交易中心，各省成为其区域分中心，在这个交易平台上，发电企业与用电方公开、公平、公正地进行交易，电网不再统购统销，而应无歧视地公平开放。

4. 深化能源价格体制改革

目前，中国能源价格主要由政府制定和管理，要形成主要由市场决定能源价格的机制，就是要坚持能源的商品属性，把能交给市场的交给市场，从而理顺定价机制，激发市场活动，提高企业经营效率。一是煤炭方面，核心是在取消电煤合同价的基础上，着手推进煤炭价格完全由市场定价；配套实施煤、电、运全产业链综合改革，建立煤炭价格、上网电价和销售电价实时联动机制，彻底解决煤电矛盾。二是石油方面，深化成品油价格市场化改革，更好地反映资源稀缺程度和环境成本。在新的成品油价格形成机制的基础上进一步完善定价机制，包括调价周期、调价幅度、调价方式等。定价权应更多地下放给行业协会或企业，在实现与国际接轨的基础上，价格调整可以由行业协会或企业按照政府确定的规则，自行调整发布。三是天然气方面，在门站价进行市场净回值定价的基础上，建立上下游联动机制，形成真正反映资源稀缺程度、市场供求关系、环境补偿成本的价格，最终实现天然气出厂价由市场竞争形成，终端销售价格放开，政府只对具有自然垄断性质的输配气价进行管理。四是电力方面，应坚持市场化改革的方向，进一步区分竞争性和非竞争性业务，逐步推动电力交易、调度独立，推进大用户直购电模式，尽量减少由政府制定上网电价、销售电价，逐步形成发电和售电价格由市场决定、输配电电价由政府制定的价格机制，即"放开两头、管住中间"。推进工业用户按产业政策实行差别化电价和超限额能耗惩罚性电价，取消高耗能企业优惠电价政策；实施居民阶梯电价制度。

5. 破除垄断、引进竞争、培育主体，重塑竞争性市场结构

按照市场化改革的思路，进一步推进政企分开，剥离国有企业的政策性负担和行政性特权，培育合格的能源市场竞争主体。修改相关法律法规，破除行政性垄断，降低市场准入门槛，消除进入壁垒，鼓励和引导民间资本有序地参与能源领域的投资。一是煤炭行业，除勘探主要由国家主导外，其他开采、运输和下游销售环节，应完全放开。二是油气行业，采取"先易后难，逐步推进"的策略，结合当前三大国有石油企业进行混合所有制改革的时机，放宽原油进出口、加工和成品油进口以及终端批发、零售等方面的市场准入。在此之后，可以进一步破除上游开采环节的行政性垄断，允许油气田勘探、采矿权的自由交易，结束油气勘探专营制度。三是电力行业，发电环节要完全放开，购电环节也要对称放开，塑造多元购电主体，允许大用户直接进入批发市场与配电企业竞价购电，进而形成多买、多卖的电力交易格局。

6. 重组能源机构，转变政府对能源的管理方式

进一步转变政府职能，健全能源监管体系。加强能源发展战略、规划、政策、标准等的制定和实施，加快简政放权，继续取消和下放行政审批事项。强化能源监管，健全监管组织体系和法规体系，创新监管方式，提高监管效能，维护公平公正的市场秩序，为能源产业健康发展创造良好的环境。

政府对能源的管理主要体现在两个方面：一是政策职能，二是监管职能。以往能源主管部门更加注重通过投资项目审批、制定价格和生产规模控制等方式干预微观经济主体的行为，而对行业监管及其他职能重视不够，政府职能缺位与重叠并存。因此，应下决心改变之前政府对能源的管理方式，按照"大能源"的内在要求进行体制改革，以便于对整个能源行业的管理进行整体设计和运作，推动能源行业整体协调、健康发展。

7. 清晰界定政府与市场的边界，推动政府职能转变

在重组能源管理与监督机构的同时，通过"权力清单"把政府可以发挥的职能清楚、详细地列出来，凡是清单中有的政府可以干，清单上没有的政府就不能干，限制政府的乱作为，做到"法无授权不可为"。通过"责任清单"用法律与制度把责任明确细化到政府的每一个行为主体，把政府责任贯穿于市场运行全过程，打破政府不作为，实现"法定责任必须为"。同时，建立统一开放、竞争有序的现代能源市场体系。通过制定"负面清单"的明确哪些方面不可为，外资或民营资本只要不触及这些底线即可进入，做到"法无禁止即可为"。深入推进政企分开，分离自然垄断业务和竞争性业务，放开竞争性领域和环节。实行统一的市场准入制度，在制定"负面清单"的基础上，鼓励和引导各类市场主体依法平等进入"负面清单"以外的领域，推动能源投资主体的多元化。

8. 健全法律体系和财税体制，完善能源市场制度环境

健全能源法律法规。加快推动能源法制定和电力法、煤炭法修订工作。积极推进海洋石油天然气管道保护、核电管理、能源储备等行政法规制定或修订工作。加强法律法规建设，尽快出台《能源法》；加快制定石油、天然气、原子能等单行法；修改现行《电力法》《矿产资源法》《煤炭法》《节约能源法》等能源单行法中部分不符合实际的内容。同时，加快能源行业财税体制改革，包括取消不合理的补贴，建立公平有效的能源财政补贴；改革现行能源税制，建立广覆盖、多环节的综合税收调控体系，尽快择机开征碳税，全面推进资源税改革，将开征能源环境税作为中长期的目标导向，并将燃油税以及排污费和污水处理费"费改税"后并入能源环境税中，在提升税率的同时，健全能源环保税收优惠措施。此外，要完善能源税费政策。

加快资源税费改革，积极推进清费立税工作，逐步扩大资源税从价计征范围。研究调整能源消费税征税环节和税率，将部分高耗能、高污染的产品纳入征收范围。完善节能减排税收政策，建立和完善生态补偿机制，加快推进环境保护税立法工作，探索建立绿色税收制度体系。

三　社会：价格改革和电力改革 *

（一）调整能源资源价格体系与税费体系，配合能源市场改革，改善社会收入分配格局

经过多年的改革和探索，中国能源价格体系已初步形成。随着经济社会的发展、清洁能源的开发、节能减排战略的实施、能源体制改革和市场化进程的推进以及电力资源优化配置的要求，中国能源价格形成机制仍受到一些深层因素影响，明显不适应社会经济发展。本部分通过分析煤炭、石油、天然气和电力价格存在的问题，提出能源价格机制改革的目标及主要措施，并给出相应的政策建议。

1. 中国能源与电力价格存在的主要问题

近年来，中国能源价格对促进能源工业快速发展、能源结构优化、资源优化配置以及服务经济发展、保障能源安全稳定供应发挥了巨大作用，但总体来看，能源价格还不能完全适应以上能源的发展趋势，电力价格存在的问题尤为突出。中国能源与电力价格存在以下五方面的问题。

（1）能源价格与经济社会发展不相适应

能源安全供应是经济社会发展对能源的最基本要求。一次能源、二次能源价格之间存在联动关系，合理联动调整能源价格，可保证用能安全，促进经济社会的健康发展。目前，能源价格未能充分促进能源的安全稳定供应，与经济社会发展不相适应，主要表现在以下方面。

一是煤炭价格没有体现其真实成本，影响煤炭工业的可持续发展。中国煤炭的定价没有体现其真实成本，煤炭价格并未将煤炭的外部成本内部化，

＊ 本节作者姜鑫民，国家发展和改革委员会能源研究所能源经济与发展战略研究中心副主任，中国社会科学院研究生院经济学博士，中国社会科学院国际能源安全研究中心特聘研究员。

不利于企业技术进步和安全生产，造成煤炭行业发展方式粗放，回采率低，煤炭资源损失浪费严重，加大环境污染治理难度。

二是煤电联动机制执行不及时、不到位，电价水平未能合理反映一次能源价格的变化，影响电力安全稳定供应。近年来，火电一直处于亏损状态，火电行业亏损直接导致发电企业投资火电的积极性下降。2008～2010年3年间，火电固定资产投资增速逐年下降，分别为－35.2%、－28.9%、－1.9%；火电投资占电源投资比例分别为54%、40%、36%，也呈明显下降趋势；火电装机占总装机的比例逐年下降，2008～2010年分别为76%、74%、73%。

三是多年来，中国天然气和电力价格涨幅难以反映一次能源价格涨幅，甚至低于居民消费价格指数（CPI）涨幅，实际价格为负增长，不利于其可持续发展。2006～2011年，秦皇岛热值5500大卡/千克动力煤价格年均涨幅达到14%，汽、柴油价格年均涨幅11%和12.9%，在此期间，销售电价年均涨幅仅为3.4%，居民用天然气价格年均涨幅仅为3.6%，CPI年均涨幅为3.7%。

四是能源价格体系尚不科学、健全，天然气和电力价格体系不完善，机制不合理的问题较为突出，影响了能源安全稳定的供应。中国能源产业的市场化改革进行了30多年，其中能源价格的市场化改革是重中之重。但总体上看，只是对不同种类的能源价格市场化分别进行改革，如石油工业、电力工业、煤炭工业、天然气工业等，这种各能源产业各成体系但又缺乏一个相互关联的整个能源产业系统化的市场改革，程度不同、进度各异、效果不一。到目前为止，尚未形成合理的能源比价关系。

天然气方面，中国长期对天然气实行政府指导价，价格水平较低，天然气价格与其他可替代能源的比价不合理，这不利于天然气产业的发展。中国亟须通过理顺天然气价格与其他可替代能源的比价关系，完善天然气价格定价方式，促进天然气资源的优化配置和供给安全。此外，天然气定价还存在以下问题：管输定价缺乏公开透明的定价原则和程序；用户分类不够科学、存在交叉补贴；终端价格只是根据用途不同进行分类，缺乏差别化定价的机制，难以有效发挥价格信号的引导作用。

电价方面，电网业务收入没有独立输配电价机制保障，电网环节承担了上下游价格变化的风险，输配电价占销售电价的比例偏低，难以保障电网健康可持续发展，为经济社会发展提供稳定的电力供应受到影响。2011年，中国输配电价占销售电价的 27%，远低于国际 40% ~ 60% 的平均水平，在可获得数据的 13 个国家中处于第 13 位。

输配电价空间较低，造成电网企业的赢利水平明显低于国内其他中央企业和国际同类企业水平，电网发展受到制约。2006 ~ 2011 年，中国电网企业平均净资产收益率均值为 4.2%，而同期国内央企平均净资产收益率均值为 9.2%，国际 500 强电力企业平均净资产收益率均值为 10.3%。

优化能源结构、促进清洁能源科学发展是节能减排的基础，是一个系统工程。电力在能源转换、清洁能源利用和优化能源结构中居于中心地位，但现有的价格体系缺乏整体性设计，不能满足促进清洁能源发展的要求。主要表现在以下四个环节。

首先，在能源投资布局环节，一是风电标杆电价未随成本下降及时调整，导致风电标杆电价过高，使得风电发展无序。如根据 2008 ~ 2010 年风电场综合造价下降情况初步测算，风电标杆电价应下调 0.05 ~ 0.1 元/千瓦时。由于风电标杆电价未能及时调整，致使在利益导向驱使下，风电发展失衡，进而使大规模风电送出消纳的矛盾日益突出。中国可再生能源学会风能专业委员会统计数据显示，2011 年全国风电弃风比例为 12%。二是分布式能源和微电网目前还没有具体的价格机制。

其次，在发电运行环节，中国还没有建立起反映电力市场供需关系的价格机制，影响其对风电的吸纳。如燃煤电厂和热电联产上网电价均采用平均上网电价，无法补偿其高峰的发电成本和引导其低谷时少发电；水电不区分调节能力和运行特性，采用平均上网电价，也不能体现调峰能力差异等，这些因素使常规电厂缺乏参与调峰的积极性。国外电力市场国家上网电价是随市场需求变化的，在日内各时段价格是不同的，如澳大利亚电力市场（见图 6 - 1）。由图 6 - 1 可以看出，电力市场价格与电力需求具有极强的相关性，需求越大，价格越高；需求越小，价格越低。电力需求不同，电力市场最高与最低价格可相差 1.5 倍以上。

再次，在电力输送环节，促进中国清洁能源大规模、远距离输送的价格体系尚未形成。部分风电接入系统工程补贴不足，加强对大规模风电所在地电网必需的网架建设投资尚未纳入补贴范围。以酒泉风电基地一期项目为例（建成装机 550 万千瓦，截至 2010 年底并网 155 万千瓦，工程送出及电网加强

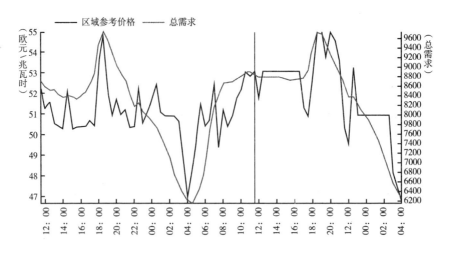

图 6 - 1　澳大利亚电力市场某日内各时段价格

资料来源：国网能源研究院：《科学的能源价格理论、机制水平及改革影响研究》。

总投资 93 亿元），初步测算，该工程风电送出及电网加强工程每年综合考虑财务费用、折旧成本、运行成本、购电成本和线损成本共计 16 亿元，即使补贴收入全部落实并扣除折旧成本，每年还需净增加付现成本 9 亿元。以上因素使电网企业的投资建设难以获得正常回报，从而影响电网工程建设。

最后，在电力消费环节，中国还未建立起鼓励错峰用电的智能用电价格体系。具体表现在：一是峰谷电价实施用户覆盖不全，且峰谷价差偏低，不能有效促进用电削峰填谷，进而影响风电的利用率；二是可以促进利用清洁能源替代石油的电动汽车的充换电价格尚未出台，不利于低谷可再生能源的利用。

以国家电网公司为例，2011 年执行峰谷分时电价电量为 1.83 万亿千瓦时，占总销售电量的 59.14%，平均峰谷价比为 3.06。全部省大工业和非普工业、大部分省商业和非居民、少部分省居民和农业用户执行了峰谷分时电价，峰谷价比为大工业 3.02、非普工业 3.12、商业 3.12、非居民 3.18、居民 1.85、农业 2.71。而国外典型国家，如美国商业、居民峰谷价比最高分别为 3.4、3.5；澳大利亚工商业、居民峰谷价比分别为 4.90、4.92；韩国工业峰谷价比最高为 4.1，皆高于中国的峰谷价比。

（2）能源价格与促进节能节电不相适应

目前，加快落实节能减排战略，中国能源价格的引导作用明显不足。中国能源消费总量已超过美国，但经济总量仅为美国的 37%。中国能耗高的主要原因是产业结构调整进展缓慢，而导致这一局面的重要原因是能源价格偏低。随着中国节能减排战略的推进，能源价格改革亟须从促进节能节电相关措施上进行完善，实现可持续发展。

一是相对于上游一次能源价格和进口价格的上涨，电力和天然气价格上涨幅度偏低。2003 年以来，全国性销售电价调整 7 次，电价年均涨幅 4% 左右，但相对电煤超过 10% 的年均涨幅明显偏低，电价没有充分反映上游一次能源燃料价格的上涨。据估算，目前火电上网电价仍有 2~3 分/千瓦时的欠账。中国居民用天然气价格年均增长率仅为 3.6%，工业用天然气价格年均增长率为 7.7%，相对于中国进口天然气价格的年均增长率的 16.3%，终端用天然气价格增长幅度偏低。

二是中国电价和天然气国际比较水平长期偏低，促进节能的价格杠杆作用不足，社会节约用能意识淡薄，能源利用效率低。把中国能源价格与国际水平进行比较来看，中国电价居倒数第四位，仅为平均水平的 56%，居民用天然气居倒数第二位，仅为平均水平的 48%。从行业利润水平看，2003 年以来中国电力行业总资产利润率平均值仅为 2.4%，远低于石油和天然气行业的 29.6%、煤炭行业的 7.9%。从与 CPI 增速比较看，2005 年以来中国电价增速低于 CPI 增速，实际电价为负增长，在欧美和亚洲国家中是非常少见的。

三是电能占终端能源的比重低，能源消费强度较高，电力价格在引导能源替代中还需发挥积极作用。中国能源消耗强度高，能源价格在引导能源替代中的作用不足。利用电力供需研究实验室测算结果表明，电能占终端能源的比重每增加 1%，单位 GDP 能耗将下降 3.9%，目前电价应适应扩大电力占终端能源比重的要求进行优化设计。

（3）能源价格与能源体制改革不相适应

中国社会主义市场化经济体制的确立，决定了能源领域要逐步扩大市场化方式，促进高效运行。中国煤炭行业市场化程度较高，煤炭价格基本上实现了市场定价，而现阶段，适应市场化条件的能源价格机制还不健全，以下问题仍有待完善。

石油方面，成品油价格没有完全放开，仍由政府进行一定的管理和调控。目前，中国成品油价格仍实行政府根据国际市场价格制定的宏观调控指导价，政府在调整成品油价格时需要考虑多方面因素，包括宏观经济、CPI等。国内成品油定价机制仍存在较多问题，主要体现在：一是国内石油价格被动跟踪国际石油价格，没有独立的报价系统，不能及时反映国内市场的供求关系和消费结构变化，造成国内调价与国际油价的真实走势不一。二是这种透明滞后的调价机制，使得市场有足够的时间依据国际油价测算出调价的时间和幅度，在调价预期的引导下导致市场出现存油套利等投机行为，不利于成品油市场和能源市场的稳定。

天然气方面，仍然实行国家定价模式，与石油等替代能源的比价不合理，国内与进口市场价格存在较大价差，尚未形成有效竞争的市场模式。

电力方面，一是对电力体制和电价改革遗留问题处置不当，外资撤离发电领域。比如，中国缺电时期与外资签订的、保价保量的长期发电合同，本应通过搁浅成本方式予以保障，但后来被要求重签合约，导致外资丧失信心，撤离发电领域。在外资较多的时期，如2003年，中国电力行业外资约占10%。二是厂网分开电力改革后，电网没有独立完整的输配电价，不利于市场化改革的推进。这样，一方面，电网正常的利益无保障；另一方面，电网监管不到位，加大了电网企业对垄断利益的追求和对输配电一体化体制合理性的质疑，是众多弊病的根源。如输配不分会导致电网资产、成本不清晰，合理的输配电价无法制定；电网通过购销差价模式赢利，会导致调度、交易不公，要求调度、交易分开；分布式电源、微电网挤占电网企业用户市场，电网不愿其接入，导致产生舆论压力等。三是现有政策鼓励民资参与分布式发电和微网建设，但缺乏相应的价格机制，不能科学引导民资进入电网。目前分布式发电没有明确的价格机制，民营企业参与电网投资，不能保证获得合理的回报，因而难以引导民资进入电网建设。

（4）能源价格与全国资源市场化配置不相适应

中国能源资源储备与消耗在地区分布上存在不平衡。从促进全国能源资源的市场化优化配置看，能源价格机制还不完善，主要表现在电价方面。

第一，价格促进大范围发电资源配置的作用尚未充分发挥。一方面，具有统一位置信号、与交易路径无关的跨省区输电价尚未建立，现行跨省区输电价按交易路径叠加标准较高，影响全国性电力资源优化配置；另一方面，跨省输电价定价机制、传导机制不统一，传导方式多样，成本传导载体单一，影响大型能源基地电源送出的经济性，限制跨省交易规模的进一步扩大。

第二，现代综合能源运输体系中特高压输电的综合优势未能有效体现。特高压输电价体系不完善，影响了大范围、远距离电力交易；同时特高压输电价体系仅反映特高压输电功能，未考虑联网功能，输电的经济性未充分体现；特高压输电价形成机制不合理，影响跨省区输电竞争力；特别是交直流分开定价，难以体现跨省区电网功能的整体性，影响全国性电力资源优化配置。以"十二五"时期陕西和东北送华北直流输电价为例，按经营期方法测算，在资本金内部收益率取 8%，利用小时 5500 小时的情况下，输电价分别为 72.8 元/千千瓦时、67.2 元/千千瓦时，高于送受地区燃煤机组标杆电价差（29.4 元/千千瓦时、57.5 元/千千瓦时），未能有效体现特高压输电的综合优势。

第三，电力市场化改革的基础较为薄弱。一是煤炭市场竞争不充分、调控不到位。现货市场价格有时高于国际市场价格，对不正常价格的调控未建立起有效机制。二是市场竞价模式未定，经过东北、华东等试点后，未能总结出适应国情的竞价模式。三是市场化改革的五大价格关键问题未解决，包括：①火电上网电价未到位，市场竞争价格必然大幅上涨；②独立的输配电价尚未形成，影响用户行使选择权；③用户交叉补贴严重，市场化后利益格局调整大；④竞价机制未能理顺，送受端发电企业公平竞争及地方利益关系影响各方积极性；⑤市场竞争价格与销售电价联动机制未建立，影响价格市场化改革效果。

2. 深层原因分析

综合分析能源价格反映的各种不适应性，从价格机制形成的角度看，主要存在以下深层原因。

一是能源价格改革缺乏统筹考虑和系统设计，协调推进效果差。主要是煤电之间价格联动机制设计不科学、执行不及时；天然气和电力之间缺乏有效的价格联动机制；电煤重点合同和现货市场价格形成机制不合理，运输环节价格监督不到位；电力投资布局、运行、输送、利用四个环节价格机制不协调。

二是能源市场化的价格基础不扎实，导致市场化改革进展缓慢。中国能源价格改革存在法规体系不健全、社会诚信体系不完善等诸多问题。从电力行业来看，电价基础薄弱，问题更加突出。

从电力市场竞价模式来看，也缺乏合理设计。如大用户直购电，由于各类用户既有电价存在严重的交叉补贴，直购大用户与非直购用户输配电价如何协调处理没有明确的处理方案，可能导致大用户直购交易成为纯粹的降价交易。又如，以前的东北电力竞价交易市场，一是用户没有参与，竞价不能反映需求的响应。二是没能设计竞价交易价格涨价时的用户销售电价联动机制，最终导致电力市场失败，长期处于暂停状态。正是由于电力市场缺乏较完善的设计，才导致近年来电力市场发展缓慢。三是过度担心能源价格调整对 CPI 的影响，导致价格偏离成本失去有效引导供需的作用。能源价格的调整，决策层次越来越高，也越来越注重对 CPI 的影响，这使价格调整处于两难境地：当 CPI 较低时，往往是宏观经济发展速度较慢，经济发展不景气的时候，担心能源价格调整对 GDP 产生不利影响；当 CPI 较高时，往往是物价对老百姓生活影响较大的时期，担心能源价格会进一步推高物价，影响社会公众的正常生活。这种过度担心电价调整对 CPI 的影响，常常使煤电价格联动机制执行不及时、不到位，不仅影响发电企业的积极性，甚至激化煤电矛盾，导致在装机富裕情况下的供电紧张，影响能源安全稳定供应，也影响公众对电力市场化改革的信心。

（二）能源价格机制改革目标及措施

能源价格机制改革以科学的能源价格基本理论为指导，使能源价格改革的政策目标协调一致，通过科学的改革目标和系统性的改革措施设计，充分发挥价格信号的引导作用，促进市场化价格机制的形成，实现能源科学转型，推动经济发展方式转变。

1. 改革的指导思想、原则、方向和目标

（1）指导思想

能源价格改革必须与国家宏观经济和能源政策相协调，必须与国家能源发展战略相适应，应引导能源和电力工业向集约、高效、绿色和大范围资源优化配置的发展方式转变，促进节能减排。根据国家能源发展战略，参考中国未来能源发展规划，提出以下能源价格改革的指导思想：在总结和借鉴国内外能源价格改革经验教训的基础上，从国情出发，立足长远、兼顾当前，统筹兼顾、系统设计，逐步建立与社会主义市场经济体制和能源发展战略相适应的科学的能源价格体系和机制，增强能源价格对资源优化配置的引导力，提高能源工业的可持续发展能力，引导能源工业向集约、高效、绿色和大范围资源优化配置的发展方式转变，促进节能减排。

（2）原则

能源价格是市场的重要引导工具，在经济社会发展中发挥着重要作用，同时价格的运行有客观规律，因此，能源价格改革需综合考虑，全面统筹，尊重经济理论，循序渐进。改革的原则是：一是注重价格信号对能源投资和消费的引导作用，理顺一次能源与电力价格的关系，并把提高效率、促进增长和保护环境有机结合起来；二是与整个能源体制改革相互协调，与能源战略、发展阶段相适应；三是总体设计、分步实施、搞好试点、因地制宜、循序渐进。

（3）方向

从能源工业的发展历史来看，市场化是改革的必然趋势，但市场化需要有一定的条件才能进行。目前电力行业发、输、配、售四个环节中适合开展竞争的是发电和售电环节，输配环节因其自然垄断特性，不适宜放开，需要维持垄断经营。据此能源价格的改革方向是竞争环节价格市场化，实现价值导向、竞争有效；垄断环节价格规范化，实现定价科学、执行规范。

（4）目标

按照《国务院关于印发电力体制改革方案的通知》《国务院办公厅关于印发电价改革方案的通知》《国家发展改革委关于印发电价改革实施办法的通知》《石油价格管理办法（试行）》《关于在广东省、广西壮族自治区开展天然气价格形成机制改革试点的通知》等文件精神，改革的总体目标是建立科学的能源价格体系和机制，形成科学的能源价格水平，促进能源转型，满足经济社会可持续发展对能源的需要。

电煤价格改革目标：与煤炭市场改革和电力市场改革进程相适应，构建科学的全国性电煤长期与现货市场规范有序竞争的价格形成机制，合理反映电煤供求关系、资源稀缺程度、煤矿安全和矿区生态环境补偿成本。同时，建立规范、透明的电煤价格监管机制，保障煤炭市场和煤炭行业健康发展。

成品油价格改革目标：与成品油市场改革进程、社会承受能力和国家能源安全等相适应，逐步构建市场竞争的成品油价格机制，保证国内成品油价格与国际市场及时接轨和国内成品油市场稳定供应，同时，建立规范、透明的成品油价格监管机制，保护国内成品油市场与成品油工业健康发展。

天然气价格改革目标：与天然气市场化改革进程相适应，构建以市场为导向的价格形成机制，天然气出厂价、门站价和终端零售价格由市场竞争形成，管道运输价格由政府制定，及时反映市场供需关系、资源稀缺程度，及与可替代能源的合理比价关系，同时建立规范、透明的天然气价格监管机制，保障天然气市场和天然气行业健康发展。

电力价格改革目标：与电力市场改革进程相适应，构建科学的电价体系和电价机制，发电、售电价格由市场竞争形成，输配电价格由政府制定，发挥价格信号对电力投资、消费和资源配置的引导作用。同时，建立规范、透明的电价管理制度，促进电力工业布局优化、结构调整、科学发展和清洁高效利用电力能源资源。

2. 能源价格改革路线图

根据能源价格改革的指导思想、原则、方向和目标，分近期和远期，制定煤炭、石油、天然气和电力价格的改革路线。

煤价：一是建立全国性电煤长期和现货市场规范有序竞争的价格机制和全国统一的强制性电煤交易市场平台，实施中期（半年）、长期（一年及以上）和现货市场统一交易；二是建立对电煤运输市场的价格监管机制，抑制运输环节的不合理加价行为；三是规范涉煤收费和行政干预措施，建立规范、透明的政府价格监管机制，规定价格波动上限。

油价：一是政府完善定价规则，在现行成品油价格联动的基础上，进一步缩短联动周期（10天缩短到3天）；二是将油价定价权交与企业，由企业根据机制自行决定调价时间和幅度；三是政府和公众对企业执行价格的行为进行有效监管。

气价：目前的政府定价逐步向市场化调整。其中，门站价应与市场竞争形成的可替代能源价格挂钩，根据可替代能源价格变化情况实行动态调整，初期每年调整一次，并逐步过渡到每半年、每季度和每月调整一次。在此基础上倒扣管道运输费（管道运输费采用成本加收益的定价方式确定），后回推确定天然气出厂价格，实现与可替代能源价格挂钩的机制。终端用户交易价格则通过自由协商且与上游天然气价格联动形成，政府制定价格上限，对天然气价格实施有效监管。

电价：一是发电环节。近期，在政府定价的情况下，除可再生能源和综合利用发电外，其他能源发电均实行促进调峰运行能力提高的激励性电价结构，火电、燃气、核电实行峰谷标杆电价，电价水平反映一次能源价格变化，水电实行季节性峰谷标杆电价，推行大用户直购，实行批发竞价。风电、光伏和生物质发电等新能源实行标杆电价，电价与电源造价联动，及时反映成本变化。远期，逐步过渡到市场化定价，实行批发竞价和零售竞价。二是电网环节。建立独立的输配电价，在省级电网区分存量和增量资产核定输配电价的基础上，逐步过渡到完全按成本加收益方式核定输配电价。跨省区电网（包括特高压电网）在政府和企业协商定价的基础上，逐步过渡到成本加收益，以省为价区统一定价。三是用电环节。近期，竞争性用户（直购电用户）通过双边协商方式定价，为大用户直购电试点和售电侧放开试点提供相适应的电价机制，其他非竞争性用户实行政府定价，电动汽车充换电用户则在政府定价的基础上实现与石油价格的联动。中远期逐步通过双边交易、集中竞价等方式形成较为完善的市场定价机制。能源价格改革路线图如表6-5所示。

表6-5 能源价格改革路线

种类	环节	类别	现状	近期	远期	特点
煤价改革		电煤价格	市场化定价	制定价格上限，供需双方签订1年及以上长期合同，现货交易和长期合同交易互为补充		完善
油价改革		成品油价格	22天+4%幅度	10天+企业依机制自动确定调价时间和幅度+政府有效监管		完善
气价改革		天然气门站价	政府定价	与市场竞争形成的可替代能源价格挂钩定价+动态调整		完善
		出厂价		门站价-管道运输费		
		用户交易价格		自主协商+与上游天然气价格联动		
电价改革	发电	燃煤、燃气、核电	标杆+经营期	峰谷标杆电价+与一次能源价格、造价联动/直购电/批发竞价	+零售竞价 / 批发竞价+零售竞价	创新与完善
		水电	标杆+经营期	季节性峰谷标杆电价/直购电/批发竞价	+零售竞价 / 批发竞价+零售竞价	
		风电、光伏、生物质等	标杆电价	标杆电价+与造价联动		
	电网	跨区电网	政府/企业协商	政府/企业协商	跨省区输电网:成本加收益省为价区统一定价	创新
		跨省电网	政府/企业协商	政府/企业协商		
		省级电网:最高电压等级	购销差价	存量+增量定价/直购电输配电价标准（试点）	存量+增量/成本加收益 / 成本加收益+网售分开	
		其他电压等级				
	用电	竞争性用户:直购电用户	双边协商	双边协商	双边协商+零售竞价	完善与创新
		非竞争用户:五类用户	政府定价	五类用户:政府定价	工商、居民、农业:政府定价	
		电动汽车充换电用户		政府定价+与油价联动		

3. 主要措施

（1）煤炭价格改革措施

自 2009 年以后，中国除电煤以外，各种煤炭产品已经基本实现市场化定价。电煤价格实现重点合同价和现货市场价双轨制。长远来看，电煤价格最终也要实现市场化定价。

（2）成品油价格改革措施

世界各国的成品油价格机制都有其自身的特点，但概括起来主要有市场定价和政府定价两种。目前，全球多数国家都实行市场化的成品油定价机制。欧美等发达国家实行成品油市场定价由来已久。亚洲国家成品油市场化改革起步较晚，但参与的国家和地区越来越多，其中日本、韩国及中国台湾地区已经平稳过渡到市场定价。

中国应借鉴国外的先进经验，进一步改进成品油定价机制，有计划推进成品油定价的市场化。成品油价格改革措施主要有以下三点。

一是提高国内成品油价格调整的灵活性。缩短国内成品油价格与国际市场接轨的时间跨度，缩短 10 天时间跨度为 3 天，改变政府审批制为企业根据调价机制调整的备案制，从而向更合理的完全市场规则迈进。

二是增加企业调价自主权，根据中国成品油供需关系制定成品油价格的最高与最低界限，政府只行使监管职能，由企业根据调价机制自动确定调价时间和调价幅度。

三是政府实行有效监管，制定价格上限。制定政府临时干预措施及管理办法。

（3）天然气价格改革措施

中国天然气价格改革，应从实际出发，把握时机，逐步推进，既要考虑与可替代能源价格机制之间的衔接，又要考虑与天然气市场化改革整体进程相协调；既要有利于促进天然气勘测开发、管网建设和进口，又要考虑社会承受能力和通货膨胀等因素。天然气价格改革的主要措施有以下几点。

一是合理提高天然气的价格水平，逐步理顺天然气与石油等可替代能源的比价关系，逐步缩小国产气和进口天然气的价差，促进节能减排。

二是合理确定出厂价、管输价和配气费在终端销售价格中的比重，促进资源开发和管网建设。在终端环节逐步理顺交叉补贴，实施差别化定价。

三是逐步改变成本加成的定价方式，推行模拟市场定价的市场净回值定价方式，建立门站价与市场竞争形成的可替代能源价格挂钩的定价机制，具体步骤如前所述。

（4）电力价格改革措施

根据目前中国电力行业发展的现状，考虑"十三五"时期及以后远期两个阶段，上网、输配、销售环节电力价格改革措施分别如下。

第一，上网电价。

近期：一是推广和完善上网标杆电价机制，出台水电、核电、燃气、可再生能源上网电价机制。二是完善煤电价格联动机制，建立电价与燃气、核燃料等一次能源价格联动机制。三是推广实施上网峰谷分时电价、丰枯季节性电价。四是建立跨省区送电上网电价浮动机制，价格水平根据供需情况协商确定。五是有序推进电价市场化改革试点。扩大电力用户与发电企业直接交易规模，逐步由省内电力用户直接交易扩大到跨省区直接交易；对于开展竞价上网试点地区，建立与有效竞争相适应的竞价机制；对于双边和集中竞价市场，竞价规则要符合均衡价格原理。六是出台发电侧辅助服务收费办法，建立水火互补、风火互补的价格补偿机制。

远期：一是放开所有非可再生能源价格，参与双边交易竞价；二是建立竞争性辅助服务市场，价格水平由市场制定；三是适应大规模可再生能源并网和消纳要求，开展可再生能源配额交易；四是引入电力金融衍生品交易，为市场参与主体提供平抑价格波动、规避风险的工具和手段。

第二，输配电价。

近期：一是为大用户直购电试点核定输配电价标准。以现行购销差价为基础，按电压等级、用户类别分别核定输配电价标准。二是实行统一的跨区跨省电网价格体系和机制。跨省区电网（包括特高压电网）按输电和安全功能以省为价区统一核定输电价。输电价形成的费用仅由购电省电网承担，作为购电费通过销售电价回收；安全价形成的费用由跨省区电网覆盖的各省级电网承担，纳入省级电网输配电价后再通过销售电价回收。三是稳妥推进省级电网独立输配电价改革。核定并公布现行平均输配电价标准，以及分电压等级、分用户类别的输配电价标准。对省级电网出台《输配电定价成本监审办法》，区分存量资产和增量资产、对增量资产按成本加收益方式核定准许收入。稳妥推进输配电价改革试点，考虑东、中、西部的代表性选取试点单位，总结完善后予以推广。四是建立接入价、接出价以及双向收费的共用网络电价机制，以适应集中竞价等竞争性市场模式的要求。五是实行网售分开定价，适应零售侧放开试点的需要。

远期：完善输配电管理体制，建立市场化的输配电价体系与机制，价格水平完全按成本加收益，并由政府合理制定。

第三，销售电价。

近期：一是继续推进销售电价分类改革，实行工商业及其他用电同电压等级、同负荷率同价。工商业和其他用电全面实施峰谷电价或季节性峰谷电价，加大峰谷或季节性价差。二是实现销售电价与上网电价、输配电价联动，销售电价总水平及时反映一次能源价格变动。三是结合电力市场化改革进程，分省建立电价平衡账户。四是居民用电由实行阶梯电价逐步过渡到峰谷分时阶梯电价，逐步提高第二、第三档电量标准，减缓居民电价被补贴程度。五是电动汽车充换电作为新的电力用户类别，列入政府目录电价。六是通过销售电价分类改革和居民电价改革，逐步解决历史欠账的矛盾和缓解交叉补贴的问题。

远期：包括中小用户在内的非竞争性用户实行政府定价，价格水平与上网电价、输配电价实行联动，竞争性用户销售电价由市场定价，反映供需关系。

（三）推进能源价格改革的政策建议

1. 统筹协调，做好能源价格改革的顶层设计

一是在充分研究论证和听取各方意见的基础上，根据行业属性的不同，明确能源各领域、各环节价格改革的方向，统一思想，促成改革共识。二是加强宣传，在能源价格改革的重要作用、能源价格水平的长期变化趋势及能源价格改革对相关方利益影响等方面要统一思想，顾全改革大局。三是做好能源价格改革的顶层设计，统筹协调各层级能源价格主管部门、相关能源管理部门以及各利益相关方的职责分工，上下协同，目标明确，有步骤、有计划、有目标地共同推进改革。

2. 完善协调管理机制，保障能源价格改革协调推进

一是对能源各领域的改革和发展实行统一的规划与管理，构建能源领域协调机制，统一制定能源战略规划和政策，调控能源总量平衡，保障能源安全。二是协调好各能源间的价格改革进程，确保改革相互衔接，避免类似"市场煤计划电"的改革弊病。三是统筹做好能源价格改革的相关配套工作，各方协调配合，创造市场化改革的条件。如统筹协调煤电价格管理，彻

底理顺煤电关系，防止市场化后电价大幅上涨，建立电价与一次能源价格联动机制，防止价格信号传递脱节，误导电力供需。

3. 加强对能源价格的监管机制建设，构建公平竞争的市场环境

一是完善法规，做好改革保障。修改完善《能源法》《环境保护法》《电力法》《供电营业规则》等法律法规，为能源价格改革提供法规保障，提高能源价格改革的规范性和严肃性。二是加强相关监管体系的建设。在完善能源管理机构建设的同时，建立专业性的能源监管机构，主要负责管理能源市场秩序，保障能源市场规范化运行。三是制定合理的能源价格监管制度。建立健全能源行业和企业的成本监审制度和价格听证制度，充分发挥公众的监督作用。

4. 准确把握价格改革推进的时机和方式，降低改革对经济运行及人民生活的冲击

一是合理选择价格改革推进的时机。在经济和能源行业运行良好、CPI进入下行通道时及时推进能源价格改革，确保改革不会对经济社会的稳定产生较大冲击。二是确保群众基本生活需要并做好低收入群体的保障工作。借鉴"阶梯电价""阶梯水价"等制度改革，确保群众基本生活对能源的需要不受影响，针对承受能力较低的低收入群体和相关公益行业，制定和完善专门的补贴制度，抵消能源价格改革可能对其造成的不利影响。三是试点先行，稳步推进改革。有序安排大用户直接交易、建立独立输配电价机制、零售侧放开试点工作，逐步放开天然气"市场净回值"定价机制，及时总结经验，稳步推进。

四　生态环境：整治与预防*

由于能源业在节能减排与环境污染治理中的重要地位，中央政府高度重视能源业的节能减排与环境保护工作，在国家政府工作报告、"两会"以及中央能源与经济工作会议上多次提出能源经济的可持续发展问题，要求对环境污染问题加大重视，明确责任，抓出成效，并印发相关文件，明确环境治理

---

* 本节作者刘喜梅，经济学博士，华北电力大学经济管理学院副教授，中国社会科学院研究生院国际能源安全中心研究员，硕士生导师。

的工作重点与政府部门的分工责任等。其中，中央政府及其相关部门有关能源环境污染与治理的一些重要通知安排、会议、报告主题，如表6-6所示。

表6-6　政府关于能源环境污染问题的若干主要通知、计划、会议与报告

发布时间	主题	发布机构或会议
2011年8月31日	《国务院关于印发"十二五"节能减排综合性工作方案的通知》	国务院
2011年12月15日	《国务院关于印发国家环境保护"十二五"规划的通知》	国务院
2012年8月21日	《国家环境保护"十二五"规划重点工作部门分工方案的通知》	国务院办公厅
2013年5月20日	《关于建立服务能源企业科学发展协调工作机制的通知》	国家能源局
2013年6月14日	《大气污染防治十条措施》	国务院常务会议
2013年9月10日	《大气污染防治行动计划》	国务院
2013年11月12日	《中共中央关于全面深化改革若干重大问题的决定》	中国十八届三中全会
2014年3月5日	《2014年政府工作报告》	全国人民代表大会和中国人民政治协商会议
2014年3月21日	节能减排及应对气候变化工作会议	国务院
2014年5月26日	全国节能减排和应对气候变化工作电视电话会议	国家发展和改革委、环境保护部
2014年6月13日	中央财经领导小组第六次会议	中央财经领导小组
2014年11月19日	《能源发展战略行动计划（2014~2020年）》	国务院
2015年2月10日	中央财经领导小组第九次会议	中央财经领导小组
2015年3月5日	《2015年政府工作报告》	全国人民代表大会和中国人民政治协商会议

资料来源：作者根据国家发改委、国务院新闻网站整理。

如2014年11月19日，国务院印发《能源发展战略行动计划（2014~2020年）》，明确了优化能源结构、推动能源科技创新为中国能源发展的战略任务，指出要以开源、节流、减排为重点，坚持"节约、清洁、安全"的战略方针，加快构建清洁、高效、安全、可持续的现代能源体系；转变能源发展方式，调整优化能源结构，深化能源体制改革，创新能源体制机制，着力提高能源效率，严格控制能源消费过快增长，发展清洁能源，推进能源绿色发展，推动科技进步，切实提高能源产业核心竞争力，为实现中华民族伟大复兴的中国梦提供安全可靠的能源保障；重点实施四大战略，包括节约优先战略、立足国内战略、绿色低碳战略与创新驱动战略，将发展清洁低碳

能源作为调整能源结构的主攻方向，并明确发展新能源的五大领域和 20 个重点创新方向。计划还提出了具体目标：到 2020 年，一次能源消费总量控制在 48 亿吨标准煤左右，煤炭消费总量控制在 42 亿吨左右；国内一次能源生产总量达到 42 亿吨标准煤，能源自给能力保持在 85% 左右，石油储采比提高到 14% ~ 15%，能源储备应急体系基本建成；非化石能源占一次能源消费的比重达到 15%，天然气比重达到 10% 以上，煤炭消费比重控制在 62% 以内，基本形成比较完善的能源安全保障体系与统一、开放、竞争、有序的现代能源市场体系，[①] 等等。

2015 年 2 月 10 日，习近平主席主持召开中央财经领导小组第九次会议，在听取新型城镇化规划、粮食安全、水安全、能源安全、创新驱动发展战略和审议研究京津冀协同发展规划纲要的基础上，明确提出要统筹做好水灾害防治、水资源节约、水生态保护修复与水环境治理，保障能源安全，要明确责任、狠抓落实、抓出成效，密切跟踪当前国际能源市场的新形势，加快完善石油战略储备制度，推进能源价格与体制改革，大力发展非常规能源等。[②]

2015 年 3 月 5 日，李克强总理所做的政府工作报告再次指出有些地方环境污染严重，重大安全事故时有发生，环境污染是民生之患、民心之痛，要严格治理。报告明确提出 2015 年的排污指标，如二氧化碳排放强度要降低 3.1% 以上，化学需氧量、氨氮排放都要减少 2% 左右，二氧化硫、氮氧化物排放要分别减少 3% 左右和 5% 左右。

在能源方面，提出要保持稳增长与调结构的平衡，大力调整产业结构，继续化解过剩产能，着力培育新的增长点。要大力发展风电、光伏发电、生物质能，积极发展水电，安全发展核电，开发利用页岩气、煤层气，控制能源消费总量，加强工业、交通、建筑等重点领域节能；要积极发展循环经济，大力推进工业废物和生活垃圾资源化利用，将节能环保产业打造成新兴支柱产业；要推动燃煤电厂超低排放改造，促进重点区域煤炭消费零增长，以及推广新能源汽车，治理机动车尾气，提高油品标准和质量，在重点区域内重点城市全面供应国五标准车用汽柴油；要发挥市场在资源配置中的决定性作用，

---

① 中华人民共和国中央人民政府网站，http：//www. gov. cn/zhengce/content/2014 - 11/19/content_ 9222. htm。

② 人民网，http：//finance. people. com. cn/n/2015/0210/c1004 - 26542081. html。

扩大输配电价改革试点，健全节能环保价格政策，完善资源性产品价格；要拓展区域发展新空间，统筹实施"四大板块"和"三个支撑带"战略组合①，在西部地区开工建设一批综合交通、能源、水利、生态、民生等的重大项目。

在环境保护方面，提出 2015 年要加强雾霾治理，深入实施大气污染防治行动计划，实行区域联防联控，扩大碳排放权交易试点等。并提出坚决治理污染等城市病，保护海洋生态环境，打好节能减排和环境治理的攻坚战。实施水污染防治行动计划，加强江河湖海水污染、水污染源和农业面源污染治理，实行从水源地到水龙头的全过程监管。要推进重大生态工程建设，拓展重点生态功能区，办好生态文明先行示范区，开展国土江河综合整治试点，扩大流域上下游横向补偿机制试点，保护好三江源。②

可见，党和国家对于生态环境保护以及能源经济发展与环境治理的思路明确，认识深刻。在能源安全方面，习近平总书记提出的能源消费、能源供应、能源技术、能源体制革命思想，为新形势下的能源环境问题和能源安全体系的构建提供了新思维。但是，能源环境认识、政策制定、实施以及治理方式等现实操作中，依然存在一些具体问题。

第一，环境立法体系逐渐完善，但针对能源行业的环境立法还存在不足。

如表 6 - 7 所示，自 20 世纪 80 年代以来，中国国家层面就针对环境保护制定了 30 余项相关法规，已形成较为系统的环境保护法规体系。

表 6 - 7 中国的环境保护法规体系

序号	法律名称	发布日期
1	中华人民共和国环境保护法(自 2015 年 1 月 1 日起施行)	2014 年 4 月 25 日
2	中华人民共和国行政强制法	2011 年 7 月 1 日
3	中华人民共和国行政处罚法	2010 年 1 月 19 日
4	中华人民共和国循环经济促进法	2008 年 9 月 1 日
5	中华人民共和国水污染防治法	2008 年 2 月 29 日
6	中华人民共和国城乡规划法	2007 年 10 月 31 日
7	中华人民共和国节约能源法	2007 年 10 月 30 日
8	中华人民共和国可再生能源法	2005 年 2 月 28 日

---

① 四大板块，是指西部地区、东北地区、东部地区和中部地区；三大支撑带，是指"一带一路"、京津冀协同发展与长江经济带建设。

② 人民网，http://www.people.com.cn/n/2015/0305/c347407 - 26643598.html。

序号	法律名称	发布日期
9	中华人民共和国固体废物污染环境防治法	2004 年 12 月 29 日
10	中华人民共和国防沙治沙法	2003 年 12 月 3 日
11	中华人民共和国行政许可法	2003 年 8 月 27 日
12	中华人民共和国放射性污染防治法	2003 年 6 月 28 日
13	中华人民共和国草原法	2002 年 12 月 28 日
14	中华人民共和国环境影响评价法	2002 年 10 月 28 日
15	中华人民共和国水法	2002 年 10 月 1 日
16	中华人民共和国清洁生产促进法	2002 年 6 月 29 日
17	中华人民共和国海域使用管理法	2001 年 10 月 29 日
18	中华人民共和国渔业法	2000 年 10 月 31 日
19	中华人民共和国大气污染防治法	2000 年 4 月 29 日
20	中华人民共和国海洋环境保护法	1999 年 12 月 25 日
21	中华人民共和国气象法	1999 年 10 月 31 日
22	中华人民共和国节约能源法	1997 年 11 月 1 日
23	中华人民共和国环境噪声污染防治法	1996 年 10 月 29 日
24	中华人民共和国煤炭法	1996 年 8 月 30 日
25	中华人民共和国农业法（摘录）	1993 年 7 月 2 日
26	中华人民共和国水土保持法	1991 年 6 月 29 日
27	中华人民共和国环境保护法	1989 年 12 月 26 日
28	中华人民共和国标准化法	1988 年 12 月 29 日
29	中华人民共和国野生动物保护法	1988 年 11 月 8 日
30	中华人民共和国土地管理法（1998 年修正）	1986 年 6 月 25 日
31	中华人民共和国矿产资源法（1996 年修正）	1986 年 3 月 19 日
32	中华人民共和国森林法（1998 年修正）	1984 年 9 月 20 日
33	中华人民共和国宪法（环境保护条款摘录）	1982 年 12 月 4 日

数据来源：作者根据中国环境保护部网站及相关法律网站整理。

除此之外，如表 6-8 所示，20 世纪 90 年代以来，中国发布了多项与能源有关的环境污染物排放标准。

表 6-8　与能源有关的大气污染物排放标准

标准名称	标准编号	发布时间	实施时间
城市车辆用柴油发动机排气污染物排放限值及测量方法（WHTC 工况法）	HJ 689—2014	2014 年 1 月 16 日	2015 年 1 月 1 日
轻型汽车污染物排放限值及测量方法（中国第五阶段）	GB 18352.5—2013 代替 GB 18352.3—2005	2013 年 9 月 17 日	2018 年 1 月 1 日

续表

标准名称	标准编号	发布时间	实施时间
火电厂大气污染物排放标准	GB 13223—2011	2011 年 7 月 29 日	2012 年 1 月 1 日
车用汽油有害物质控制标准（第四、五阶段）	GWKB 1.1—2011	2011 年 2 月 14 日	2011 年 5 月 1 日
车用柴油有害物质控制标准（第四、五阶段）	GWKB 1.2—2011	2011 年 2 月 14 日	2011 年 5 月 1 日
煤层气（煤矿瓦斯）排放标准（暂行）	GB 21522—2008	2008 年 4 月 2 日	2008 年 7 月 1 日
重型车用汽油发动机与汽车排气污染物排放限值及测量方法（中国Ⅲ、Ⅳ阶段）	GB 14762—2008	2008 年 4 月 2 日	2009 年 7 月 1 日
摩托车和轻便摩托车燃油蒸发污染物排放限值及测量方法	GB 20998—2007	2007 年 7 月 19 日	2008 年 7 月 1 日
摩托车污染物排放限值及测量方法（工况法，中国第Ⅲ阶段）	GB 14622—2007	2007 年 4 月 3 日	2008 年 7 月 1 日
轻便摩托车污染物排放限值及测量方法（工况法，中国第Ⅲ阶段）	GB 18176—2007	2007 年 4 月 3 日	2008 年 7 月 1 日
非道路移动机械用柴油机排气污染物排放限值及测量方法（中国Ⅰ、Ⅱ阶段）	GB 20891—2007	2007 年 4 月 3 日	2007 年 10 月 1 日
汽油运输大气污染物排放标准	GB 20951—2007	2007 年 6 月 22 日	2007 年 8 月 1 日
储油库大气污染物排放标准	GB 20950—2007	2007 年 6 月 22 日	2007 年 8 月 1 日
加油站大气污染物排放标准	GB 20952—2007	2007 年 6 月 22 日	2007 年 8 月 1 日
煤炭工业污染物排放标准	GB 20426—2006	2006 年 9 月 1 日	2006 年 10 月 1 日
火电厂大气污染物排放标准	GB 13223—2003	2003 年 12 月 30 日	2004 年 1 月 1 日
锅炉大气污染物排放标准	GB 13271—2001	2001 年 11 月 12 日	2002 年 1 月 1 日
饮食业油烟排放标准（试行）	GB 18483—2001	2001 年 11 月 12 日	2002 年 1 月 1 日
大气污染物综合排放标准	GB 16297—1996	1996 年 4 月 12 日	1997 年 1 月 1 日
工业炉窑大气污染物排放标准	GB 9078—1996	1996 年 3 月 7 日	1997 年 1 月 1 日
炼焦炉大气污染物排放标准	GB 16171—1996	1996 年 3 月 7 日	1997 年 1 月 1 日
恶臭污染物排放标准	GB 14554—93	1993 年 8 月 6 日	1994 年 1 月 15 日

资料来源：中国环境保护部网站，http：//kjs. mep. gov. cn/hjbhbz/bzwb/dqhjbh/dqhjzlbz/200608/ t20060825_ 91832. htm。

近年来，国务院、环境保护部及国家发展和改革委员会等政府相关部门出台相关的节能减排、环保设备安装以及排污收费规定，对能源行业环境污染还是起到一定的制度约束作用。相关行政管理文件或管理办法，参见表6–9。

表 6 – 9　与中国的能源环境治理有关的部门管理条例与文件

序号	行政条例	文件号	发布日期
1	煤电节能减排升级与改造行动计划（2014～2020 年）	发改能源〔2014〕2093 号	2014 年 9 月 12 日
2	关于做好煤电基地规划环境影响评价工作的通知	环境保护部办公厅文件〔2014〕60 号	2014 年 7 月 18 日
3	国务院办公厅关于转发环境保护部"十二五"主要污染物总量减排考核办法的通知	国办发〔2013〕4 号	2013 年 1 月 5 日
4	国务院关于印发"十二五"节能减排综合性工作方案的通知	国发〔2011〕26 号	2011 年 8 月 31 日
5	火电厂大气污染物排放标准	环境保护部（GB 13223—2011）	2011 年 7 月 29 日
6	排污费征收工作稽查办法	国家环保总局令第 42 号	2007 年 10 月 23 日
7	国家发展改革委国家环保总局关于印发《燃煤发电机组脱硫电价及脱硫设施运行管理办法（试行）》的通知	发改价格〔2007〕1176 号	2007 年 5 月 29 日
8	污染源自动监控管理办法	国家环保总局令第 28 号	2005 年 9 月 19 日
9	排污费征收使用管理条例	国务院第 369 号	2003 年 1 月 2 日
10	火电厂大气污染物排放标准	国家环保总局（GB 13223—2003）	2003 年 12 月 30 日
11	中国石油勘探与生产分公司环境保护管理规定	油勘字〔2003〕90 号	2003 年 10 月 8 日
12	排污费征收标准管理办法	国家计委、财政部、国家环保总局、国家经贸委令第 31 号	2003 年 2 月 28 日

资料来源：作者根据国家发改委、国家电网公司等网站信息整理。

　　然而，国家层面针对能源行业环境保护立法的法规并不多，目前只有《中华人民共和国节约能源法》《中华人民共和国可再生能源法》《中华人民共和国矿产资源法》《中华人民共和国煤炭法》《中华人民共和国放射性污染防治法》，而且中国的能源相关法规多是在 90 年代颁布的。如 1996 年颁布《煤炭法》，1995 年颁布《电力法》，而《原子能法》立法自 1984 年开始，目前还尚未出台，至今还未有石油法，与核电相关的环保安全法律是2003 年出台的《中华人民共和国放射性污染防治法》。1995 年 12 月 28 日通过的《中华人民共和国电力法》并没有针对电力工业的环境保护要求条文，而且法规本身也与中国电力市场和监管形势不相吻合。可见，中国能源法体系本身还处在不完善时期，立法体系滞后于市场经济体系以及能源经济发展的要求。

而且，能源行业的环境法规体系很不健全，远不能满足能源经济发展与能源环境保护的要求。如缺乏针对单一污染源，包括石油污染、煤炭污染与电力污染的专项能源环境保护法律法规，石油法缺失，电力法与煤炭法中有关环境保护的法规缺失或者滞后，海洋环境保护法配套实施细则还有待加强，能源行业环境污染的定量化评估方法欠缺，信息公开与披露制度还不完善。在美国等西方发达国家的环境保护法规体系中，既有针对资源、能源的保护法规，如《大气污染法》《土壤污染法》等，也有专项的《石油污染法》明确了在海洋、河流、陆地等不同地方发生石油污染的处理规程以及赔偿办法等。而中国能源环境法规体系建设与能源作为污染排放的重点监测对象的地位不对称，能源环境保护的法律细则还有待完善与健全。

第二，环境目标体系初步建立，能源环境目标体系与问责制度不健全

2011 年 8 月 31 日，《国务院关于印发"十二五"节能减排综合性工作方案的通知》发布，提出了节能减排总体要求与主要目标，并分别制定了"十二五"各地区节能目标，各地区化学需氧量、氨氮、二氧化硫与氮氧化物排放总量控制计划，等等。[①]

2013 年 9 月 10 日，国务院发布《大气污染防治行动计划》明确提出了大气污染防治的奋斗目标和 2017 年的具体目标。奋斗目标是：经过五年努力，全国空气质量总体改善，重污染天气较大幅度减少；京津冀、长三角、珠三角等区域空气质量明显好转；力争再用五年或更长时间，逐步消除重污染天气，全国空气质量明显改善。具体目标包括：2017 年，全国地级及以上城市可吸入颗粒物浓度比 2012 年下降 10% 以上，优良天数逐年提高；京津冀、长三角、珠三角等区域细颗粒物浓度分别下降 25%、20%、15% 左右，其中北京市细颗粒物年均浓度控制在 60 微克/立方米左右。[②]

---

① 中华人民共和国中央人民政府网站，http：//www. gov. cn/zwgk/2011 - 09/07/content_ 1941731. htm。

② 中华人民共和国中央人民政府网站，http：//www. gov. cn/zwgk/2013 - 09/12/content_ 2486773. htm。

目前，虽然从国家和地方政府层面，环境污染减排目标体系已经初步确立，尤其是国家环境保护"十二五"规划，为环境治理确立了目标导向，但是还存在一些不完善的地方，包括缺乏能源环境污染的指标体系，以及地方政府在环保目标实现中出现困难或由于其他原因进行行政干预，甚至出现地方企业与环保部门联合进行数据造假等严重违规事件。具体包括：一是目标体系中部分减排指标缺失，如缺乏土壤污染、重金属污染、固体堆放物污染、噪声污染的治理目标，具体能源环境污染减排指标更为欠缺，如缺乏电力、煤炭、石油行业以及新能源行业减排指标。二是环境保护目标缺少质量要求而且不够严格。如对能源行业的环境保护要求，还停留在能源结构调整与优化的规范性要求，以及环保设备的安装率和安装要求上，主要是对电力燃煤机组的脱硫、脱硝设施数量，储油库和加油站的设备技术与煤炭清洗率等提出要求，但是对各种污染物（包括气体、液体、固体、噪声）排放控制的质量等级、环保技术水平等级还缺乏进一步的细化要求。三是环境目标地位不够高，紧迫性不足，环境目标容易让位于经济增长和就业等目标，能源环境目标在整体环境目标中的地位不明确。四是环境目标的法制化约束弱化。五是环境目标完成时间还存在不明确或比较宽松的倾向。六是环境制度弱化与落实不够等。

第三，环境评估与报告工作已启动，但能源环境评估与报告工作还有待完善。

2014 年 3 月末，中国环境保护部发布《2014 年重点区域和 74 个城市空气质量状况报告》，首次对中国自 2013 年实施环境空气质量新标准的 74 个城市进行了评价。2015 年 2 月 2 日，中国环境保护部发布《2014 年重点区域和 74 个城市空气质量状况报告》，报告称，与 2013 年相比，74 个重点城市空气质量总体改善。[①]

虽然环境保护部主要负责环境评估与提交评估报告，但是对能源行业环境污染排放导致的空气质量变化，尤其是针对能源消费与生产活动集中区域的空气质量报告还很欠缺，虽然对能源企业建设项目的事前评价已经开始，但是环境排放分类、环境质量标准以及事后评价还有待完善。

---

① 中国环境保护部网，http://www.mep.gov.cn/gkml/hbb/qt/201502/t20150202_295333.htm。

第四，环境政策日益增多，环境费税制与能源环境政策还有待完善。

根据党的十八大提出的"建设生态文明"和"着力推进绿色发展、循环发展和低碳发展"的总要求，中国的环境政策体系建设不断推进，主要采取产业政策、财税政策与信贷政策促进环境保护和完成治理任务。产业政策包括鼓励环保企业发展与鼓励排污企业增设环保设备的产业倾斜政策，对高耗能、高污染行业的限制性产业政策，以及相关排污收费政策，主要是相关部门（国家发展和改革委员会、环境保护部、工信部等）颁布的行政管理规定、条例和办法实施。财政与货币政策主要是通过制定优惠性税收政策、结构性税种调整政策、政府补贴等财政政策与金融机构优惠信贷政策等落实与执行。

近年来，国家财政与税务部门为促进能源产业节能减排、资源综合利用及实施国家能源战略，采取增值税、消费税减免、调整资源税、投资抵免所得税等多种税收并举的优惠政策，依据"资源使用付费"和"谁污染、谁破坏，谁付费"的原则，初步发挥了税收对节能减排、保护生态环境的调节功能和引导作用。包括：对有利于环境污染防治、资源回收综合利用、节约资源能源使用的能源相关企业减免或退还增值税和营业税；对开采原油、天然气、煤炭、其他非金属矿原矿、黑色金属矿原矿、有色金属矿原矿、生产盐（包括固体盐和液体盐）征收资源税；对废矿物油再生油品以及动植物油生产纯生物柴油等免征消费税等，为鼓励使用小排量汽车，降低少排放调整车辆购置税，对节约能源、使用新能源的车辆，减征或者免征车船税等；对从事符合条件的合同能源管理项目企业在环境保护、节能节水项目、沼气综合开发利用、节能减排技术改造等，不同时间区间的企业所得税减免，等等。据不完全统计，2008～2012年5年间，全国企业享受资源综合利用所得税优惠约100亿元，享受环境保护、节能节水设备购置抵免企业所得税优惠约70亿元，享受环境保护、节能节水项目所得税优惠约50亿元。[①]

虽然中国已经建立能源环境政策框架，针对能源经济活动也出台了不少环境政策，但是依然存在一些问题。包括：以往促进能源经济增长，保障能源安全供应的能源产业政策与当前加强能源环境治理的产业政策的目标存在

① 中华人民共和国中央人民政府网站，http://www.gov.cn/xinwen/2014-04/02/content_2651880.htm。

不协调和不一致的地方；排污收费制度的市场化设计不足，执行存在难度，排污制度与环境税制改革之间的衔接存在争议，环境税改革中存在利益分割和利益平衡的困难，改革进程缓慢；能源环境政策的激励性政策与约束性政策的匹配性不足，等等。

第五，能源环境治理投资不断加大，但环境治理效果评价不够全面。

2013 年，中国环境污染治理投资①不断加大，总额达到 9037.2 亿元，占国内生产总值（GDP）的 1.59%，占全社会固定资产投资总额的 2.02%，较 2012 年相比，增加 9.5%。其中，城市环境基础设施建设投资 5223 亿元，老工业污染源治理投资 849.7 亿元，建设项目"三同时"②投资 2964.5 亿元，分别占环境污染治理投资总额的 57.8%、9.4%、32.8%。电力行业，仅 2014 年上半年，就新增火电脱硝机组 1.2 亿千瓦，脱硝装机容量累计达 5.5 亿千瓦，占火电总装机容量的 62.5%；2830 万千瓦现役火电机组脱硫设施实施增容改造，7500 万千瓦火电机组拆除脱硫设施烟气旁路，无旁路运行脱硫机组累计达 4.75 亿千瓦。截至 2014 年 7 月，全国燃煤脱硫机组共 4467 台，总装机容量 7.5 亿千瓦；燃煤脱硝机组共 1135 台，总装机容量 4.3 亿千瓦，减排效果显著。③各省市地区也加大对环境污染治理的投资力度，除西藏、海南、青海和宁夏外，其余 27 个地区环境污染治理投资总额超过 100 亿元。与 2012 年相比，除辽宁、江西、湖北、浙江、重庆、海南、河北和吉林 8 个地区外，其余 23 个地区环境污染治理投资总额均有所增长，13 个地区环境污染治理投资占 GDP 的比重超过全国平均水平（1.59%）。

2015 年 3 月 20 日，国家发展和改革委员会办公厅发布《关于组织申报资源节约和环境保护 2015 年中央预算内投资备选项目的通知》，提出为切实发挥中央预算内投资的撬动作用，引导社会资本投入节能环保产业，加快实施节能减排重点工程，推动生态文明建设，组织申报资源节约和环境保护

---

① 环境污染治理投资包括老工业污染源治理、建设项目"三同时"、城市环境基础设施建设投资。

② 中国 2015 年 1 月 1 日开始施行的《环境保护法》第 41 条规定："建设项目中防治污染的设施，应当与主体工程同时设计、同时施工、同时投产使用。防治污染的设施应当符合经批准的环境影响评价文件的要求，不得擅自拆除或者闲置。"

③ 《中国 2013 年环境公报》，中国环境保护部网，http://zls.mep.gov.cn/hjtj/nb/2013tjnb/201411/t20141124_291868.htm。

2015 年中央预算内投资备选项目。① 进一步推进能源环境治理的投资项目实施力度。

虽然中央与地方能源环境治理投资力度加大，但是还存在一些问题。如能源环保投资收益与效果还缺乏权威客观的综合评价，评价结果的公布与说明也不够详细、公开，某些地方上能源行业环境治理评价效果缺乏数据与数据来源的可靠性。

第六，区域间开始推进环境协同治理合作，但是缺乏系统全面的能源环境协同治理制度。

根据大气流动和扩散的特性，大气污染往往会在临近区域间蔓延，邻近省市间联合采取环境治理措施应更加有效。京津冀及周边地区由于重工业较多、结构性污染突出等问题，已成为全国大气污染最严重的区域，中国环保部每季度通报的国内空气质量较差的前 10 个城市中，京津冀名列其中。在此严峻态势下，2013 年环保部等 6 部委启动了由北京市牵头的六省区市大气污染治理联防联控机制，构建了区域间环境协同治理合作模式，合力改善区域空气质量。

但是，从目前的大气环境状况看，区域环境治理效果还不明显。2014年，三大重点区域仍是空气污染相对较重区域，如在京津冀区域的 13 个地级以上城市中，有 11 个城市排在污染最重的前 20 位，其中有 8 个城市排在前 10 位，区域内 PM 2.5 年均浓度平均超标 1.6 倍以上。而且区域内部的复合型污染特征突出，如传统的煤烟型污染、汽车尾气污染与二次污染相互叠加，特别是重污染天气增多。部分城市不仅 PM2.5 和 PM10 超标，臭氧污染也日益明显。这与京津冀三地一些治理制度的不一致有关，影响区域环境协同治理效果。可见，在联合治理区域内存在排污收费不一问题，及其区域间存在空间外部性的问题，可能会导致某些能源企业愿意选择缴纳排污费，不积极治污，或者造成排污企业在区域内转移的寻租现象，均会影响区域联合环境治理效果。

第七，能源行业自律意识不断加强，但部分企业依然存在严重的违规问题。

在国家节能减排与中央政府对环保政策日益严格的态势下，电力行业与

---

① 国家发展和改革委员会网站，http：//www.sdpc.gov.cn/zcfb/zcfbtz/201503/t20150320_668086.html.

煤炭行业等能源业也对其污染排放日益重视。为了控制燃煤电厂大气污染物的排放，中国政府和企业界已采取了一系列重要措施，如限产、关停高硫煤矿，加快发展动力煤洗选加工；大力发展清洁发电技术，逐步降低发电煤耗；严格控制新建燃煤电厂二氧化硫排放；安装建设机组脱硫脱硝设备；关停小火电机组；合理布局电厂，实施"西电东送"战略。2011 年新的《火电厂大气污染物排放标准》出台。在以上措施的合力努力下，电力行业近年来节能减排工作取得了一定成效。2013 年，电力二氧化硫排放量较排放峰值（2006 年）下降 42%，氮氧化物排放量较排放峰值（2011 年）下降 17%，烟尘排放量比 2005 年下降 61%。

但是，依然有部分电力企业存在脱硫等环保机组长期停运、监测数据造假、超标排放等减排违规问题。根据中国环境保护部与国家发展和改革委员会 2014 年第 43 号公告，对 2013 年脱硫设施存在突出问题的企业予以行政公告，涉及 19 家企业，其中 15 家能源行业企业、12 家电力企业、1 家石化企业、2 家煤炭化工企业。涉及区域也很广泛，包括东北、西北与西南、中原等省市。① 显然，这与企业内部环保管理控制制度缺失、管理层不重视、执行不严格、忽视环境法规约束有关。在京津冀地区也存在这样的情况，环境监察结果显示，监察人员在执法过程中发现，该区域某些能源企业对排污数据进行造假，如在污水采样中灌入自来水、断电阻止超标数据上传等，甚至采用专业技术修改自动监测的校准软件，伪造达标数据等。②

第八，产业结构对能源行业依赖性高，能源结构调整难度大。

改革开放以来，中国经济增长主要依靠出口与投资拉动，而出口与投资拉动的这种快速增长模式主要借助于快速的工业化进程与世界工厂的定位。中国工业化进程主要处于以重化工业为中心的发展阶段，化工、冶金、金属制品、电力等重化工业取得了长足发展，对中国经济的增长贡献巨大。从各产业对中国的贡献率来看，如表 6-10 所示，从 2002 年到 2013 年，第二产业的贡献率都大于第三产业的贡献率，而第一产业的贡献率仅有 4% 左右，其中，2010 年第二产业对 GDP 的贡献率高达 57.2%。

---

① 中国环境保护部网，http：//www.zhb.gov.cn/gkml/hbb/bgg/201406/t20140612_276862.htm.

② 新华网，http：//news.xinhuanet.com/local/2014-09/17/c_1112521926.htm。

表 6 – 10 各产业对中国经济增长的贡献率

单位：%

对 GDP 的贡献率	2013 年	2012 年	2011 年	2010 年	2009 年	2008 年	2007 年	2006 年	2005 年	2004 年	2003 年	2002 年	2001 年
第一产业贡献率	4.4	5.3	4.2	3.6	4.1	5.3	2.7	4.4	5.3	7.4	3.1	4.2	4.7
第二产业贡献率	48	49.3	51.5	57.2	51.9	48.4	49.9	49.5	50.3	51.7	57.9	49.2	46.2
第三产业贡献率	47.6	45.4	44.3	39.2	44	46.3	47.4	46.1	44.4	40.9	39	46.6	49.1

资料来源：国家统计局网站，http：//data. stats. gov. cn/viewchart/index？ m = hgnd。

由于工业化进程对重工业的依赖性，一定程度上也反映了其对能源消费的依赖性。2006 年，中国能源消费量为 258676 万吨标准煤，2012 年已增长到 361732 万吨标准煤，增长了 39.84%，平均每年增长 5.69%。[1] 2013 年则更是高达 375000 万吨标准煤。[2] 产业结构的能源刚性需求，以及能源行业的技术经济特点与能源价格机制的不完善，导致能源结构调整难度加大，能源行业的环境治理问题也尤为突出。

此外，中国煤炭价格相对低廉，不同电源结构中火电成本占有相对优势，以及小火电机组投产灵活，因此，在重工业比重较大的区域，能源产业往往支撑着高能耗产业的发展，如果环境治理不到位，自然会导致空气质量恶化形势严重。此外，中国依靠大量出口加工成为"世界工厂"，由于缺乏资源和能源的全球定价权，在全球产业链条中处于利益弱势，付出了很大的环境代价。按照《环境空气质量标准》评价，2014 年，京津冀、长三角、珠三角等重点区域和直辖市、省会城市及计划单列市共 74 个城市中，海口、拉萨、舟山、深圳、珠海、福州、惠州和昆明 8 个城市的细颗粒物（PM2.5）、可吸入颗粒物（PM10）、二氧化氮（NO_2）、一氧化碳（CO）和臭氧（O_3）等 6 项污染物年均浓度均达标，其他 66 个城市都存在不同程度

---

[1] 石秀华、刘伦：《中国地区能源消费与产业结构的关系研究》，《中国地质大学学报》（社会科学版）2014 年第 6 期。

[2] 中国国家统计局网，http：//data. stats. gov. cn/workspace/index？ m = hgnd。

的超标现象，① 环境质量不达标的这些城市也往往处于偏重发展重工业与能源产业的区域。我国产业结构对能源产业的依赖性大，能源环境治理任务非常严峻。

第九，执法力度加大，但是依然存在执法薄弱与执法难的问题。

2013 年，全国环保系统机构总数为 14257 个，其中国家级机构 45 个、省级机构 400 个、地市级环保机构 2252 个、县级环保机构 8866 个、乡镇环保机构 2694 个。各级环保行政机构 3176 个，各级环境监察机构 2923 个，各级环境监测机构 2754 个。全国环保系统共有 21.2 万人，较 2005 年增长了 27.15%，环保机构与人员力量有所加大。虽然环保从业人员增多，环保力量增强，但是由于地方上环保执法部门主要由公安交管、城管等各相关领域长期负责执法的部门负责，而环保部门主要是进行环保监测、提供技术支持，大多数没有足够的震慑力、强制力以及人力物力执法，执法薄弱成为基层环保普遍难以解决的问题。

此外，由于环保治理成本将加大高耗能企业与能源企业的生产成本，必将对企业发展方式与发展速度产生影响。从长远来看，企业应该加强内控，合理规避风险。但是从短期来看，企业短期利益受损，抵触心理增强。如果能源企业缺乏行业自律和内部自控，加之环保法制不健全，执法不严格，社会监督也由于信息弱势无法见效。在地方环保部门执法的过程中，由于信息不对称、监督成本高昂，某些被监督企业，包括能源类企业，或者降低采购原材料成本，或者降低排放标准，出现规避检查现象，在环保设备使用、监测仪器与检查结果上造假，阻挠执法，甚至不执行处罚结果，公然抗法，导致环保执法处于"弱势"，产生执法难、执行难的问题，治理效果较差。

以上分析可见，中国能源行业环境治理虽然已经取得了不菲成绩，但是形势依然严峻，需要结合中国未来经济发展形势与可能出现的不均衡与不确定性，充分借鉴国外先进经验，将能源环境问题提高到新的认识高度，制定符合中国国情的严格的排放限值，提出切合未来发展的政策建议与综合治理思路。

---

① 人民网，http://env. people. com. cn/n/2015/0202/c1010 - 26491970. html。

（一）拓展认识与重构政策体系，实行更加柔性的能源政策，以清洁、绿色、可持续、安全为政策导向

1. 拓展能源安全的环境观认识，将环境安全纳入能源安全体系

能源是现代经济社会中的重要战略资源，能源经济是支持国民经济良好运行的基础保障，能源安全更是一国经济社会安全的重要构成。目前，中国已是世界上最大的能源生产国与消费国，能源安全问题牵一发而动全身，对于国内与世界经济的稳定都有着重要的意义。面对中国能源行业的环境污染以及环境治理中存在的问题，作为一个负责任的大国，担任国家产业与经济发展保障的能源行业与企业，更要担负起环境安全的社会责任，勇于面对问题和解决问题。所以，必须针对中国经济发展新阶段的能源经济形势变化，基于环境美好的目标，进一步扩展和深化对能源安全与能源环境安全的认识。

首先，要对能源安全有整体协同的认识，能源安全不仅是指能源供应层面的安全，或者能源价格安全，而是包括政治、法律、经济、环境、社会、文化与技术等多层面的综合能源经济活动的安全，是一个综合性体系。

其次，对能源安全要有时空观认识。能源安全不仅要渗透到能源产业链的各环节与能源品种上，在任何时期和空间上都要有所体现。能源产业链中，包括能源勘探、开采、设备、资金、技术、人力、土地、资源与管理等环节都需要考虑能源安全，不仅能源实体经济活动要考虑能源安全，能源虚拟经济活动如能源金融交易也要考虑能源安全；能源品种方面，包括传统化石能源安全，还有可再生能源与新能源安全；时空角度，不仅包括能源安全现状，更要考虑未来能源安全变化，不仅要考虑国内与区域能源安全，还要考虑国际能源安全。

再次，对能源安全要有系统观的认识。可将能源安全视作能源系统的开放性子系统。能源安全合作会受到国内外政治、经济与社会系统以及能源系统等不同层级系统因素的影响，处在各种信息介质不断交流融合的动态过程中。由于能源安全涉及经济、社会与政治的各个层面，所以任何因素的扰动都会对能源系统整体安全产生影响。

最后，对能源安全要有资源观与发展观的认识。实现能源安全需要资金、设备与人力等各种资源投入和协作，所以能源安全具有经济资源属性，应对其进行成本－效率的经济评价。不同发展阶段，不同社会层级对能源安

全的认识显然存在有限性、时代性和差异性，需要从发展观的角度审视能源安全。

2. 加快补充与完善中国的能源环境法规

能源环境治理离不开依法治理和法制建设。建议如下：一是加快能源法规建设，包括尽快出台符合能源经济发展与环境形势的石油法、核能法，加快修正出台新的电力法、煤炭法，在能源法规中增补环境保护的条例，并提高环境保护的法律要求；二是建立能源污染法规体系，包括电力污染法、石油污染法、核能污染法、煤炭污染法等，对能源经济活动导致的各种环境污染以及对不同受影响群体明确法律责任、处理规程与赔偿办法等；三是在符合国家层面的法律要求上，地方政府层面可以出台符合地区特点的能源环境保护条例、更严格的能源环境排放质量标准与规定，构建地方和区域合作治理能源环境污染的法律基础。

3. 建立健全能源规划的能源环境治理目标体系与质量要求

能源环境治理行为离不开目标的约束和质量要求，尤其要注重目标的法律地位、重要程度、时间节点、问责制度。建议如下：一是在"十三五"环境保护及其相关能源规划中，应增加能源环境污染治理指标，包括电力、煤炭与煤化工、石油石化、页岩气与风电、光伏等新能源企业的环境减排目标，不仅包括大气污染，还要包括可能或已经导致的土壤污染、水资源污染、重金属污染、固体堆放物污染、噪声污染的环境治理目标；二是提升能源环境保护目标体系的质量要求，不仅涉及各种环保设备与技术规范，还要包括设备质量要求、技术先进等级，以及环保排放的质量标准等级；三是明确能源环境目标的法律性质。将能源环境目标的实现真正纳入法治建设的轨道，而不是随外界条件随时变化的权宜之计，尤其是避免地方政府为实现目标而进行行政干预甚至造假，影响政府的公信力；四是强化能源环境目标在经济增长与能源战略目标中的重要程度，不仅要考虑能源供应安全、生产安全，更要考虑能源环境安全，体现能源经济活动的社会效益；五是严格确定能源环境目标实现的时间区间或时间节点约束，过于宽松或不确定的时间界定，可能会导致环保工作拖沓，延误最佳治理时机；六是一定要严格制定能源环境治理目标落实制度，对未能实现的治理目标，特别是存在虚假数据的地方政府、环保机构与能源企业实行严格的问责制度。

4. 建立健全能源经济活动的能源环境质量报告公告制度

建议如下：一是应定期发布能源行业集中区域，或能源生产与消费活动集中区域的环境质量报告，如一些火电厂、煤电基地、石化企业与煤炭企业、核电厂集中区域的空气质量报告，不仅涉及城市，还要涉及县镇与农村区域；二是能源行业环境影响评估报告要向全社会公开，并确保公众参与的质量与数量；三是能源行业环境影响评估报告可进一步细化，对减排达到的质量等级、环保技术的先进性以及分类环境影响要细化分析，包括大气、水资源、土壤、居民环境、相关产业等生态影响，要与国际先进的环境影响评价标准接轨；四是要加强对能源项目运行过程的环境影响评价，并明确可能存在的风险和预警机制及对策，要求企业负责人签署环境质量承诺书。

5. 构建全面系统、协调一致的能源环境政策体系

能源环境政策体系对能源产业可持续发展以及提升长远竞争力，特别是提高能源环境安全，具有重要意义。

第一，适应经济发展新常态与能源环境治理的复杂形势，是协调能源经济政策与能源环境治理政策的目标与手段。

党的十八届三中全会对税制改革的部署，从推进国家治理体系和治理能力现代化的高度出发，将税收职能作用从经济层面拓展到经济、政治、社会、文化、生态与外交等诸多领域，尤其是在经济发展速度放缓、经济结构调整与更加注重经济发展的质量与效益的新常态时期，财税政策应在国家公共治理的各层面发挥更积极的作用。[①] 因此，在能源经济增长速度放缓、能源价格回落、能源市场化改革深化推进的新时期，能源税种与能源信贷不仅要体现其经济属性，也应拓展到能源生态环境安全属性上，使能源产业不仅成为能够支撑中国工业化与城镇化进程的基础产业，而且能够实现结构转型与优化升级，形成环境友好型的能源产业链，以推进国民经济更加健康有序地发展。这需要强化财务税收部门与银行金融部门的社会责任与环境目标，发改委等政府管理部门与环境监管机构，也需要进一步强化绿色能源目标；并在条件具备的情况下，组建能源环境监管机构、绿色能源银行，前者专职负责能源业环境治理的监管与产业政策协调，后者专营能源经济活动的绿色

---

① 王军：《发挥税收职能作用，服务经济发展新常态》，《求是》杂志，转引自国家税务总局网，http://www.chinatax.gov.cn/n810219/n810724/c1538341/content.html。

信贷及优惠政策。此外，需要构建银行金融机构、财税部门、政府监管部门与能源企业之间的信息沟通平台，即时公布相关政策信息，加大能源环境的产业政策、财政税收与信贷政策的协调性，并及时反映政策制定的民意，尽可能减少信息不对称与非理性预期导致的政策失败。

第二，稳步推进与环境有关的能源税费政策与环境税改革，优化排污收费制度的市场化设计，确保排污收费制度与环境税改革顺利衔接，妥善处理各方利益关系。

首先，完善与能源环境治理相关的财税政策。

按照深化财税体制改革总体方案与深化能源市场化改革与能源环境安全的要求，积极推进税制改革，在现有的基础上，全面完成"营改增"结构税种调整，积极推进消费税、资源税和所得税等与能源税种相关的改革。不仅要减少能源经济活动中对大气环境的负面影响，更要强调对能源经济活动中的水资源的保护；不仅要推进煤炭资源税的从价税改革，更要全面推进能源产业涉及的所有资源税费改革；不仅要合法提高汽车或燃油消费税率，更要建立对环保家庭与绿色消费群体的消费补贴机制；不仅对环保设备投资减免所得税，更要与强化环保设施利用有效挂钩，等等。总之，要建立一个更适合经济发展与环境友好的能源税制体系，不仅充分释放能源经济增长与能源市场改革红利，更要促进能源产业以及全民对生态环境的大力保护。

其次，稳步推进环境税改革，促进能源企业提高持续竞争力。

环境税可以将环境污染和生态破坏的社会成本，内部化到企业成本和价格上，通过税收机制来合理优化环境资源配置。开征环境税将有利于能源企业环境治理、提高能源资源配置效率和促进社会公平。北欧国家，如芬兰、挪威与丹麦的二氧化碳税开征均导致该国二氧化碳排放量出现下降趋势。1990~1998年，芬兰因为碳税而有效抑制约7%的二氧化碳排放量；挪威的碳税使一些工厂的二氧化碳排放量降低了21%，家庭机动车的二氧化碳排放量降低了2%~3%。[①] 征收环境税应考虑的共性问题包括：一是应构建适合环境税收的法律体系与规章制度，为环境税提供法律依据；二是应充分研究税收征收范围、征收环节、征收方法与征收税率的税收效应与经济效应；三是保持环境税征收与企业竞争力、社会经济发展之间的平衡。征收环境税

---

① 张克中、杨福来：《碳税的国际实践与启示》，《税务研究》2009年第4期。

与能源有关的问题包括：一是环境税征收主体不仅包括污染主体的能源生产、消费企业与个体，而且包括与能源环境活动相关的其他群体；二是应处理好环境税征收水平与能源经济可持续发展的关系；三是需要做好环境税征收的前期宣传导向，强化能源企业合理预期。

最后，应优化排污收费制度的市场机制设计，促进排污监管、资源与环境税收、市场机制的良好协作。

要尽快理顺排污收费制度与环境税制度的边界，这对优化企业竞争环境、促进能源资源的合理开发和节约使用、改变向企业多头收费、健全地方税体系等具有积极作用。通过排污收费市场化机制与资源、环境税收体系的相互协作，建立能源产业资源配置效率科学合理调节的长效机制，将有利于维护资源、环境权益和公平税收负担，促进其顺利衔接和合理并轨。此外，要严格监控能源排污收费制度的执行过程，科学评估其执行效果。

第三，强调政策激励与约束机制的双重作用，不仅要有保证绿色能源企业发展的优惠产业、税收与信贷政策，还要制定最严格的能源排污限制政策；不仅包括电力、煤炭与石油等化石能源，还要包括核电、页岩油气、煤层气、新能源与可再生能源；不仅包括能源生产与消费，还要包括能源运输、流通与能源进出口方面的排污限制政策；不仅包括能源企业、组织机构，还要包括所有涉及能源消费的企业、家庭与个人。

第四，进一步提高能源环境政策的服务水平。主动围绕国家重大能源战略与严峻的环境形势，特别是围绕着"一带一路"、京津冀协同发展、长江经济带建设以及能源市场化改革和能源经济提质增效升级，出台能源环境政策服务的协同管理措施，不断提升能源环境政策的服务水平。包括深度发掘生态环境与气候信息大数据，研发能源生态环境的云计算平台，建立与维护能源生态环境互联网站与其他多元媒体，发表国家与地区层面详细的《能源气候与环境评估报告》，建设重点绿色能源生态保护区，提高能源环境政策的配套服务水平，提高政府相关部门的专业服务素质和能力。

（二）综合治理能源生产与消费的生态与环境问题，实现美丽中国梦

1. 完善能源环境治理投资－收益机制及其评估体系

虽然能源环境投资力度不断加大，但是一定要避免无效投资与过度投

资，提高投资效率。建议如下：一是要加强建设能源投资与收益的科学评估制度；二是要建立严格的能源环保投资准入制度与审批制度；三是要促进能源环保投资收益评估报告的信息公开化；四是要确保能源环保投资收益数据来源的可靠性与科学性。

2. 完善区域能源环境协同治理机制与体制

建议如下：一是要完善省内、省间的能源环境协同治理机制，出台环境治理细则，树立标杆治理区；二是在省间或更大范围的区域环境治理机制中，要注意收费制度协调统一，避免不合理的边界寻租现象；三是要建立东北、华东、华南、华中、华北、西南、西北的区域能源环境联合治理体系，与京津冀、珠江三角洲、长江三角洲和黄河中下游的能源环境联合治理体系，及其沿江、沿边、沿海地区的能源环境联合治理体系；四是在不同能源活动与能源企业之间，也要建立区域间环境治理协调体系。特别要发挥国有企业公司组织体系在不同地理区域间分布的特点与优势，深入展开能源企业内部的区域环境联防活动。就能源产业链与能源再生产活动链而言，尤其是能源生产、流通与消费活动之间也要构建环境治理协调机制，避免能源活动的复合型叠加加大环境污染治理难度。

3. 建立能源环境治理行业协会，促进能源企业内部环境治理控制制度建设

目前，中国电力行业有中国电力企业联合会，石油行业有中国石油行业协会，煤炭行业有中国煤炭工业协会，新能源与可再生能源行业也有新能源产业协会与中国可再生能源行业协会，环境保护部有中国环境保护产业协会。和能源环境有关的协会是中国能源环境科技协会，它由国内外能源环保行业相关企业联合发起，是由具有研发资格和从事能源环保生产的企业与个人组成的社会团体，主要关注能源科技与环境问题。该协会业务上接受国家发展和改革委员会、环境保护部、科技部、工业和信息化部的指导。但是该协会与能源生产企业的关系不够紧密，没有全面系统地针对目前能源行业对环境带来的问题以及环境治理进行分析，提出行业应对对策。因此，可以考虑在该协会以及各分类能源行业协会的基础上，专门组建一个以能源行业为主导的能源行业环境安全协会。具体建议如下：一是建立能源行业环境治理协会，拟定行业诚信承诺书，提升行业诚信度。可深入研究整体能源行业的节能减排与环境治理报告，对整体能源行业产生的环境问题提出协同治理机制、建议和自律准则等，提出有参考价值的建设方案，供业内共享，供社会监督。

二是建立能源企业内部环境能源治理控制制度，并通过职能组织机构设计与绩效设计，加大内控管理的执行力。三是建立能源企业对外环保信息的日常公开制度，接受公众监督。四是建立与完善环境保护部门对能源企业的专项监察制度，加强日常监察，加大执法力度。五是建立民间能源监督机构，提高新闻媒体与民间组织力量对能源企业环境治理的社会监督水平。

4. 加快产业结构转型升级，促进绿色能源快速发展

毫无疑问，以要素驱动、能源消耗型的粗放式经济增长模式已难以为继。中国需要探索新的经济增长与改革开放机制、新的能源发展与产业结构优化升级战略。2013 年 8 月 11 日，国务院印发的《关于加快发展节能环保产业的意见》明确提出，2015 年节能环保产业总产值要达到 4.5 万亿元，产值年均增速保持在 15% 以上，产业技术水平显著提升，为实现节能减排目标奠定坚实的物质基础和提供技术保障。这是政府统筹稳增长、调结构、促改革、惠民生推出的重大举措，对缓解资源环境瓶颈、推动加快生态文明建设、扩大有效需求、转变经济发展方式、促进产业转型升级与增强经济发展内生动力具有重要作用。

从 2014 年中国统计数据看，虽然是中国近 24 年以来 GDP 增速最低的年份，但经济增长动力结构开始发生变化，产业结构也加快由工业主导向服务业主导转变。根据国家统计局初步核算，2014 年中国的 GDP 为 636463 亿元，比上年增长 7.4%。其中，第一产业增加值为 58332 亿元，增长 4.1%；第二产业增加值为 271392 亿元，增长 7.3%；第三产业增加值为 306739 亿元，增长 8.1%。第一产业增加值占国内生产总值的比重为 9.2%，第二产业增加值比重为 42.6%，第三产业增加值比重为 48.2%。第三产业增加值增长 8.1%，快于第二产业的 7.3%，也快于第一产业的 4.1%，服务业的比重提高到 48.2%，超过了工业。[①] 从总需求构成看，最终消费对经济增长的贡献率超过 50%，比资本形成总额贡献率高 2.6%，成为经济增长的重要驱动力，投资增速继续放缓，出口增速换挡，消费对经济的拉动显著增强。以服务业为主的第三产业发展近十年来突飞猛进，超过了工业，中国经济正在由工业主导向服务业主导加快转变。

作为全国大气污染问题最突出的省市，河北省于 2014 年开始大力推进

---

① 中国国家统计局网，http://www.stats.gov.cn/tjsj/zxfb/201502/t20150226_685799.html。

实施"6643"工程[①]，钢铁、水泥、玻璃、煤炭等支柱产业都在整治范围内，其 PM 2.5、PM 10、二氧化硫含量等指标均有明显改善。但治理大气污染、削减过剩产能，导致产业结构偏重高耗能与能源产业的省份经济增速有所放缓，山西、黑龙江、河北等能源大省，2014 年 GDP 增速均在全国垫底。2014 年 1~11 月工业增加值中，黑龙江增速为 2.6%，山西为 3.3%，河北为 5%，远低于全国 8.3% 的工业平均增速。作为中国北方最大的"钢铁之城"，2014 年 1~7 月，唐山市规模以上工业完成增加值 1705.11 亿元，同比增长 4.3%，而以前这一增速从未低于 10%。

从短期看，虽然以上能源依赖性区域经济增速有所放缓，但从长远看，经济发展与环境治理之间不存在矛盾。环境治理可以促进区域经济发展，成为新一轮区域经济发展的驱动力。随着环境治理市场需求不断增加，政府和企业将会加大环保投资力度，节能环保设备、绿色能源产业等都可能成为未来经济的增长点，必将带动长期经济增长，提高经济增长的质量与效益。具体有以下五条建议。

一是大力调整产业结构，继续化解过剩产能，着力培育新的增长点，促进节能环保产业等新型服务业快速发展。支持发展移动互联网、集成电路、高端装备制造、新能源汽车、互联网金融等战略性新兴产业。

二是对能源消费依赖大的工业化区域采取产业结构优化政策。可着重推进第二产业内部结构优化，通过技术改进，加快第二产业内部资源循环利用、发展生态工业等，控制耗能大、污染高的产业的发展，降低第二产业单位产值能源消耗，提高能源利用效率。地方政府可根据地区发展要求采取相关财政、税收、投资、补贴、碳减排等政策措施，因地放缓第二产业增长速度，逐渐降低第二产业占比，加快第三产业的发展，增加第三产业的占比，逐步提升第三产业在经济增长中的地位。

三是推进能源产业结构优化升级和区域协调发展。尤其在京津冀协同发展与长江经济带区域建设上提高新能源应用范围，实施创新驱动发展战略，提高高耗能与能源产业内部的技术水平，对其进行优化升级，加快发展行业

---

① 2014 年 2 月 28 日，河北省召开工业转型升级大会。会议提出河北省化解产能过剩的"6643"工程计划，即到 2017 年压减 6000 万吨钢铁、6000 万吨水泥、4000 万吨燃煤、3000 万吨标准重量箱平板玻璃产能。其中，2014 年计划压减粗钢产能 1500 万吨，钢铁占到将近 20%，水泥占到 22%，煤炭占到 18%。

内外部的节能、环保、资源循环利用技术装备业务，加快发展新能源与分布式能源应用，加快城镇能源环境基础设施建设，绿色节能建筑与绿色交通行动协调进行。

四是加大能源环保产业的投入力度与拓展市场融资机制。包括合理利用中央预算内投资和中央财政专项资金对绿色能源与节能环保产业的投入，拓展投融资渠道；支持绿色信贷和金融创新，支持符合条件的绿色能源企业与节能环保企业发行企业债券、中小企业集合债券、短期融资券等债务融资工具。

五是加快推进能源市场化改革，理顺能源价格关系，以市场机制促进能源粗放式使用方式的改变。通过试点加快在全国推广能源需求侧管理，利用价格手段调整不合理的能源消费需求，提高能源企业可持续发展的竞争力。包括制定和落实鼓励余热余压余能发电及背压热电、分布式能源价格政策与可再生能源发展的上网和价格政策，有效落实燃煤电厂脱硫、脱硝电价和居民用电阶梯价格政策。

5. 加大能源环境执法的力度、强度与严格程度

制度再好，但是执行不力，则不免流于形式，能源环境治理也是如此。因此，必须加大能源环境执法力度，具体建议如下：一是加强能源环境污染防治设施运营监管，完善监管机制，推行能源企业环境监督员制度建设；二是探索能源企业污染防治设施第三方运营模式，提高重点能源排污企业治污设施运行管理水平和各项治污工程减排能力；三是各级环境保护部门加强上下联动，完善能源执法责任制，提高能源执法水平和效率，对能源环境违法问题突出的企业和区域，实施挂牌督办、黑名单、区域限批等措施，切实维护居民环境权益；四是加大对能源企业的环境保护的事前、事中与事后评估与督察力度。

此外，还需要加大能源环境风险监测预警体系建设，全面提升能源环境预警预测和应急监测水平；建立有效的能源减排核算体系与能源环境统计体系；建立有效的科技支撑体系，提高能源环境科研能力与能源环保设备技术水平，夯实能源环境科学基础研究；建立完善的能源环保人才队伍；加强建设能源、环境与水资源安全的协调管理体制与机制；营建全民参与能源环境保护文化，健全能源环境宣传教育体系，提高能源环境舆论引导能力与加强国际能源环境合作；等等。

展望 2015 年与"十三五"时期，中国经济步入新型城镇化、工业化与低碳化转型的重要发展阶段，在党和国家坚持依法治国的战略导向、社会主义核心价值观念的倡导下，政府政策对民生、民众诉求问题将愈加重视，更注重环境友好型社会的全面构建，重视经济发展质量甚于发展速度，环境问题被更多地纳入经济与能源政策目标体系中进行统筹考虑。从经济结构上看，产业结构将加快优化升级，将逐渐向高能效与低碳经济转型，加快环保产业发展，产品与服务将趋向于高技术、智能化与多元化，能源、金融与投资等领域改革将向环境友好与市场化稳步迈进。能源经济也将步入能源需求放缓、能源结构转型升级与能源改革不断深化的新时期。

随着经济发展阶段迈入低碳转型新常态时期，能源经济结构演变的非均衡性问题将会更加突出，表现在以下方面：一是能源经济发展与环境友好目标的非均衡；二是能源供应与能源消费总量在结构上的非均衡；三是化石能源向可再生能源结构转变的时间与区域上的非均衡；四是能源清洁利用与能源技术创新的非均衡；五是能源发展路径依赖与转型升级战略要求的非均衡；六是能源结构在品种、区域与价格上的非均衡；七是能源市场化改革与能源产业组织结构的非均衡。

可见，未来能源经济发展将面临全新的复杂形势，不确定性将加大，能源环境安全形势也更加多元化和复杂化。对中国能源安全需要全面审视，将环境安全纳入能源安全的认识范畴，提高能源环境法规与政策建设，加强能源行业环境安全管理，对能源环境问题进行综合治理，实现低碳能源与经济发展，是生态文明建设的重要内容，是促进经济提质增效、转型升级的必由之路，这对于实现中国与世界经济社会的安全、稳定与可持续发展，实现美丽中国梦具有深远意义。

后 记

近几年来，中国社会科学院研究生院国际能源安全研究中心在主任黄晓勇教授的带领下，从国际经济、国际关系的视角坚持对能源安全问题尤其是中国能源安全问题展开研究，并先后在 2013 年、2014 年和 2015 年推出《世界能源发展报告》（世界能源蓝皮书）。2014 年推出能源安全研究论丛之《中国的能源安全》，受到相关部门和上级领导的肯定，也得到能源研究界及其他各界人士的关注和各主流媒体的支持。

2015 年，中心特聘研究员团队用了将近一年的时间，围绕中国能源目前面临的困境进行讨论和分析并试图为中国能源摆脱困境找到突围的方向，最终以《中国能源的困境与出路》为题将阶段性研究成果付梓。

中心主任黄晓勇教授作为此项研究的主持人，确定了本成果的中心理念和方向，并且带领团队多次对写作大纲进行讨论和修正。中国社会科学院数量经济与技术经济研究所资源经济研究室主任刘强副研究员在第一章对人类社会发展与能源转型之间的关系进行了把握；亚太与全球战略研究院大国研究室主任钟飞腾副研究员在第二章对中国在当今世界能源版图中的地位进行了解析。本书的第三章着重揭示了中国能源在经济、社会和环境等方面所面临的严峻课题，中国石油天然气股份有限公司国际部王海燕研究员对中国能源在供给方面的外部依赖与能源安全问题进行了解析；中心特聘研究员周兴君尝试对中国能源问题经济面的表现进行了把握和分析；国家发展和改革委员会能源研究所经济中心副主任姜鑫民博士对中国能源问题在社会方面的表现进行了阐述；华北电力大学刘喜梅副教授对中国能源问题中的环境污染进行了分析。本书第四章，中心特聘研究员余家豪博士和中国信息通信研究院李贺博士从较新的视角，针对其他国家在能源领域发生过的"荷兰病""委内瑞拉"问题以及环境污染等问题进行了分析。本书的第五章集中分析了国外解决能源问题的成功经验，中国现代国际关系研究院世界经济研究所资源与环境研究室主任张茂荣副教授、中心特聘研究员刘先云博士、中国矿业大学宋梅教授分别对美国的页岩气革命、德国的可再生能源和法国的核能利用做出了精确的分析和中肯的评价。在第六章中，刘先云博士、国家信息中心经济预测部宏观经济研究室主任牛犁副研究员、姜鑫民博士和刘喜梅博士，分别从国际合作与内部基础设施建设、能源生产革命和技术进步、价格改革和电力改革以及环境污染的整治与预防等方面，为中国能源所面临的现实困境提出了突围的方向。

感谢以上各位研究员为此项研究付出的辛苦。还要感谢中国海洋石油总公司研究院首席研究员陈卫东先生、中国石油大学庞昌伟教授给予的大力支持。

我们希望以此书为线索，继续与同仁、同行朋友们展开观点交流和学术探讨。

中心还将继续呈现各类研究成果，感谢各位专家同仁长期以来对中心的指导和关怀！

中国社会科学院研究生院

国际能源安全研究中心

2015 年 11 月 29 日

图书在版编目（CIP）数据

中国能源的困境与出路/黄晓勇主编 . —北京：社会科学
文献出版社，2015.12
　（能源安全研究论丛）
　ISBN 978 - 7 - 5097 - 8472 - 3

　Ⅰ.①中…　　Ⅱ.①黄…　　Ⅲ.①能源发展－研究－中国
Ⅳ.①F426.2

　中国版本图书馆 CIP 数据核字（2015）第 284667 号

·能源安全研究论丛·

中国能源的困境与出路

主　　编／黄晓勇

出　版　人／谢寿光
项目统筹／王晓卿
责任编辑／王晓卿　李　博　李秀梅

出　　　版／社会科学文献出版社·全球与地区问题出版中心（010）59367004
　　　　　　　地址：北京市北三环中路甲 29 号院华龙大厦　邮编：100029
　　　　　　　网址：www.ssap.com.cn
发　　　行／市场营销中心（010）59367081　59367090
　　　　　　　读者服务中心（010）59367028
印　　　装／三河市东方印刷有限公司

规　　　格／开　本：787mm×1092mm　1/16
　　　　　　　印　张：18.75　字　数：314 千字
版　　　次／2015 年 12 月第 1 版　2015 年 12 月第 1 次印刷
书　　　号／ISBN 978 - 7 - 5097 - 8472 - 3
定　　　价／69.00 元